Rolf Stober / Schüler als Amtshelfer

Schriften zum Öffentlichen Recht

Band 192

Schüler als Amtshelfer

dargestellt am Beispiel des Schülerlotsendienstes

Von

Dr. Rolf Stober

DUNCKER & HUMBLOT / BERLIN

Gedruckt 1972 bei Alb. Sayffaerth, Berlin 61
Printed in Germany

ISBN 3 428 02727 2

Vorwort

Die Arbeit hat der Juristischen Fakultät der Universität Mannheim (WH) im Wintersemester 1971/72 als Dissertation vorgelegen. Sie behandelt den Rechtsstatus des Schülerlotsen bei öffentlichen Schulen und Privatschulen sowie den außerschulischen Bereich der Verkehrsregelung gegenüber schulfremden Personen. Obwohl Schülerlotsen in dem Straßenbild unserer Städte zur gängigen Einrichtung geworden sind, wird das Rechtsverhältnis der Schülerlotsen in der Theorie recht stiefmütterlich behandelt. Es fehlt sowohl an einer grundlegenden Darstellung dieses wichtigen Selbsthilfedienstes, als auch an Einzeluntersuchungen aus staatsrechtlicher und schulrechtlicher Sicht.

In der bisherigen Diskussion dieses Problemkreises lag der Schwerpunkt auf einer Untersuchung der verkehrsrechtlichen Bedeutung des Schülerlotsendienstes. Aufgabe dieses Beitrages ist es, die *schulrechtliche* Funktion des Lotsendienstes zu beleuchten. Dabei wird geprüft, ob der Schülerlotse hoheitliche Aufgaben wahrnimmt und wie seine Tätigkeit organisations- und haftungsrechtlich zu qualifizieren ist.

Ich möchte an dieser Stelle meinem Lehrer, Professor Dr. Gerd Roellecke, für die Förderung, Kritik und Hilfe danken, die er dieser Arbeit angedeihen ließ. Mein Dank gilt auch Herrn Ministerialrat a. D. Dr. Johannes Broermann für die Aufnahme der Arbeit in sein Verlagsprogramm und dem Bundesverkehrsministerium für die großzügige finanzielle Unterstützung der Drucklegung.

Mannheim, im Januar 1972

Rolf Stober

Inhaltsverzeichnis

ZWEITER HAUPTTEIL

ANHANG

Abkürzungsverzeichnis

a.M.	anderer Meinung
AöR	Archiv des öffentlichen Rechts
BAG	Bundesarbeitsgericht
Bay	bayerisch
BB	Betriebs-Berater
BBG	Bundesbeamtengesetz
BDO	Bundesdisziplinarordnung
BGB	Bürgerliches Gesetzbuch
BGH	Bundesgerichtshof
BGHSt	Bundesgerichtshof in Strafsachen
BGHZ	Bundesgerichtshof — Zivilsachen
Bln.	berlinisch
Brem.	bremisch
BRRG	Beamtenrechtsrahmengesetz
BVBl	Bayerisches Verwaltungsblatt
BVerfG	Bundesverfassungsgericht
BVerfGG	Bundesverfassungsgerichtsgesetz
BVerwG	Bundesverwaltungsgericht
BW	baden-württembergisch
DÖV	Die öffentliche Verwaltung
DR	Deutsches Recht
DRiZ	Deutsche Richterzeitung
DVBl.	Deutsches Verwaltungsblatt
E	Amtliche Entscheidungssammlung des zuvor genannten Gerichts, zitiert nach Band und Seite (z. B. BVerfG v. 5. 5. 64 (E 17, 371 ff.))
EUG	Gesetz über das Erziehungs- und Unterrichtswesen
FamRZ	Zeitschrift für das gesamte Familienrecht
G	Gesetz
GemO	Gemeindeordnung
GG	Grundgesetz
GVG	Gerichtsverfassungsgesetz
Hess.	hessisch
Hmb.	hamburgisch
HRR	Höchstrichterliche Rechtsprechung
HschG	Hochschulgesetz
i.S.	im Sinne
i.V.m.	in Verbindung mit
JA	Juristische Arbeitsblätter
JGG	Jugendgerichtsgesetz
JuS	Juristische Schulung
JW	Juristische Wochenschrift
JZ	Juristenzeitung
KFZ	Kraftfahrzeug

KM	Kultusminister
KMK	Kultusministerkonferenz
K.u.U	Kultus und Unterricht
LG	Landgericht
LM	Lindenmaier-Moehring
LV	Landesverfassung
MDR	Monatsschrift des Rechts
Nds	niedersächsisch
NJW	Neue Juristische Wochenschrift
NRW	Nordrhein-Westfalen, nordrhein-westfälisch
OLG	Oberlandesgericht
OLGZ	Oberlandesgericht — Zivilsachen
OVG	Oberverwaltungsgericht
OwiG	Ordnungswidrigkeitengesetz
PersVG	Personalvertretungsgesetz
PrOVG	Entscheidungen des Preußischen Oberverwaltungsgerichts
RAG	Reichsarbeitsgericht
RdA	Recht der Arbeit
RdJ	Recht der Jugend und Bildungswesen
Rdn.	Randnummer
RG	Reichsgericht
RGZ	Reichsgericht — Zivilsachen
rh-pf	rheinland-pfälzisch
RiA	Das Recht im Amt
RVBl.	Reichsverwaltungsblatt
RVO	Reichsversicherungsordnung
RWS	Recht und Wirtschaft und Schule
Saarl.	saarländisch
SchLH	Schleswig-Holstein
SchlHA	Schleswig-Holsteiner Anzeiger
SchuldR	Schuldrecht
SchVG	Schulverwaltungsgesetz
SchVOG	Gesetz zur Vereinheitlichung und Ordnung des Schulwesens
StGB	Strafgesetzbuch
StPO	Strafprozeßordnung
StVO	Straßenverkehrsordnung
VersR	Versicherungsrecht
VerwRspr.	Verwaltungsrechtsprechung in Deutschland
VG	Verwaltungsgericht
VGH	Verwaltungsgerichtshof
VRS	Verkehrsrechtssammlung
VVDStRL	Veröffentlichungen der Vereinigung der Deutschen Staatsrechtslehrer
VwGO	Verwaltungsgerichtsordnung
WM	Wertpapier-Mitteilungen
WRV	Weimarer Reichsverfassung
ZBR	Zeitschrift für Beamtenrecht
ZPO	Zivilprozeßordnung

Einleitung

§ 1 Schülermitverantwortung

Schülerlotsen gehören zum gewohnten Bild unserer Städte. In der Regel versehen sie ihren Dienst mit Eifer und Aufmerksamkeit. Sie erscheinen auch den Außenstehenden als gelungener Beweis für Sinn und Erfolg der Schülermitverantwortung, für das selbständige Hineinwachsen der Kinder in den Status eines verantwortungsvollen und hilfsbereiten Bürgers. Dieses prinzipielle Wohlwollen läßt die Verkehrsteilnehmer kleine Unvollkommenheiten des Schülerlotsendienstes tolerieren — sofern sie nicht große Schäden nach sich ziehen. Bei Schäden taucht vorwiegend die Frage auf, wer für die Folgen einzustehen hat. Deshalb spielt der haftungsrechtliche Aspekt bei der rechtlichen Beurteilung der Schülermitverantwortung eine überragende Rolle. Die rechtlichen Probleme der Schülermitverantwortung erschöpfen sich indessen nicht in Haftungsfragen. Ebenso wichtig sind beispielsweise die Ansprüche des Schülers gegen die Schule. Amtshaftungsfälle zeigen die Grundproblematik jedoch am besten auf. Deshalb sei hier an die folgenden Entscheidungen angeknüpft.

I. Schüler und Amtshaftung

Ein Klassenlehrer ging während der Unterrichtszeit zu einer Beerdigung. Mit der Aufsicht über die Klasse hatte er den Klassenbesten betraut[1]. *Der Aufsichtsschüler verletzte bei Ausübung dieser Tätigkeit eine Mitschülerin mit einem Taschenmesser an der Hand. Das Landgericht Rottweil, das über den Fall zu urteilen hatte, war der Meinung, daß bei einer Pflichtverletzung des Aufsichtsschülers nur eine Staatshaftung nach Art. 34 GG, § 839 BGB in Betracht kommt. Beauftragt nämlich der Lehrer einen Schüler mit der Beaufsichtigung einer Schulklasse, so bekleidet der Schüler ein öffentliches Amt und übt hoheitliche Funktionen aus.*

Ein Schülerlotse gab einer Schülergruppe Zeichen, die Fahrbahn zu überqueren[2]. *Ein Schüler wurde auf dem Zebrastreifen angefahren,*

---

[1] LG Rottweil NJW 70, 474 ff.

[2] OLG Köln NJW 68, 655 = VersR 68, 676 ff. = Die Polizei 68, 218 = Die Neue Polizei 68, 231 = JuS 68, 238 = OLGZ Köln 68, 269 ff. = RdJ 69, 271 = DÖV 68, 365 (nur Leitsatz).

weil ein Kraftfahrer sein Fahrzeug wegen Eisglätte nicht mehr rechtzeitig anhalten konnte. Da der Kraftfahrer von der Anklage der Straßenverkehrsgefährdung freigesprochen wurde, nahm der verletzte Schüler den Schülerlotsen wegen des Schadens in Anspruch. Das Oberlandesgericht Köln entschied, daß ein Schülerlotse in Ausübung seiner Lotsentätigkeit unter die Regelung des Art. 34 GG, § 839 BGB fällt. Danach haftet an Stelle des Schülers, der ein Fürsorgeamt ausübt, nur der schulische Hoheitsträger für unerlaubte Handlungen.

Eine Lehrerin nahm ein Prüfungsturnen ab[3]*. Um sich ganz der Bewertung widmen zu können, teilte sie zwei Schülerinnen ein, die bei der Übung Hilfestellung geben sollten. Da eine der beiden Betreuerinnen nicht genügend aufpaßte, verletzte sich eine Schülerin bei der Übung. Der Bundesgerichtshof, der nur über die Schadensersatzansprüche gegen die Lehrerin und die Schule befinden mußte, stellte bei dieser Gelegenheit folgendes fest: Es ist eine naheliegende Erwägung, daß ein beim Turnen zur Hilfestellung zugezogener Schüler ein ihm von der Schule anvertrautes Amt ausübt mit der Folge, daß nur eine Haftung des Schulträgers aus Art. 34 GG, § 839 BGB bejaht werden kann.*

II. Kritik

Auf den ersten Blick ist es einleuchtend und sinnvoll, die Amtshaftung zur Entlastung der beauftragten Schüler zu bejahen. Bei näherem Hinsehen erweist es sich jedoch als problematisch, die Fragen zu beantworten, die daran anknüpfen: Ist die Schule überhaupt befugt, Hoheitsgewalt auf Schüler zu übertragen? Darf ein Schüler Amtsträger sein und kann er ein öffentliches Amt im Sinne des Art. 34 GG ausüben?

Die zitierten Entscheidungen gehen stillschweigend oder ohne juristisch stichhaltige Begründung davon aus, daß ein Lehrer hoheitliche Amtspflichten — vor allem Aufsichts- und Fürsorgepflichten — auf Schüler delegieren kann. Diese Annahme ist besonders für den Privatschullehrer fragwürdig, da er grundsätzlich keine öffentliche Gewalt ausübt[4]. Aber selbst die Amtspflicht des Lehrers an öffentlichen Schulen erstreckt sich im Schülerlotsenfall nicht auf den Schulweg[5], so daß danach von der Übertragung einer *bestehenden* Amtspflicht keine Rede sein kann.

---

[3] BGH VersR 58, 705.

[4] *Friebe,* Haftpflicht S. 206, *Weber,* DRiZ 65, 121.

[5] *Heckel - Seipp,* Schulrechtskunde S. 239, *Perschel,* Demokratisierung S. 43, *Friebe,* ZBR 56, 390 ff. (396), RG HRR 1940, No. 860.

Aus den Entscheidungen ist auch nicht ersichtlich, ob die beauftragten Schüler als Angehörige des öffentlichen Dienstes, als mit Hoheitsgewalt beliehene Personen im eigenen Namen oder als Stellvertreter im fremden Namen auftreten. Die Gerichte berufen sich lediglich darauf, es komme nach der Judikatur des Reichsgerichts zu Art. 131 der Weimarer Reichsverfassung auf die Art, Zulässigkeit oder rechtliche Wirksamkeit der Übertragung nicht an. Davon wohl zu unterscheiden ist jedoch das Fehlen der Rechtsmacht zur Einräumung hoheitlicher Befugnisse selbst[6]. Der Übertragungsakt würde die ihm zugedachten rechtlichen Wirkungen nur bei einer Zuständigkeit der Schule entfalten[7].

Im *Klassenaufsichtsfall* wird der Eindruck erweckt, Schüler können kraft der Anstaltsgewalt der Schule zur Übernahme von Hoheitsaufgaben angewiesen werden[8]. Das ist zweifelhaft, weil die Ausübung öffentlicher Gewalt grundsätzlich nicht aufzwingbar ist, sondern aufgrund freiwilliger Übernahme erfolgen muß.

Das OLG Köln sieht den Schülerlotsendienst im *Schülerlotsenfall* schon deshalb als hoheitliche Tätigkeit an, weil er ein wichtiger Teil der Vor- und Fürsorge im Straßenverkehr sei[9]. Dem ist entgegenzuhalten, daß nicht jede Tätigkeit zum gemeinen Wohl die Ausübung eines öffentlichen Amtes im Sinne des Art. 34 GG ist. Allein die Berufung auf die Öffentlichkeit einer Angelegenheit genügt nicht, weil auch Presse, Parteien und Gewerkschaften öffentliche Aufgaben wahrnehmen ohne Amtsträger nach Art. 34 GG zu sein. Die Gleichsetzung von öffentlichen Aufgaben und hoheitlicher Erledigung resultiert daraus, daß sich das Gericht im Schülerlotsenfall nur um eine Auseinandersetzung mit den *Aufgaben* des Schülerlotsendienstes bemüht. Eine Unterscheidung zwischen privaten, öffentlichen und hoheitlichen Ämtern nach der Art der wahrgenommenen Aufgaben ist zwar möglich, dieses Merkmal ist aber unbestimmt und für eine klare Abgrenzung ungeeignet[10].

Schließlich vermißt man in diesem Fall eine klare Trennung zwischen schulischem und außerschulischem Bereich. Es wurde nicht erörtert, gegenüber welchem Personenkreis der Schülerlotse ein öffentliches Amt ausübt und gegenüber wem Amtspflichten bestehen. Wenngleich das Schülerlotsenbuch darauf hinweist, Haftpflichtforderungen seien nur bei der Schule zu stellen[11], so ist daraus nicht zwingend zu schließen, die Schule müsse nach Art. 34 GG für die Lotsen einstehen. Diese For-

---

6 *Martens*, NJW 70, 1029.

7 *Martens*, NJW 70, 1029

8 LG Rottweil NJW 70, 474.

9 OLG Köln NJW 68, 656 f.

10 *Wolff*, II S. 30.

11 Schülerlotsenbuch S. 23.

mulierung kann auch für eine privatrechtliche Dienstherrnhaftung stehen. Oder man versteht sie als Hinweis, die Schule vermittle nur bei Schadensfällen zwischen dem Träger der Schülerunfallversicherung und dem Geschädigten.

Fragwürdig ist die Bemerkung des Oberlandesgerichts Köln[12], das Alter des Amtsträgers hindere die Ausübung eines öffentlichen Amtes nicht. Aus „naheliegenden Erwägungen" könne man auch Minderjährige zur Bekleidung solcher Ämter einsetzen. Ohne überzeugende Begründung ist es aber — auch nicht im *Turnhelferfall* naheliegend, warum 12- oder 13jährige Schüler die Verantwortung und die Amtspflichten eines Erwachsenen übernehmen können. Diese Behauptung widerspricht dem gesetzlich geregelten Minderjährigenschutz. Daran ändert auch die Überwälzung der Haftung auf den Staat nichts, weil diese Rechtswohltat jedem Amtsträger zukommt. Die Amtspflichten ruhen aber unabhängig davon weiterhin auf dem minderjährigen Amtsträger. Ein weiterer, ebenfalls nicht erörterter Konflikt ergibt sich aus der Sonderstellung des Schülers im besonderen Schulgewaltverhältnis. Die Schüler sollen selbst öffentliche Gewalt ausüben, obwohl sich die hoheitliche Gewalt der Schule als Anstaltsgewalt grundsätzlich gegen sie auswirkt. Den Fällen ist gemeinsam, daß die Gerichte unverkennbar dahin tendieren, eine Staatshaftung aus Gründen der Zumutbarkeit und Interessengerechtigkeit zu bejahen[13]. Um dieses Ziel zu erreichen, stellen die Spruchkörper allein darauf ab, ob die Aufgabenerledigung im öffentlichen Interesse erfolgt. Diese Verfahrensweise ist aber nicht zulässig. Die Vorteile der Staatshaftung sind dem Verletzten nur einzuräumen, wenn die tatbeständlichen Voraussetzungen gegeben und eingehend geprüft sind. Eine andere Beurteilung führt nur zu einer willkürlichen Ausweitung der Staatshaftung, die vom Gesetz nicht gewollt und nach Sinn und Zweck der Vorschrift nicht erforderlich ist.

III. Ämter in der Schule

Anstalts- und Schülermitverantwortungsämter

In welche Ämtergruppe sind die erwähnten Helfer einzuordnen? Diese Frage drängt sich bei der Vielfalt schulischer Ämter geradezu auf. In der Literatur werden bislang nur die Ämter der Schülermitverantwortung diskutiert. Es gibt jedoch eine Anzahl von Klassenämtern, die man nicht zu den Schülermitverantwortungsämtern zählen kann. Eine Umschreibung des Begriffs „Schülermitverantwortung" soll dies

[12] OLG Köln NJW 68, 656, vgl. auch LG Rottweil NJW 70, 474 f.
[13] OLG Köln NJW 68, 656; LG Rottweil NJW 70, 475.

verdeutlichen. Diese Bezeichnung ist weder in Schulverwaltungsgesetzen noch in Schulerlassen erklärt. In der Literatur herrscht keine Einigkeit über den Inhalt dieses Wortes. Der abgekürzte Ausdruck „SMV" wird für Schülermitverwaltung, Schülermitverantwortung und Schülermitgestaltung verwendet. Es ist aber mißverständlich, die „SMV" als *Schülermitverwaltung* zu kennzeichnen: Die Ausführung von Verwaltungsaufgaben soll gerade nicht den Schwerpunkt der „SMV" ausmachen[14]. Dieser Arbeit wird daher eine Definition zugrundegelegt, welche die Zielrichtung der „SMV" zutreffend wiedergibt, weil sie die *Verantwortlichkeit* betont. Scheibe hat sie in seinem Standardwerk über die „SMV" formuliert[15].

> Schülermitverantwortung ist die Bezeichnung für freiwilliges, möglichst aus eigener Initiative kommendes, mitverantwortliches Beteiligtsein der Schülerschaft am Leben und der Arbeit der Schule mit Hilfe einer dafür vorgesehenen Einrichtung: *der Schülervertretung.*

Nach dieser Begriffsbestimmung fallen solche Ämter nicht in den Wirkungsbereich der Schülermitverantwortung die Lehrkräfte einzelnen Schülern zwangsweise auferlegen können (Öffnen der Fenster, Tafel wischen, Kreide holen). Die Erledigung dieser Aufgaben ist zur Aufrechterhaltung und Durchführung eines ordnungsgemäßen Schulbetriebs dringend erforderlich und steht im inneren Zusammenhang mit dem Auftrag der Schule. Daher kann der Lehrer die Schüler zwingen, diese Aufgaben zu erledigen. Der Schüler selbst hat keine Entscheidungsmöglichkeit und er handelt nicht selbstverantwortlich. Diese Ämtergruppe ist mit den innerdienstlichen Anweisungen des Dienstherrn oder dem Direktionsrecht des Arbeitgebers vergleichbar. Man kann sie als *Anstaltsämter* bezeichnen. Sie stehen außerhalb der Schülermitverantwortung, weil die Schülermitverantwortung eine freiwillige Angelegenheit der Schüler ist. Die Übernahme der Schülermitverantwortungsämter kann nicht innerhalb des Lehrer-Schülerverhältnisses erzwungen werden[16].

Die *Schülermitverantwortungsämter* unterteilt man neuerdings in eigene und übertragene Aufgaben[17]. Unter eigenen Aufgaben versteht man die Wahrnehmung solcher Ämter, die Schülern durch Wahl der Mitschüler verliehen werden (Schülerämter). Davon sind jene Ämter zu

---

[14] *Perschel*, Schülermitverwaltung S. 17; *Scheibe*, Schülermitverantwortung S. 19.

[15] *Scheibe*, Schülermitverantwortung S. 25.

[16] Insoweit unrichtig *Scheibe*, Schülermitverantwortung S. 5 und S. 90. Er bezeichnet das Sauberhalten der Klassenräume als Schülermitverantwortungsamt. Vergleiche auch OLG Stuttgart MDR 52, 490.

[17] Hessischer Schülermitverantwortungs-Erlaß vom 31. 12. 1965 (abgedruckt bei *Hinrichs*, S. 66 ff.).

trennen, die Lehrkräfte an Schüler übertragen (Schulämter). Die weitere Auffächerung der genannten Ämterkomplexe wird größtenteils willkürlich ohne Beachtung der Aufgabeninhalte vorgenommen[18]. An einer systematischen Durchdringung der schulischen Ämter fehlt es bislang.

Der Schwerpunkt der *Schülerämter* liegt bei den Vertretungsämtern: Die Schüler wählen Vertreter, die als Klassen-, Ausschuß- oder Schulsprecher in den vorhandenen Gremien ein Mandat wahrnehmen. Das gilt für den örtlichen und überörtlichen schulischen Bereich der Schülermitverantwortung und für das außerschulische Betätigungsfeld, nämlich die Interessenvertretung gegenüber Eltern und Öffentlichkeit. Durch diese Vertretungsorgane wirken die Schüler bei der Verwirklichung des Bildungs- und Erziehungsziels der Schule eigenverantwortlich mit[19]. Außerdem befassen sich die Schüler mit der Erledigung von Gemeinschaftsaufgaben, die allein ihnen zugewiesen sind. Besonders hervorzuheben sind Sport- und Bastelgruppen, Laienspiel-, Arbeitsgemeinschaften, Schülerorchester und Schülerzeitungen. Dagegen gehört die Hilfe für ältere Leute, die Unterstützung gemeinnütziger Vereine und die Gründung von Schülervereinen nicht zur Schülermitverantwortung, weil ihr Schwerpunkt außerhalb der Schule liegt.

Daneben kann das Lehrpersonal einzelnen Schülern Amtsaufgaben übertragen, wenn ein berechtigtes Interesse besteht und die Schüler nicht überfordert werden. Diese *Schulämter* lassen sich ebenfalls in Vertretungs- und Gemeinschaftsaufgaben gliedern. Zur Erledigung von Gemeinschaftsaufgaben arbeiten Schule und Schüler zusammen (zum Beispiel bei der Organisation von Schulfesten und Sportveranstaltungen). Im Schulalltag liegt das Schwergewicht jedoch bei den Vertretungsaufgaben für die Schule. Zwei Spielarten sind denkbar: Zu den Verwaltungsämtern rechnet man die Betreuung der Schulbücherei, der Schulsammlungen und der Vorführgeräte. Hierher gehört auch die Beauftragung von Schülern mit dem Übereinanderstellen von Schulbänken und nach einem niedersächsischen Schulerlaß aus dem Jahre 1949 auch die Instandhaltung der Schule und die Beschaffung von Heizmaterial[20]. Davon sind Schulämter zu unterscheiden, bei denen Schüler typische Lehreraufgaben wahrnehmen. In diese Kategorie fällt der Turnhelfer, die Pausen- und die Klassenaufsicht. Auch der *Schülerlotse* wird zu dieser Ämtergruppe gerechnet. Ob dies zutrifft, wird die Untersuchung zeigen.

---

[18] Vgl. *Heckel - Seipp*, Schulrechtskunde S. 428.

[19] Vgl. § 49 hessisches Schulverwaltungsgesetz und § 36 Schulverwaltungsgesetz der Freien und Hansestadt Hamburg.

[20] Niedersächsischer Schülermitverantwortungs-Erlaß vom 9. 9. 1948 (abgedruckt bei *Hinrichs*, S. 58).

Schüler und Ämter

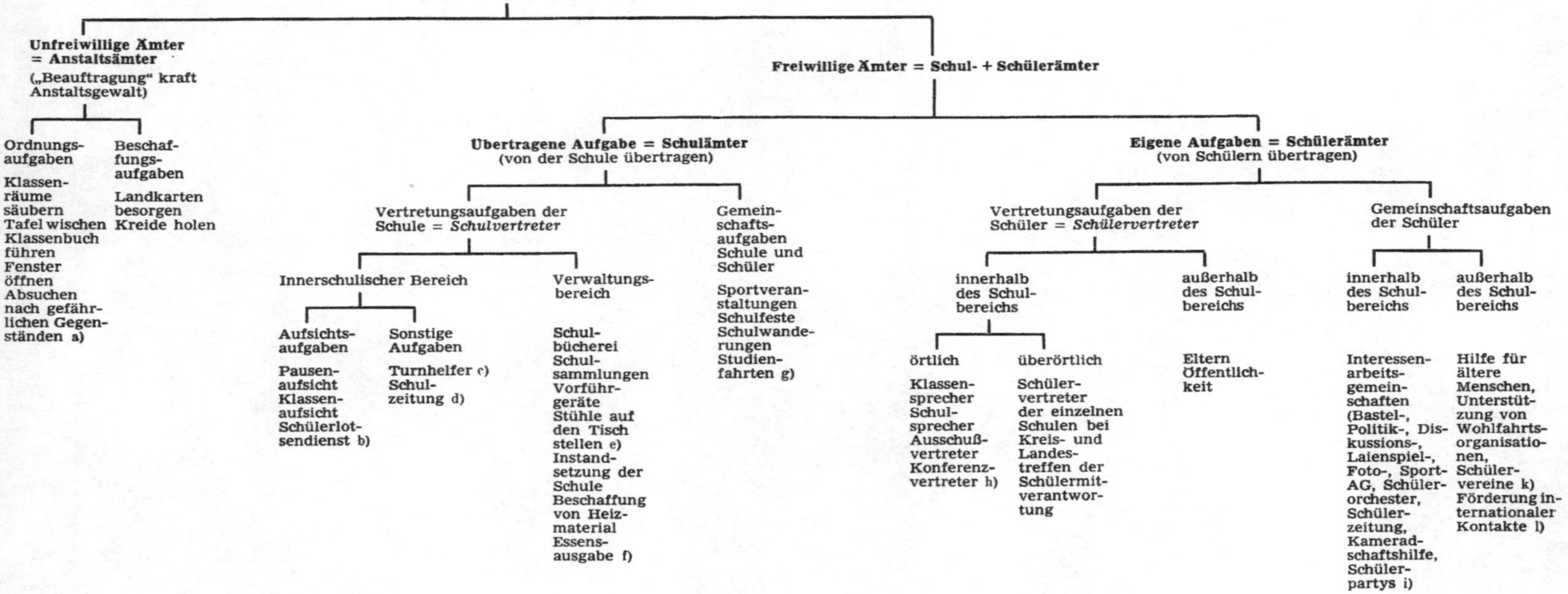

a) *Perschel*, Schülermitverwaltung, S. 38; b) *Heckel-Seipp*, S. 236 ff., 428; *Friebe*, ZBR 1956, S. 396 ff; *Perschel*, Schülermitverwaltung, S. 12, 14; *derselbe*, Demokratisierung, S. 49; c) Weimar, RiA 1966; 169; BGH NJW 1969, 554; BGH VersR 1958, 705; d) *Perschel*, Schülermitverwaltung, S. 38; e) SchlHOLG VersR 1957, 532 = SCHLHA, Ausgabe A, 1957, S. 234; allgemein: *Hochstetter*, BW SchVOG, 1969, S. 105; f) Nds. SMV-Erlaß vom 9. 9. 48, abgedruckt bei *Hinrichs*, S. 58; *Scheibe*, Schülermitverantwortung, S. 190; g) *Perschel*, Schülermitverwaltung, S. 12; h) *Perschel*, Schülermitverwaltung, S. 16 und 23 ff.; *Scheibe*, Schülermitverantwortung, S. 25; i) *Perschel*, Schülermitverwaltung, S. 12; k) *Heckel-Seipp*, S. 243; l) *Heckel-Seipp*, S. 428; *Perschel*, Schülermitverwaltung, S. 16.

IV. Rechtfertigung für schulische Ämter

1. Erziehung

Es gibt viele Gründe, Schüler an der Gestaltung des Schullebens zu beteiligen. Vor allem werden pädagogische Argumente angeführt[21]. Denn eigentlicher Sinn der Einbeziehung der Schüler in organisatorische Schulfunktionen ist selbst ein pädagogischer[22, 23].

Die Erziehungswissenschaft kennt zwei Arten der Pädagogik, die beide, wenn auch nicht in gleichem Maße, durch die Vergabe von Schul- und Schülerämtern verwirklicht werden sollen[24].

Die Individualpädagogik sieht in erster Linie das Verhältnis zwischen Erzieher und Schüler, wobei als letzter Träger der Erziehung der reife Wille der Erwachsenen aufgeführt wird[25]. Der Erziehungsvorgang besteht in der bewußten, planvollen Hinführung des einzelnen zu einer autonomen Persönlichkeit, die selbstverantwortlich handeln kann. Erziehung erscheint als Hilfestellung auf dem Weg zur Selbsterziehung. Nach Ansicht der Individualpädagogen ist der menschlichen Gemeinschaft am besten gedient, wenn die Persönlichkeit in Gehorsam, Gewissenhaftigkeit, Selbstzucht und Hilfsbereitschaft wächst[26]. Diese Meinung macht den jungen Menschen für sein Handeln voll verantwortlich. Er muß für Verfehlungen selbst einstehen.

Demgegenüber steht die Sozialpädagogik als gemeinschaftsbezogene Erziehungsform, die von der erzieherischen Verantwortung der menschlichen Gemeinschaft ausgeht und auf die Hilfsbedürftigkeit des Kindes abstellt[27]. Danach erhält der einzelne seine geistige Gestalt auch durch die Formgesetze der Gemeinschaft, in der er steht[28]. Dabei wird be-

---

[21] Pädagogische Literatur über die Schülermitverantwortung ist zu finden bei *Scheibe*, Schülermitverantwortung, *Döring - Schneider*, Der Schüler als Staatsbürger, *Hinrichs*, SMV im Umbruch, *Holtmann*, Literatur zur Diskussion um die SMV 1966, Pädagogisches Zentrum Berlin 1969.

[22] *Oppermann*, Bildung S. 553; *derselbe*, Kulturverwaltungsrecht S. 266.

[23] Bedenken, daß deshalb das „SMV-Problem" juristisch nicht faßbar ist, sind unbegründet, weil es keine Eigengesetzlichkeit des schulischen Raumes gibt (*Perschel*, Schülermitverwaltung S. 1). Andererseits sind die pädagogischen Beweggründe ausschlaggebend für die juristische Argumentation.

[24] Nur die Übertragung von Schul- und Schülerämtern ist eng mit der Schülermitverantwortung verknüpft. Die Anstalts- und außerschulischen Ämter, die nicht zum Betätigungsfeld der Schülermitverwaltung gezählt werden, sind nicht Gegenstand der weiteren Erörterung.

[25] Herder Lexikon, Stichwort „Erziehung" S. 1031 ff.

[26] Franke Lexikon, Stichwort „Pädagogik" S. 345 ff.

[27] Franke Lexikon, a.a.O.

[28] Herder Lexikon, a.a.O.

zweckt, daß die Gemeinschaftsfähigkeit gesteigert, die Zusammenarbeit verbessert und Toleranz geübt wird. Außerdem will diese Erziehungsform zur politischen Bildung beitragen und das Kind zu einem mündigen Bürger im demokratischen Gemeinwesen machen[29]. Der wichtigste Ort für ihre Verwirklichung ist die Schule. Nach dieser Auffassung ist die Gemeinschaft für das Handeln der jungen Menschen verantwortlich. Sie hat für seine Verfehlungen einzustehen.

Die Übertragung von Schülermitverantwortungsämtern ist eine positive Pädagogik, mit dem Ziel, den Kindern das Gefühl einer individuellen und kollektiven Verantwortung für ihr Verhalten nahezubringen[30]. Damit wird angedeutet, daß sich die schulische Erziehung nicht nur im Lehrer-Schülerverhältnis erschöpft, sondern auch wirken soll, wenn Schüler Aufgaben ergreifen, die im Schulganzen sinnvoll sind[31]. Die Schüler sollen sich in den Sozialformen der Klasse und Schule gegenseitig erziehen[32]. Die besondere Betonung liegt daher auf der sozialpädagogischen Seite, weil durch die Ausübung von Ämtern die Anteilnahme am Leben der Schule gefördert werden kann[33]. Gleichzeitig wird die Übernahme von Aufgaben als Teil der sozialen und politischen Erziehung in der Schule aufgefaßt[34]. Die sozialpädagogische Bedeutung der Schülermitverantwortungsämter ergibt sich teilweise bereits aus den Landesverfassungen. In Art. 12 Abs. 1 der Landesverfassung von Baden-Württemberg heißt es unter anderem, daß die Jugend zu politischer Verantwortung und zu beruflicher und sozialer Bewährung zu erziehen ist[35].

Die Vorrangstellung der sozialpädagogischen Erziehungsform gegenüber der individualpädagogischen Seite ist auch Bestimmungen der Schulverwaltungsgesetze über die Schülermitverantwortung zu entnehmen[36]. Danach dient die Schülermitverantwortung der *Pflege* des *Gemeinschaftslebens* an der Schule. Erst an zweiter Stelle wird die *Erziehung* des Schülers zu Selbständigkeit und Verantwortungsbewußtsein genannt. Die Priorität des Gemeinschaftsbezugs der Schülermitverantwortung ist verständlich, weil sich an der Schülermitverantwortung — insbesondere bei der Wahrnehmung von Gemeinschaftsauf-

---

[29] *Döring*, Der Schüler als Staatsbürger S. 16 ff.

[30] Franke Lexikon, Stichwort „Schülerselbstregierung" S. 561.

[31] *Scheibe*, Stichwort „Schülermitverantwortung" S. 2966 ff.

[32] *Scheibe*, a.a.O.

[33] Herder Lexikon, Stichwort „Schülerselbstverwaltung".

[34] Kreuz-Lexikon, Stichwort „Schülermitverantwortung" S. 838.

[35] Ähnlich Art. 131 LV Bayern, Art. 26 LV Bremen, Art. 7 LV Nordrhein-Westfalen, Art. 33 LV Rheinland-Pfalz, Art. 30 LV Saarland.

[36] z. B. § 39 des baden-württembergischen SchVOG. Die übrigen Bestimmungen der Schulverwaltungsgesetze über die Schülermitverantwortung sind unter § 2 Anm. 4 hier angeführt.

gaben — alle Schüler beteiligen sollen und nur bestimmte Vertretungsaufgaben mehr der individualpädagogischen Erziehung dienen.

Jedoch darf nicht vergessen werden, daß die Pflege des Gemeinschaftslebens letztlich die Erziehung zur Selbstverantwortung fördern soll, womit auch die individualpädagogische Komponente angesprochen ist[37]. Die Schüler können an den Aufgaben, die ihnen zur selbständigen Erledigung übertragen werden, gleichzeitig innerlich wachsen und reifen[38]. Der Vertretungsschüler soll durch seine Tätigkeit als Vorbild für die anderen Mitschüler handeln und sie positiv beeinflussen. Das Vorbild ist freilich nur eine Seite der Herrschaft. Man wird es im Einzelfall in Kauf nehmen müssen, daß gelegentlich auch kleine Tyrannen zu verantwortlichen Ämtern gelangen.

Nach dem Regel-Ausnahmeprinzip bleibt es dennoch zweifelhaft, ob dem Gemeinschaftsleben der Vorrang vor der individualpädagogischen Seite der Schülermitverantwortung zuzubilligen ist. Die Erziehung zur Selbstverantwortung darf nicht zweitrangig behandelt, sondern sie muß mindestens gleichberechtigt neben die Pflege des Gemeinschaftslebens gestellt werden. Diese Interpretation befindet sich in Übereinstimmung mit der Ansicht des Bundesverfassungsgerichts, das gerade in der Möglichkeit der freien Selbstbestimmung des Einzelnen einen gemeinschaftsbildenden Wert sieht[39]. Außerdem darf man die Pflege des Gemeinschaftslebens im Schulbereich nicht überschätzen. Die Vorstellung von der Schulfamilie und einer konfliktfreien Lehrer-Schüler Partnerschaft ist — wie Perschel nachgewiesen hat — eine Fiktion[40]. Die zwangsläufig vorhandenen Spannungen zwischen Schüler und Lehrer lassen sich allein durch Begriffsschöpfungen nicht beseitigen. Auch diese Einsicht rechtfertigt es, die Erziehung zur Selbstverantwortung stärker als bisher in den Vordergrund zu stellen.

Wenn man dieser juristisch geforderten und pädagogisch notwendigen Zielsetzung beipflichtet, dann darf man die Schülermitverantwortung nicht auf die Rolle einer bloßen Hilfspolizei beschränken[41]. Schülerlotsendienst und Klassenaufsichtsdienst zeichnen sich aber gerade durch ihre obrigkeitlichen Funktionen aus. Diese Hilfspolizei- und Spitzeldienste dienen oft nicht der Erziehung zur Selbstverantwortung und der Pflege des Gemeinschaftslebens[42]. Im Gegenteil. Sie können die Erziehungsarbeit gefährden und die Schulatmosphäre vergiften. Solche

---

[37] *Perschel*, Schülermitverwaltung S. 13.

[38] *Scheibe*, Schülermitverantwortung S. 34.

[39] BVerfGE 12, 51 ff. (54).

[40] *Perschel*, Demokratisierung S. 46.

[41] *Perschel*, Schülermitverwaltung S. 14.

[42] *Perschel*, Schülermitverwaltung S. 14 f.

Fälle werden sich infolge des Lehrermangels nicht gänzlich vermeiden lassen, weil der Lehrer bei der Vergabe von Vertretungsaufgaben grundsätzlich nur auf Schüler zurückgreifen kann. Es ist jedoch eine vornehmliche Aufgabe des Lehrpersonals, in kritischen Lagen den Anfängen zu wehren und einzelne Ordnungsschüler durch andere zu ersetzen. Außerdem muß der Schwerpunkt der Schülermitverantwortung bei den eigenen Angelegenheiten der Schüler liegen, während die übertragenen Aufgaben nicht wesensnotwendig zur Schülermitverantwortung zählen[43].

2. Demokratisierung

In den vergangenen Jahren ist allerorts der Ruf nach einer Demokratisierung der Schule laut geworden. Demokratie im Bereich der Schule kann zweierlei bedeuten: Einmal Anwendungsfall der Sozialpädagogik, zum anderen Demokratisierung des Schulrechts.

Die sozialpädagogische Erziehungsform will, so wurde oben dargelegt, den Schüler auch politisch erziehen und mündig machen, wobei der einzelne um der Funktionsfähigkeit der Gesellschaft willen gefördert wird. In diesem Sinne wurde bisher der Demokratiebegriff im Bereich der Schule und der Schülermitverantwortung gebraucht[44]. Damit wurde der Zweck verfolgt, den Schülern eine Grundidee davon zu vermitteln, wie die Demokratie in der Praxis funktioniert. Denn nur wer Gelegenheit hat, die Gesetze und Konflikte des Schullebens selbst mitzuverantworten und an der Selbstregierung der Schüler verantwortlich mitzuwirken, von dem kann die Gesellschaft erwarten, daß er später als Staatsbürger etwas anderes ist als ein gefügiger Duckmäuser[45].

Deshalb wird den Schülern erlaubt, an Besprechungen über aktuelle Schulfragen teilzunehmen. Es ist erwünscht, daß sich die Schüler an der Planung und Gestaltung des Unterrichts beteiligen. Die Schülervertreter können in Erlasse der Aufsichtsbehörden Einsicht nehmen. Sie erhalten Gelegenheit, unter bestimmten Voraussetzungen an Konferenzen mitzuwirken[46].

Der pädagogische Demokratiebegriff verlangt aber keineswegs, daß die Schule ein echter parlamentarisch verfaßter Staat im kleinen ist. Vielmehr würde nach Ansicht der Anhänger dieses Demokratiebegriffs eine andere — rechtliche — Auffassung die pädagogische Absicht als

---

[43] *Perschel,* Schülermitverwaltung S. 16.

[44] So auch *Scheibe,* Schülermitverantwortung S. 41 ff.; Kreuz-Lexikon S. 838; wohl auch *Stein,* Selbstentfaltung S. 5.

[45] *Wilhelm,* Pädagogik S. 56 ff.

[46] Vgl. Erlaß der Kultusministerkonferenz vom 3. 10. 68 (abgedruckt bei *Hinrichs,* S. 121 ff.).

Übersteigerung verkehren[47]. Hier soll es sich, soweit die Schule als Behörde angesprochen wird, nur um unverbindliche Beteiligungsrechte handeln. Ihre Dosierung bleibt dem pädagogischen Ermessen des einzelnen Lehrers überlassen. Die Anhörungs- und Teilnahmebefugnisse zwingen die entsprechenden Stellen, ihre Entscheidungen zu rationalisieren und die Publizität der Schule zu weiten[48].

Neuerdings wird mehr die rechtliche Seite des Demokratiebegriffs in die Diskussion gebracht. Die rechtliche Demokratisierung der Schule ist ein mehrdeutiger Begriff. Man muß daher die Demokratiedefinition klären, die hier Anwendung finden soll.

Soweit das *klassische Demokratiemodell* zugrundegelegt wird, kommt eine stärkere Demokratisierung der Schule nicht in Betracht. Danach bedeutet das demokratische Prinzip nur die Selbstherrschaft des ganzen Volkes durch eine von Parteien, Verbänden und der öffentlichen Meinung getragenen Volksvertretung mit Ablösungsmöglichkeit[49]. Die Schule ist aber nur ein Teil des Volkes. Ihr steht nach dieser Definition kein Anspruch auf eine eigene Demokratie zu.

Soweit es sich darum handelt unter einem anderen Demokratiebegriff danach zu fragen, inwieweit die Schüler wirklich an den Vorgängen der *Herrschaftsausübung teilnehmen,* könnte sich auch im Schulrecht die Frage nach einer Demokratisierung stellen. Dafür spricht auch die Vorstellung der freiheitlichen Demokratie des Grundgesetzes und der Auffassung des Bundesverfassungsgerichts. So gesehen ist Demokratie ein offener Prozeß, der darauf angelegt ist, den sozialen Kompromiß zu verbessern und die Mehrheit zur Rechtfertigung ihrer Entscheidungen vor dem ganzen Volk zu zwingen[50]. Daraus kann man aber nur die Forderung ableiten, daß das Schulrecht in einem Verfahren zu gestalten ist, das allein dem Staat die Befugnis zur Regelung gibt, weil das ganze Volk durch seine Repräsentanten über die Ausgestaltung des Schulrechts mitbestimmen muß. Keineswegs darf man den Begriff „Volk“ einfach durch „Schüler“ ersetzen.

Darüber hinaus wird ein dritter Demokratiebegriff für den Schulalltag fruchtbar gemacht. Perschel meint, soziale Teilhaberechte seien in einem demokratischen Sozialstaat neben Leistungsansprüchen auch *aktive Selbst- und Mitbestimmungsrechte*[51]. Diese Auffassung verlagert den Akzent des Demokratiebegriffs von der Repräsentation auf die Ebene der Legitimation. Die Entscheidungen müssen also durch die Ge-

---

[47] Empfehlungen S. 41.

[48] *Perschel,* Demokratisierung S. 50.

[49] *Stein,* Staatsrecht S. 153.

[50] BVerfGE 5, 198 ff.; 18, 154.

[51] *Perschel,* Demokratisierung S. 44.

währung bestimmter Verfahren legitimiert[52] sein. Zur Rechtfertigung dieser Auslegung des Demokratiegebotes kann man ebenfalls auf die Rechtsprechung des Bundesverfassungsgerichtes zurückgreifen. Danach genügt es nicht, wenn sich eine Obrigkeit bemüht, noch so gut für das Wohl der Untertanen zu sorgen: der einzelne soll vielmehr in möglichst weitem Umfang verantwortlich auch an den Entscheidungen für die Gesamtheit mitwirken[53].

Daher wird gefordert: Daß jede Schule Organe der Schülermitverantwortung einrichtet, daß die hierarchisch-anstaltliche Schulstruktur zugunsten mehr kooperativer Formen mit kollektiver Entscheidungsmöglichkeit aufgelockert wird[54], daß schulische Ämter von der Schülerschaft abgeleitet werden, daß die Beteiligung der Schüler sich nicht auf unverbindliche Anhörungs- und Teilnahmerechte beschränkt[55].

Die Schulgesetzgebung hat diesen Forderungen teilweise Rechnung getragen. Einzelne Schulverwaltungsgesetze sehen neuerdings eine Interessenvertretung der Schüler vor und räumen im beschränktem Umfang Mitbestimmungsrechte ein[56]. Eine so verstandene demokratische Mitwirkung erfährt eine natürliche Einschränkung durch das Alter der Schüler. Die Schülerverteter werden grundsätzlich erst in der 4. oder 5. Schulklasse gewählt[57]. Die Erstklässler und Grundschüler können daher nur mittelbar in den Demokratisierungsprozeß eingeschaltet werden, indem die Schülervertreter der höheren Klassen für *die Schülerschaft* auftreten. Auf eine Ermächtigung der unteren Klassen können sie sich freilich nicht berufen. Damit ist der Vorwurf mancher Schulautoren, die Schule sei nicht bereit, den Schülern ein reales, demokratisches Übungsfeld zu geben, gegenstandslos[58]. Er ist darüber hinaus gar nicht gerechtfertigt, weil sich die Forderung nach einer verbindlichen Mitbestimmung im Schulalltag aus dem demokratischen Prinzip nicht herleiten läßt. Denn Demokratie ist Herrschaft aller durch legitimierte Repräsentanten. Die Schulverwaltung ist Ausübung von Herrschaft. Daher dürfen im Bereich der Schule nur legitimierte Repräsentanten Herrschaft ausüben. Die Legitimation können sie nur durch den Gesetzgeber erlangen, der das ganze Volk verkörpert. Stellt er den

---

[52] Vgl. zu dieser Demokratie Interpretation: *Roellecke*, Der Begriff des positiven Gesetzes und das Grundgesetz S. 278 ff.

[53] BVerfGE 5, 205.

[54] *Oppermann*, Bildung S. 524.

[55] *Perschel*, Demokratisierung S. 46.

[56] Vgl. Anm. 19 hier.

[57] Vgl. die folgenden Schülermitverantwortungserlasse (alle abgedruckt mit Seitenangabe bei *Hinrichs*): Schülermitverantwortungs-Erlaß Hessen S. 67, saarländischer Schülermitverantwortungs-Erlaß S. 86, niedersächsischer Schülermitverantwortungs-Erlaß S. 101.

[58] So z. B. *Beutler*, Demokratisierung S. 1049.

Schülern kein Verfahren zur Seite, das ihnen Mitbestimmungsrechte einräumt, dann muß eine Demokratisierung der Schule scheitern. Es steht also allein in der Macht des ganzen Volkes, den Schülern Vertretungs- und Mitwirkungsrechte zu verleihen.

Überhaupt läßt sich eine Demokratisierung zugunsten der Schule nicht aus dem Grundgesetz ableiten. Wie Klein zutreffend dargelegt hat, enthält das Grundgesetz zwei Hinweise, die eine Ausdehnung des demokratischen Prinzips auf alle öffentlichen Bereiche beweisen könnten[59]: In Art. 21 Abs. 1 Satz 3 GG ist bestimmt, daß die innere Ordnung der Parteien demokratischen Grundsätzen entspricht, und nach Art. 28 Abs. 1 GG muß auch die Gemeinde eine Bürgervertretung besitzen.

Zwar erkennt Klein im Ergebnis zu Recht, daß aufgrund dieser beiden Vorschriften eine Demokratisierung einzelner Verwaltungsbereiche nicht in Betracht kommt. Seine Begründung ist aber nicht zwingend. Einerseits bezweifelt er die Gleichstellung der Parteien und der mittelbaren Staatsverwaltung wegen ihres Ausnahmecharakters. Andererseits lehnt er eine entsprechende Anwendung des Art. 28 ab, weil es an der Vergleichbarkeit zwischen Gemeinde und öffentlichen Anstalten fehle[60]. Methodisch gesehen ist bei der Anwendung dieser Artikel ein Umkehrschluß und eine Analogie möglich. Die richtigere Argumentation kann sich daher nur aufgrund des oben erläuterten klassischen Demokratiebegriffs ergeben.

Zwar erwähnt das Grundgesetz auch in Art. 87 und 130 GG Körperschaften und Anstalten des öffentlichen Rechts. Jedoch ist weder aus dem Wortlaut noch der Zweckrichtung dieser Bestimmungen zu entnehmen, welcher Anteil den Anstaltsbenutzern bei der anstaltsinternen Willensbildung zugestanden werden muß. Eine Beeinflussung der Anstaltsentscheidungen ist daher möglich[61], aber nicht die Regel[62] und keinesfalls durch die Rechtsordnung geboten[63].

Dagegen ist eine Mitwirkung in den schulischen Gremien erforderlich, soweit die Eltern und deren Rechte betroffen sind. Dieser Anspruch auf Teilhabe am schulischen Leben läßt sich jedoch nicht aus dem Demokratiebegriff oder den eben erwähnten Grundgesetzvorschriften ableiten. Die Mitwirkungsbefugnis ist in Art. 6 Abs. 2 GG verbrieft. Denn hinsichtlich seines Gegenstandes bezieht sich das Elternrecht im Schul-

---

[59] *H. H. Klein*, Demokratisierung S. 17.

[60] *H. H. Klein*, Demokratisierung S. 18 f.

[61] Vgl. z. B. Art. 56 Abs. 6 der hessischen Landesverfassung hinsichtlich der Beteiligung von Elternvertretern.

[62] *Forsthoff*, Verwaltungsrecht S. 470; *Huber*, Wirtschaftsverwaltungsrecht Band I S. 117.

[63] *H. H. Klein*, Demokratisierung S. 20.

bereich allgemein auf Mitbestimmung und Mitgestaltung[64]. Ein Umkehrschluß ergibt, daß die Schüler nicht notwendigerweise aus verfassungsrechtlichen Gründen an der Ausgestaltung des Schullebens mitwirken müssen. Vielmehr ist es gerade im Schulbereich angebracht, die bisherige Praxis beizubehalten und nur begrenzte Mitbestimmungsrechte zu gewähren.

Schranken für eine echte und umfassende Mitwirkung ergeben sich erstens aus der Rechtsgestalt der Schule als einer Veranstaltung des Staates mit vorbestimmter Zielsetzung (Unterrichts- und Bildungsauftrag). Sie läßt eine schlichte Übertragung sämtlicher für das Gemeinwesen gültiger Demokratiegebote nicht sinnvoll erscheinen[65]. Zweitens setzt der alters- und ausbildungsbedingte Reifegrad vieler Schüler der Einräumung subjektiv-öffentlicher Schülerrechte sachbedingte Grenzen[66]. Drittens darf man nicht vergessen, daß — wie erwähnt — eigentlicher Sinn der Einbeziehung der Schüler in organisatorische Schulfunktionen ein pädagogischer ist[67]. Die mögliche Demokratisierung der Schule findet ihre Grenze, wenn die Mitwirkung und Mitbestimmung zur Beeinträchtigung des Erziehungs- und Bildungsauftrags der Schule führt[68]. Die Schulinteressen gehen als Gemeinwohlinteressen den Schülerinteressen vor.

Unter dem Stichwort Demokratisierung der Schule wird schließlich gefordert, daß das Schulrecht als Teilgebiet des öffentlichen Rechts einer *Ermächtigungsgrundlage* bedarf[69]. Diese Demokratieauffassung wendet sich gegen die Praxis, Schulmaßnahmen grundsätzlich auf dem Erlaßwege ohne Einschaltung des Gesetzgebers zu regeln. Man verlangt eingehende gesetzliche Durchnormierung der Beziehungen zwischen Schule, Schüler und Erziehungsberechtigten[70]. Als Begründung verweist man auf die freiheitliche rechtsstaatliche Demokratie. Sie gebietet eine Regelung, welche die staatliche Schultätigkeit vorhersehbar und Eingriffe nachprüfbar macht[71]. Generelle Anordnungen sollen wegen Art. 20 Abs. 3 GG einer gesetzlichen Grundlage bedürfen[72]. Administrative Anordnungen, die nicht den Anforderungen des Art. 80 GG entsprechen, lehnen die Verfechter dieser Ansicht ab[73].

---

[64] *Maunz - Dürig - Herzog*, Art. 6 GG Anm. 28.

[65] *Oppermann*, Bildung S. 524.

[66] *Oppermann*, Bildung S. 552.

[67] *Oppermann*, Bildung S. 553; *derselbe*, Kulturverwaltungsrecht S. 266.

[68] Vgl. *Oppermann*, Bildung S. 553; *derselbe*, Kulturverwaltungsrecht S. 267.

[69] *Perschel*, Demokratisierung S. 37.

[70] *Perschel*, Demokratisierung S. 39; *Fuß*, VVDStRL 23, 199 ff.

[71] *Perschel*, Demokratisierung S. 38.

[72] *Fuß*, VVDStRL 23 S. 199 ff. (200, 218); *Perschel*, Demokratisierung S. 39.

[73] *Fuß*, VVDStRL 23, S. 200, 214, 217; ebenso *Evers*, a.a.O. S. 164; *Perschel*, Schülermitverwaltung S. 8 ff.; *derselbe*, Demokratisierung S. 73 ff.; *Heckel* -

Der Gesetzesvorbehalt ist zu beachten, soweit einige schulische Sonderverordnungen nicht nur den Charakter von Verwaltungsvorschriften aufweisen, sondern ihrem Inhalt nach Recht setzen. Das gilt insbesondere für die allgemeinen Schulordnungen, die Ausbildungs- und Prüfungsordnungen sowie die Versetzungsrichtlinien. Ihre enge Beziehung zu den wesentlichen Entscheidungen im Schulbereich ist offensichtlich[74]. Eine endgültige Grenzziehung läßt sich jedoch nicht durchführen, weil sich in Einzelfällen der vermeintlich reine Verwaltungssatz in Funktion und Überprüfbarkeit dem Rechtssatz nähert[75]. Die abweichende Auffassung von Brohm[76] und Groß[77] vermeidet dieses unsichere Ergebnis. Nach ihrer Ansicht modifizieren die besonderen Gewaltverhältnisse — hierzu zählt auch das Schulverhältnis — die Rechtssatzregeln. Die Exekutive soll über eine originäre Rechtsetzungsgewalt verfügen und Art. 80 GG deshalb keine Anwendung finden.

Diese Meinung ist jedoch abzulehnen, da sie wichtige Grundsätze des demokratischen Rechtsstaates verfassungswidrig umgeht. Ein selbständiges Verordnungsrecht gibt es unter der Geltung des Grundgesetzes weder nach dessen Wortlaut, noch nach dessen verfolgten Normzwecken[78]. Die Ausgestaltung des Schulverhältnisses kann nur auf gesetzlicher Grundlage erfolgen. Einer eigenständigen Regelungsbefugnis der Verwaltung steht der allgemeine Gesetzesvorbehalt und der Vorrang des Gesetzes entgegen[79].

Wenngleich aus diesen Gründen gegen die bisherige Erlaßpraxis teilweise verfassungsrechtliche Bedenken bestehen, darf man wohl diese Vorschriften nicht schlichtweg als rechtsunwirksam betrachten. Das würde zu einer „tabula rasa" im Schulrecht führen[80]. Daher wird zu Recht um der Effizienz der Schule willen vor allzu rigorosem jederzeitigem Ruf nach dem parlamentarischen Gesetzgeber gewarnt[81]. Oppermann verweist in diesem Zusammenhang auf die absolut wirkenden, mit Verfassungsrang ausgestatteten Grundrechte der Anstaltsbenutzer und die umfassende Rechtsschutzgewähr, die zu einer aktiven Bekämpfung sie beschwerender Akte der Schulgewalt offensteht[82].

Seipp, Schulrechtskunde S. 364 ff., 372 ff.; *Heckel*, Schulrecht und Schulpolitik S. 158 ff.; *derselbe*, Rechtsstellung S. 54 ff.; *Maunz - Dürig - Herzog*, Art. 7 Rdn. 27.

[74] *Oppermann*, Kulturverwaltungsrecht S. 178.

[75] *Oppermann*, Kulturverwaltungsrecht S. 179.

[76] *Brohm*, DÖV 64, 238 ff.

[77] *Groß*, NJW 69, 2186 ff.

[78] Vgl. *Perschel*, Schülermitverwaltung S. 10.

[79] Hessischer Staatsgerichtshof NJW 70, 1915 = DÖV 71, 201.

[80] *Perschel*, Demokratisierung S. 10.

[81] *Oppermann*, Bildung S. 527.

[82] *Oppermann*, Kulturverwaltungsrecht S. 179.

Im übrigen sollte man den Verwaltungsbehörden und dem Gesetzgeber eine gewisse Zeitspanne lassen, innerhalb der sie die notwendigen Änderungen vornehmen können. Kommen die Staatsorgane den ihnen obliegenden Verpflichtungen nach Art. 20 Abs. 3 GG nicht nach, dann müßte die rechtsprechende Gewalt, der allein die Verwerfungskompetenz zusteht, die erlassenen Vorschriften für ungültig erklären und den Gesetzgeber zum Handeln auffordern[83].

3. Entlastung

Während im vorangegangenen Abschnitt die *eigenen* Angelegenheiten der Schüler im Vordergrund standen, ist hier von jenen Ämtern die Rede, die den Schülern von Lehrkräften *übertragen* werden. Es handelt sich vor allem um die Schulämter, bei denen Schüler Verwaltungs- und Aufsichtsaufgaben wahrnehmen, um Lehrer zu entlasten.

Es ist nichts einzuwenden, wenn Schülern Verwaltungsaufgaben nach einem Krieg oder einer Naturkatastrophe eingeräumt werden. In solchen Fällen können Schüler unbedenklich Hand anlegen, um Lehrmittelsammlungen herzurichten und das Schulgebäude in Ordnung zu bringen[84]. Durchaus legitim ist auch die Entlastung des Schulpersonals im Bereich der Anstaltsämter, wenn also Schüler eingesetzt werden um die Klassenräume sauberzuhalten, Tafeln zu reinigen und Landkarten zu beschaffen[85].

Zweifelhaft ist es aber, Schüler als Turnhelfer heranzuziehen[86] oder als Aufsichtskräfte und Schülerlotsen einzusetzen[87]. Bedenken ergeben sich aus juristischer und aus pädagogischer Sicht. Die Rechtmäßigkeit der Entlastungsämter ist fraglich, weil die Übertragung von Lehrerfunktionen auf den ersten Blick nicht selbstverständlich erscheint. Kann ein minderjähriger Schüler dieselbe Rechtsstellung wie ein Lehrer bekleiden mit der Folge, daß die Mitschüler seine Anordnungen befolgen müssen? Die Fragwürdigkeit dieser Ämter entfällt nicht, wenn die Gerichte die Heranziehung einzelner Schüler für Aufsichtsfunktionen als alltägliche Erscheinung[88] werten. Die Bedenken lassen sich auch nicht mit der Behauptung entkräften, die Beauftragung eines Schülers, die Ersparnis- und Entlastungsgründen diene, sei dann nicht amtspflichtwidrig, wenn sie gleichzeitig Erziehungszwecke erfülle[89].

---

[83] Vgl. Normenkontrollbeschluß des VGH Kassel vom 24. 4. 1968 betreffend den Erlaß einer Prüfungsordnung.

[84] *Scheibe*, Schülermitverantwortung S. 17 f.; Niedersächsischer Schülermitverantwortungs-Erlaß vom 9. 9. 1948 (abgedruckt bei *Hinrichs*, S. 57 ff.).

[85] *Scheibe*, Schülermitverantwortung S. 90 ff.; vgl. auch oben § 1 III.

[86] Fälle, in denen Schüler zur Turnhilfe herangezogen wurden: BGH NJW 1969, 554; BGH VersR 58, 705.

[87] OLG Köln NJW 68, 655; LG Rottweil NJW 70, 474.

[88] LG Rottweil NJW 70, 475.

[89] SchlH OLG Schl HA 1957 Ausgabe A S. 234 = VersR 57, 532.

Wie sich schon aus dem Begriff „Entlastung" ergibt, können diese Ämter nicht das Wesen der Schülermitverantwortung ausmachen. Der Schülermitverantwortungs-Vertreter soll nach Sinn und Zweck dieser Institution nicht das Lehrpersonal entlasten, sondern die Schülerschaft repräsentieren[90]. Diese Möglichkeit bieten ihm Aufsichts- und Verwaltungsaufgaben nicht, weil er nur der verlängerte Arm des Lehrers ist[91]. Der Gedanke der Mitverantwortung verlangt auch aus pädagogischen Gründen, daß der Schüler nicht lediglich mit der Autorität des Lehrers ausgestattet und von ihm weisungsabhängig ist. Der Schülermitverantwortungs-Vertreter soll allein durch die Schüler legitimiert sein. Hinzu kommt die bereits erwähnte Gefahr, daß diese Schüler Hilfspolizei- oder Spitzeldienste leisten[92].

Trotz dieser Bedenken erfreuen sich die Entlastungsämter großer Beliebtheit. Der Grund für die überragende Bedeutung dieser Ämtergruppe ist allein in dem großen Personalmangel zu finden. Die Ordnungskräfte reichen nicht aus, um die Aufrechterhaltung eines reibungslosen Schulbetriebes zu garantieren. Nur deshalb läßt sich die Übertragung von Aufsichtsdiensten auf einzelne Schüler als kaum zu umgehende Praxis rechtfertigen[93].

4. Neue Unterrichtsformen

Schließlich kann die Übertragung einzelner Schulämter auch darauf beruhen, daß neue Unterrichtsformen eingeführt werden. Hier wäre vor allem zu nennen: Arbeitsunterricht, Neugestaltung der Oberstufe an den Gymnasien, Lehrveranstaltungen an Computern und Gruppenunterricht[94]. Es ergibt sich bereits aus dem Wesen dieser Unterrichtsgestaltungen, daß eine ständige Beaufsichtigung der Schüler durch einen Lehrer unmöglich und gar nicht erforderlich ist. Dies gilt insbesondere, wenn die Schule über Nebenräume verfügt, in denen Schüler selbständig arbeiten dürfen[95]. Hier muß es dem Lehrer gestattet sein, seine Aufsichtspflichten fallweise auf Ordnungs- und Aufsichtsschüler zu übertragen[96], um einen ordentlichen Unterrichtsablauf zu gewährleisten. Denn es kann — wie die Beispiele zeigen — gerechtfertigt sein, neue

---

[90] Vgl. § 49 hessisches Schulverwaltungsgesetz und § 35 Schulverwaltungsgesetz der Freien und Hansestadt Hamburg.

[91] *Perschel*, Schülermitverwaltung S. 14, *Scheibe*, Schülermitverantwortung S. 94 f.

[92] *Perschel*, Schülermitverwaltung S. 14; ähnlich *Beutler*, Demokratisierung S. 1049.

[93] LG Rottweil NJW 70, 475.

[94] *Scheibe*, Schülermitverantwortung S. 37.

[95] *Heckel - Seipp*, Schulrechtskunde S. 238.

[96] *Friebe*, ZBR 56, 396.

Unterrichtsformen anzuwenden, obwohl es an einer entsprechenden Beaufsichtigung der Schüler durch Lehrkräfte fehlt. Diese Bemerkung darf aber nicht darüber hinwegtäuschen, daß hier die gleichen Bedenken wie im vorhergehenden Abschnitt anzumelden sind.

5. Legitimation

Die Schülermitverantwortung ist staatlich legitimiert, weil sie in den Schulverwaltungsgesetzen der Länder institutionalisiert ist. Die Vertreter der Schülermitverantwortung werden durch Wahl der Schülerschaft oder Beauftragung des Lehrpersonals ermächtigt. Ob Lehrer oder Schüler einen Vertrauensschüler mit Befugnissen ausstatten, hängt davon ab, welche Aufgaben zu erfüllen sind. Soll der Schüler eigene Aufgaben der Schülerschaft oder einer Schulklasse ausüben (Klassensprecher), dann beruht sein Mandat ausschließlich auf der Wahl der Schüler. Bestätigungs- und Absetzungsvorbehalte der Schule sind unzulässig[97], weil sie das demokratische und staatlich zugesicherte Wahlverfahren beschränken würden[98]. Im Bereich der Schule kann insoweit nichts anderes als bei der Wahl der Studentenvertretungen und der Arbeitnehmervertretungen gelten. Im Betriebsverfassungsgesetz wird eine Behinderung des Wahlverfahrens sogar ausdrücklich verboten[99].

Das Verhältnis Schülervertretung — Erziehungsberechtigte wurde bisher noch nicht erörtert. Es ist daher ungeklärt, ob die gesetzlichen Vertreter eine Mitarbeit bei der Schülermitverantwortung untersagen dürfen. Der Wortlaut des Grundgesetzes bejaht dies: Die Eltern können die Bestimmungen der Schulverwaltungsgesetze über die Schülermitverantwortung unterlaufen, weil Art. 6 Abs. 2 GG (Elternrecht) höherrangiges Recht ist. In der Praxis wird davon allerdings kein Gebrauch gemacht. Es gilt vielmehr die Regel: So wenig sich die Eltern gegen die Wissensvermittlung der Schule wenden, so wenig wenden sie sich gegen eine vernünftige und natürliche Selbstbildung und Selbstentfaltung ihrer Kinder, die sich an Schülerwahlen beteiligen. Wäre dies doch der Fall, dann wäre entgegenzuhalten, daß das Elternrecht nicht um der Eltern willen, sondern um des Wohles der Kinder willen gewährt wird. Unabhängig davon ist das Recht auf Teilnahme an der Schülervertretung in Art. 7 GG verbrieft. Wenn die Schülermitbestimmung zur sinnvollen Erfüllung des Erziehungsauftrags der Schule vom Gesetzgeber befürwortet wird, dann können sich die Erziehungsberechtigten nicht dagegen wehren. Über das Wohl der Kinder bestimmt das ganze

---

[97] *Perschel,* Schülermitverwaltung S. 25 ff.; *Heckel - Seipp,* Schulrechtskunde S. 429.

[98] *Perschel,* Schülermitverwaltung S. 29.

[99] Vgl. § 21 Betriebsverfassungsgesetz.

Volk, der Gesetzgeber kann das Elternrecht in vernünftigem Maße beschränken.

Betraut ein Lehrer oder der Schulleiter einzelne Schüler, übertragene Aufgaben zu erledigen (Aufsichtsführung, Ordnungsdienst), dann sind sie allein von der Schule ermächtigt. Die Schüler haben keinen Einfluß auf die Auswahl der bestellten Schüler, wenngleich jeder Lehrer zweckmäßigerweise nur Schüler beauftragen wird, die das Vertrauen der Klasse genießen[100]. Der Schule steht das ausschließliche Bestimmungsrecht zu, weil nur Rechte der Schule, nicht aber Rechte der Schüler übertragen werden. Es steht in ihrem Ermessen, *wen* sie mit der Ausführung ihrer Angelegenheiten betraut.

§ 2 Das geltende Recht

I. Vorschriften

Das *Grundgesetz* sagt weder über die Beteiligung der Schüler am Leben der Schule noch über schulische Ämter etwas aus, weil in Art. 7 GG nur die Grundkonzeption des Schulwesens niedergelegt ist. Die Ausgestaltung des Schulwesens fällt in die Kulturhoheit der Länder. In einzelnen *Landesverfassungen* ist eine Beteiligung der Eltern an der Gestaltung des Schulwesens oder des Schullebens durch gewählte Vertretungen vorgesehen[1].

Dagegen ist von Schülervertretung und Schülermitverantwortung nicht die Rede. Wenn die Verfassungsbestimmungen auch nicht unmittelbar von Beteiligungsrechten und Ämtern ausgehen, so wird gelegentlich an anderer Stelle der Verfassung — zum Beispiel unter dem Blickwinkel der staatsbürgerlichen Erziehung — die Erziehung der Schüler

---

[100] Unter dem Aspekt einer Ermächtigung durch den Lehrer ist die Unterscheidung zwischen Schul- und Anstaltsämtern unerheblich. Der Schülermitverwaltungs-Vertreter kann seine Mitschüler — wenn er mit der entsprechenden Vollmacht ausgestattet ist — auch mit der Erfüllung von Anstaltsämtern beauftragen, die ihre Grundlage ebenfalls in der Schulgewalt haben. Es wäre jedoch einseitig, würde man die Auswirkungen dieser übertragenen Ämter nur im Hinblick auf den Status passivus des Schülers sehen. Der Schüler ist nämlich nicht verpflichtet, Folge zu leisten, wenn ihm beispielsweise ein Schulamt aufgedrängt wird. Da im Bereich der Schülermitverwaltung das Freiwilligkeitsprinzip gilt, muß der Schüler zustimmen. Von dieser Warte aus ist die Differenzierung zwischen Anstalts- und Schulämtern gerechtfertigt.

[1] Zum Beispiel Art. 17 Abs. 4 der BW LV; Art. 56 Abs. 6 Hess LV; Art. 10 Abs. 2 NRW LV.

zu verantwortungsfreudigen Bürgern und ihre Beteiligung an der Gestaltung des Schullebens angesprochen[2]. Man vermißt jedoch einen Hinweis darauf, wie diese Mitgestaltung aussehen soll. Aus dem systematischen Zusammenhang mit den Elternrechten und dem Zweck der allgemeingehaltenen Formulierung, Staatsbürger durch geeigneten Unterricht heranzuziehen, läßt sich jedoch folgende Formel gewinnen: Die Schülerrechte sollen im Gegensatz zu den Mitbestimmungsrechten der Eltern enger sein. Zwar spricht der Wortlaut meistens von der Gestaltung des Schullebens. Er erfährt aber eine einschränkende Interpretation, weil mit dem Schulleben wohl nur die inhaltliche Mitgestaltung bei einzelnen Unterrichtsfächern gemeint ist.

Die Formel erlaubt auch die Schlußfolgerung, der Gesetzgeber habe in den Schulverwaltungsgesetzen eine Schülermitverantwortung einzufügen. Hessen hat diesen Schritt bereits praktiziert. Die Schülervertretung, die in § 49 des hessischen Schulverwaltungsgesetzes geregelt ist, bezieht sich auf den allgemeingefaßten Art. 56 Abs. 4 der hessischen Landesverfassung. Danach sollen die Schüler bei der Verwirklichung des Bildungs- und Erziehungsziels durch ihre Schülervertretung eigenverantwortlich mitwirken.

Die Ämterübertragung findet ihre eigentliche institutionelle Verankerung und Rechtsgrundlage in den Schülermitverantwortungsbestimmungen der *Schulverwaltungsgesetze*[3, 4]. Allerdings lassen sich aus den gesetzlichen Vorschriften keine konkreten Rechte und Pflichten entnehmen, weil die bisher üblichen Vorschriften über die Schülermitverantwortung sehr allgemein gehalten sind. So findet man noch heute in den meisten Schulverwaltungsgesetzen folgenden Satz[5]:

> „Die Schülermitverantwortung dient der Pflege des Gemeinschaftslebens an der Schule und der Erziehung der Schüler zu Selbständigkeit und Verantwortungsbewußtsein.“

Dieser Text ist mittlerweile in einigen Schulgesetzen konkretisiert und der Begriff Schülermitverantwortung durch die Bezeichnung Schülervertretung ersetzt worden. Wegbereitend war Hessen, das als erstes

---

[2] Zum Beispiel Art. 21 BW LV; vgl. auch § 49 Abs. 1 Hess SchVG vom 28. 6. 1961 in der Fassung vom 3. 5. 1969, der auf Art. 56 Abs. 4 der hessischen Landesverfassung verweist.

[3] Insoweit unrichtig *Perschel*, Schülermitverwaltung S. 7, weil er davon ausgeht, daß Rechtsgrundlage der Schülermitverwaltung die Erlasse der Kultusminister sind. Die Erlasse sind lediglich Ausgestaltungen der gesetzlichen Regelung.

[4] Siehe § 39 BW SchVOG, § 17 Bln SchVG, § 5 Brem SchVG, § 26 Abs. 2 Hmb SchVG, § 22 Abs. 3 Nds SchVG, § 25 NRW SchVG, § 22 RhPf SchVG für Höhere Schulen, § 43 Saarl Schg (Der volle Wortlaut der einzelnen Vorschriften ist bei *Perschel*, Schülermitverwaltung S. 4 ff. abgedruckt).

[5] Vgl. beispielhaft § 39 BW SchVOG.

Bundesland die Mitbestimmung der Schüler gesetzlich verankerte und den Schülern gegenüber den Schulbehörden und der Öffentlichkeit eine Interessenvertretung zubilligte[6]. Ähnlich änderte Hamburg sein Schulverwaltungsgesetz, indem es die Schülervertretung einführte[7]. In beiden Gesetzesänderungen werden übertragene Aufgaben der Schülermitverantwortung nicht mehr erwähnt. Hierher gehören auch die Entwürfe der baden-württembergischen CDU und SPD, die im Jahre 1970 im Landtag eingebracht wurden[8]. Der SPD-Entwurf ist deshalb bemerkenswert, weil der Kultusminister nach § 39 Abs. 4 der Neufassung SchVOG ermächtigt ist, einzelne Schulmaterien durch Rechtsverordnung zu regeln. Bisher war die Schülermitverantwortung nur durch Erlasse ausgestaltet.

Verordnungen im Sinne von *Rechtsverordnungen,* die den Voraussetzungen des Art. 80 GG genügen, wurden für die Schülermitverantwortung noch nicht erlassen.

Die Ausgestaltung der Schülermitverantwortung erfolgt durch *Ministerialerlasse* und von der Literatur teilweise so genannte *„Sonderverordnungen"* der Kultusministerien[9]. Man kann diese Vorschriften in Schul- oder Anstaltsordnungen und Erlasse für einzelne Sondergebiete (zum Beispiel Schülermitverantwortung, Unfallverhütung) aufteilen.

Die Schul- und Anstaltsordnungen regeln das Verhältnis der Schüler und der Erziehungsberechtigten zur Schule. Diese Vorschriften, denen regelmäßig Rechtssatzqualität beigemessen wird, geben über die Organisation und Arbeitsweise der Schülermitverantwortung keine Auskunft[10]. In § 56 Abs. 1 des baden-württembergischen SchVOG wird beispielsweise nur mitgeteilt, daß Schulordnungen nähere Bestimmungen über Schülervereine und Schülersatzungen enthalten. Die Schülermitverantwortung wird nur deshalb erwähnt, weil die Schulordnung auch nachrichtliche Mitteilungen an Schüler über solche Angelegenheiten enthalten soll, die ihre eigentliche Regelung außerhalb der Schulordnung — wie die Schülermitverantwortung — gefunden haben[11].

---

[6] Vgl. § 49 Hess SchVG vom 28. 6. 1961 in der Fassung vom 30. 5. 1969.

[7] Vgl. § 36 SchVG der Freien und Hansestadt Hamburg vom 8. 7. 1968.

[8] Vgl. oben § 1 Anm. 19.

[9] Die neuesten Erlasse über die Schülermitverantwortung sind bei *Hinrichs,* S. 56 ff. abgedruckt. Ältere Erlasse sind bei *Scheibe,* Schülermitverantwortung S. 156, 158, 176 ff. zu finden.

[10] *Wolff,* I § 25 VIII S. 121 f.; *Brohm,* DÖV 64, 248; *Groß,* NJW 69, 2186 f.; *Böckenförde,* AöR 70 Band 95, 1 ff.; anderer Meinung sind *Fuß,* VVDStRL 23, 217 ff.; *Forsthoff,* Verwaltungsrecht S. 132, *Perschel,* Schülermitverwaltung S. 10, *Heckel - Seipp,* Schulrechtskunde S. 372 f.; *Rupp,* NJW 70, 412 ff.

[11] *Heckel - Seipp,* Schulrechtskunde S. 375.

Die Schülermitverantwortungs-Vorschriften gehören daher in die Gruppe der Sonder-Erlasse. Sie stehen in der Rangordnung unterhalb der allgemeinen Schulordnung, weil sie sich als Ausführungsbestimmungen[12], Richtlinien[13], und Entschließungen[14] charakterisieren lassen. Ihrer Rechtsnatur nach handelt es sich um Verwaltungsvorschriften der Exekutive, die regelmäßig ohne Ermächtigung des Art. 80 GG erlassen werden.

Die Erlasse befassen sich grundsätzlich ausführlich mit den eigenen Angelegenheiten der Schüler. Teilweise werden auch übertragene Aufgaben erwähnt. Vor allem wird die Beteiligung der Schüler an Aufsichts- und Ordnungsaufgaben herausgestellt und auf den Schülerlotsendienst hingewiesen[15]. Einige Erlasse befassen sich auch oberflächlich mit der Rechtsstellung der Schulvertreter: Sie ordnen die Folgepflicht der Schüler gegenüber den Maßnahmen der Aufsichtsschüler an[16]. Bei Nichtbefolgung ihrer Weisungen liegt ein Verstoß gegen die Schulordnung vor. Die Aufsichtsführung wird teilweise großzügig gehandhabt. Bei eigenen Veranstaltungen können die Schüler die Aufsicht eigenverantwortlich übernehmen. Die Oberaufsicht des Lehrers beschränkt sich nur auf eine stichprobenartige Kontrollfunktion[17].

Während die Aufsichtsführung bei *eigenen* Veranstaltungen der Schüler ausführlich geregelt ist, fehlen Hinweise für die Aufsicht bei *übertragenen* Aufgaben (Schüleraufsicht während des Unterrichts). Außerdem vermißt man nähere Bestimmungen über die Haftung des Schulträgers oder Schülers, wenn Dritte geschädigt werden. Ausnahmsweise wird auf die Schülerunfallversicherung verwiesen. Als einziges Land gewährt Hamburg den Schülern staatlicher Schulen eine öffentlich-rechtliche Entschädigung bei allen Unfällen, die während der Schulzeit, auf dem Schulweg oder bei einer schulischen Veranstaltung

---

[12] So in Nordrhein-Westfalen.

[13] So in Baden-Württemberg, Hessen und Niedersachsen.

[14] So in Bayern.

[15] Der Schülerlotsendienst ist als Aufgabe der Schülermitverantwortung in folgenden Erlassen erwähnt (Seitenangabe bei *Hinrichs*, in dessen Schrift alle Erlasse abgedruckt sind): Hessen-Erlaß S. 66; Saarland-Erlaß S. 85; Schleswig-Holstein-Erlaß S. 109; Nordrhein-Westfalen-Erlaß S. 111; Beschluß der Kultusministerkonferenz S. 123. Aufsichtsämter sind außerdem angegeben in den Erlassen von Bayern, Niedersachsen und dem Saarland.

[16] So die vorläufigen baden-württembergischen Richtlinien für die Einrichtung und die Aufgaben der Schülermitverantwortung vom 25. 8. 1970 in Kultus und Unterricht, Amtsblatt des Bad.-Württ. Kultusministeriums 1970, 948 ff. und die folgenden Erlasse (Seitenangabe jeweils bei *Hinrichs*): Hessen-Erlaß S. 71, Schleswig-Holstein-Erlaß S. 112, Nordrhein-Westfalen-Erlaß S. 120.

[17] So die folgenden Ländererlasse zur Schülermitverantwortung (Seitenangabe jeweils bei *Hinrichs*): Hessen-Erlaß S. 70 f.; Saarland-Erlaß S. 85 f.; Bayern-Erlaß S. 96; Niedersachsen-Erlaß S. 106; Schleswig-Holstein-Erlaß S. 112, Nordrhein-Westfalen-Erlaß S. 119.

verursacht werden[18]. Eine Haftung gegenüber Außenstehenden ist lediglich im bayerischen Erlaß über die Schülermitverantwortung vorgesehen. Er behandelt allerdings ausschließlich die rechtsgeschäftliche und nicht die deliktische Seite der Haftung[19]. Nur sporadisch wird die Frage beantwortet, ob zur Übernahme eines Amtes bestimmte Voraussetzungen erfüllt sein müssen. Der bayerische Schülermitverantwortungs-Erlaß fordert, daß nur solche Amtsträger wählbar sind, die nicht wegen eines Vergehens gerichtlich bestraft sind und gegen die in den letzten 12 Monaten keine Schulstrafe ausgesprochen wurde[20].

Dienstanweisungen haben in der Schule das dienstliche Verhalten des Lehrers zum Gegenstand. Sie ergänzen die Rechtsnormen, wenn der Lehrer als weisungsgebundenes Vertretungsorgan der Schulverwaltung Dienst leistet[21]. Für die Schüler sind die Dienstanweisungen unverbindlich, weil diese Verwaltungsvorschriften lediglich die Amtspflichten und die Rechte der Bediensteten konkretisieren. Das Lehrpersonal ist unter anderem verpflichtet, die Schülermitverantwortung als Einrichtung zu akzeptieren und die Besetzung und Wahrnehmung der Ämter nicht zu behindern.

Darüber hinaus sind Dienstanweisungen an die Lehrkräfte für schulische Ämter bedeutsam, soweit sie bestimmte Amtsfunktionen näher umschreiben. Für den Schülerlotsendienst bestehen beispielsweise detaillierte Dienstvorschriften, in denen die Ausbildung und der Versicherungsschutz der Lotsen geregelt ist. Außerdem behandeln sie die Aufsicht des Lehrpersonals über den Lotsendienst und verlangen die Einholung einer Zustimmung der Erziehungsberechtigten.

In einigen Bundesländern dürfen die Schüler eigene *Schülermitverantwortungs-Satzungen* verabschieden[22]. Diese Ordnungen legen jedoch nicht den Aufgabenbereich der Schülermitverantwortung, sondern lediglich das Wahlverfahren und die Organisation fest[23]. Da diese Satzungen mit den Grundsätzen und Bestimmungen der jeweiligen Erlasse übereinstimmen müssen, handelt es sich nur um eine verfeinerte Ausgestaltung der ministeriellen Schülermitverantwortungs-Vorschriften.

Die *Ständige Konferenz der Landeskultusminister*, die sich um eine Koordinierung des Schul- und Kultuswesens in der Bundesrepublik

---

[18] Vgl. § 7 Abs. 2 c des Schulgesetzes der Freien und Hansestadt Hamburg vom 9. 12. 1966 in der Fassung vom 18. 2. 1970.

[19] Vgl. Schülermitverantwortungs-Erlaß von Bayern (abgedruckt bei *Hinrichs*, S. 96).

[20] Schülermitverantwortungserlaß für Bayern (abgedruckt bei *Hinrichs*, S. 87 ff. (95)).

[21] *Forsthoff*, Verwaltungsrecht S. 133.

[22] Vgl. die Schülermitverantwortungs-Richtlinien von Niedersachsen (abgedruckt bei *Hinrichs*, S. 106).

[23] Vgl. die Hamburger Mustersatzung (abgedruckt bei *Hinrichs*, S. 62).

bemüht, befaßt sich ebenfalls mit der Schülermitverantwortung. Letztmals hat sie im Jahre 1968 einen Beschluß über die Schülermitverantwortung verabschiedet[24]. Der Beschluß erwähnt zwar eigene und übertragene Aufgaben der Schülermitverantwortung, jedoch verwischt der Ausdruck „Ordnungs- und Organisationsaufgaben" die scharfe Trennung, die zwischen Schul- und Schülerämtern erforderlich ist. Man gewinnt den Eindruck, daß Ordnungsaufgaben — wie der Schülerlotsendienst — zu den typischen Aufgaben der Schüler gehören, nur weil sie sich aus dem Schulleben ergeben. Der Beschluß befaßt sich vor allem mit den Schülerämtern. Dagegen fehlen Bestimmungen über die Haftung, den Versicherungsschutz und die Aufsicht bei Veranstaltungen der Schülermitverantwortung. Es ist fraglich, ob die Beschlüsse der Konferenz rechtlich wirksam sind, weil sie sich als unverbindliche Empfehlungen nur an die einzelnen Bundesländer richten[25]. Das Problem kann jedoch im Rahmen dieser Arbeit nicht vertieft werden.

II. Schrifttum

Das schulrechtliche- und das verwaltungsrechtliche Schrifttum beschränkt sich — wenn überhaupt von Schul- oder Schülerämtern die Rede ist — grundsätzlich auf eine allgemeine Darstellung der Schülermitverantwortung und ihrer Aufgaben[26]. Eine gründliche Auseinandersetzung mit der Rechtsstellung der Amtsträger vermißt man selbst bei Standardwerken des Schulrechts.

Heckel vertritt in Heckel - Seipp die Ansicht, ein Lehrer könne vertrauenswürdige Hilfskräfte aus den Reihen der Schüler mit Aufsichtsaufgaben betrauen[27]. Da Heckel den Schülern bei der Ausübung ihrer Aufgaben viel Freiheitsraum belassen will, empfiehlt er, die hergebrachten Grundsätze über die Aufsichtspflicht zu überprüfen[28]. Er setzt sich vor allem für eine freiere Handhabung der Aufsicht bei eigenen Veranstaltungen der Schüler ein. Hier soll sich die Aufsicht des Lehrpersonals auf gelegentliche Stichproben beschränken. Den Schwerpunkt der Schülermitverantwortung sieht Heckel in der Interessenvertretung der Schüler. An dieser Gewichtung mag es liegen, daß er auf

---

[24] Beschluß der Kultusministerkonferenz vom 3. 10. 1968 (abgedruckt bei *Hinrichs*, S. 122 ff. und in der Sammlung der Beschlüsse der Kultusministerkonferenz).

[25] *Fuß*, VVDStRL Heft 23, S. 199 ff. (230/238).

[26] Vgl. *Hochstetter*, Schulverwaltungsgesetz S. 105; *Feigel - Keitel*, S. 40 ff., 87 ff.

[27] *Heckel - Seipp*, Schulrechtskunde S. 235 f.

[28] *Heckel - Seipp*, Schulrechtskunde S. 430; *Heckel*, Rechtsstellung S. 58 These 14.

die Probleme der Schulämter nicht näher eingeht. Man vermißt eine Auseinandersetzung mit der Schülerlotsenentscheidung, die er kommentarlos übernimmt[29].

Perschel befaßte sich als erster mit der Rechtslage der Schülermitverantwortung[30]. Er geht davon aus, daß ein Aufsichtsschüler wie eine Lehrkraft zu beurteilen ist. Er vertritt die Meinung, der Schulträger habe für einen aufsichtsführenden Schüler nach Art. 34 GG bei Schädigungen Dritter einzustehen. Perschel beruft sich zur Stützung seiner These auf ein Urteil des Oberlandesgerichts Karlsruhe[31]. Das Gericht hatte entschieden, daß ein AStA-Vorsitzender Amtsträger im Sinne des Art. 34 GG ist, wenn er eine Auskunft innerhalb seines Dienstbereichs erteilt. Da der AStA-Vorsitzende aber nur eigene Aufgaben der Studentenschaft wahrnimmt, ist diese Haftungsregelung nach Perschel erst recht anzuwenden, wenn ein Schüler mit der Aufsichtsführung — also mit übertragenen Aufgaben — betraut wird. Die Aufsichtstätigkeit ist nach seiner Auffassung stets Teil der hoheitlichen Verwaltung[32].

Zwar behandelt Perschel die Aufsichts- und Haftungsfrage nur für eigene Veranstaltungen der Schülermitverantwortung. Seine Ausführungen gelten jedoch auch für die übertragenen Schulämter, weil die Aufsichtstätigkeit losgelöst von der eigenen Veranstaltung der Schüler stets zu dem übertragenen Wirkungskreis der Schülermitverantwortung zählt.

Martens ist bislang der einzige, der sich ausführlich gegen die These der Rechtsprechung wendet, Schüler könnten Hoheitsträger sein[33]. Seine Kritik setzt bei der Übertragung hoheitlicher Gewalt auf Schüler an. Er bemängelt, die Gerichte hätten es unterlassen, nach einer gesetzlichen Grundlage zu fragen, die eine Übertragung einzelner Hoheitsbefugnisse rechtfertigt. Das demokratische und das rechtsstaatliche Verfassungsprinzip sowie die Pflichtenaufbürdung durch die Verleihung von Hoheitsgewalt erfordere eine gesetzliche Ermächtigung. Da es hieran fehle lehnt es Martens ab, den Schülerlotsen und Aufsichtsschüler als eine mit Hoheitsgewalt ausgestattete Privatperson (Beliehener) zu qualifizieren. Außerdem zeige der Status des Aufsichtsschülers und des Schülerlotsen, daß sie keine öffentliche Gewalt ausübten. Um eine Eigenhaftung der beauftragten Schüler zu vermeiden, schlägt Martens die Einführung einer schulrechtlichen Gefährdungshaftung vor.

---

[29] *Heckel - Seipp,* Schulrechtskunde S. 417 f., 430; *Heckel,* Rechtsstellung S. 58.
[30] *Perschel,* Schülermitverwaltung S. 1 ff.
[31] OLG Karlsruhe JZ 65, 410 = JuS 65, 364.
[32] *Perschel,* Schülermitverwaltung S. 44.
[33] *Martens,* NJW 70, 1029 f.

Die Stellungnahme *Zuleegs* ist als Entgegnung auf den ablehnenden Aufsatz von Martens aufzufassen. Sie setzt sich ebenfalls mit der Übertragung von Hoheitsgewalt auf Schüler auseinander[34]. Zuleeg stuft den Schülerlotsen und die Vertreter der Schülermitverantwortung als „Beliehene" ein, für die der Schulträger nach Art. 34 GG, § 839 BGB haftet. Geschädigten Mitschülern sollen nach Meinung Zuleegs Ansprüche aus einem verwaltungsrechtlichen Schuldverhältnis mit der Schule zustehen. Bei der Beauftragung mit unselbständigen Verrichtungen will er auf eine gesetzliche Ermächtigung verzichten, obwohl auch diese Schülergruppe öffentlichrechtlich tätig werden soll.

Oppermann mißt den schulischen Ämtern eine herausragende Bedeutung im Schulalltag bei[35]. Er hält es aber nicht für möglich, daß der Natur der Sache nach eine umfängliche Teilhabe der Schüler an schulischen Hoheitsrechten stattfindet[36]. Oppermann scheint es also nicht abzulehnen, wenn Schüler gelegentlich in sparsamer Dosierung hoheitliche Gewalt ausüben.

Meyerhoff - Pünder - Schäfer vertreten die Ansicht, die partielle Übertragung hoheitlicher Gewalt auf Aufsichtsschüler mache die Schülermitverantwortung nicht zu einer Verwaltung im Rechtssinne[37]. Vielmehr werde nur der einzelne Schüler mit bestimmten, genau abgegrenzten Verwaltungsaufgaben betraut, möge sich auch der Ordnungsdienst in die Schülermitverantwortung einfügen. Daraus ist zu entnehmen, daß die Verfasser die Schulämter nicht vorbehaltlos unter das Stichwort Schülermitverantwortung subsumieren. Der Schulvertreter wird eher außerhalb dieser Institution angesiedelt, ohne daß näher erörtert wird, welchen Status er bekleidet.

Reuter war — soweit ersichtlich — der erste, der bei einem Versagen eines Aufsichtsschülers die Eigenhaftung verneinte[38]. Er beurteilt die Wahrnehmung von Aufsichts-, Ordnungs- und Verwaltungsaufgaben als Ausübung hoheitlicher Gewalt. Daher sei das Fehlverhalten eines Schülers, der mit Lehreraufgaben beauftragt ist, nach Art. 34 GG der Schulverwaltung zuzurechnen.

Wagner meint, der Schulleiter sei nicht befugt, Schüler an der Ausübung der Aufgaben zu beteiligen[39], die der Schulträger auf ihn delegiert habe. Die Weiterübertragung der hoheitlichen Verwaltungsauf-

---

[34] *Zuleeg*, DÖV 70, 627 ff.

[35] *Oppermann*, Bildung S. 553.

[36] *Oppermann*, Kulturverwaltungsrecht S. 266.

[37] *Meyerhoff - Pünder - Schäfer*, Kommentar zum SchVG Nordrhein-Westfalen Anm. zu § 25 S. 210.

[38] *Reuter*, Anregung 1961 S. 306 ff.

[39] *Wagner*, RWS 61, 357 ff.

gaben sei ausgeschlossen, weil Hoheitsgewalt nur von öffentlichen Bediensteten ausgeübt werden könne. Das ergebe sich auch aus dem Rechtscharakter der Maßnahmen im Schulbetrieb. Hier wirke sich die Hoheitsgewalt der Schule nur gegen die Schulbenutzer aus. Wagner sieht die Schülermitverantwortung nicht als Interessenvertretung der Schülerschaft an, weil die Schüler nicht in einem Arbeits- oder Bediensteten-Verhältnis zur Schule ständen.

III. Weitere Rechtsprechung

Neben den drei eingangs (vgl. oben § 1 I) erörterten Gerichtsentscheidungen gibt es noch weitere Urteile, die sich mit Schulvertretungsämtern beschäftigen. Diese Entscheidungen sind erwähnenswert, weil sie im Gegensatz zur unzureichenden rechtlichen Würdigung der Literatur und des Gesetzgebers wichtige Einzelfragen erörtern. Wie läßt sich das erklären? Man muß nur davon ausgehen, daß den eigenen Angelegenheiten der Schüler noch vor Jahren keine Aufmerksamkeit geschenkt wurde. Infolgedessen gab es über diesen Themenkreis keine Rechtsstreitigkeiten. Mittlerweile ist der eigene Aufgabenbereich, die Schülervertretung, in Gesetzen und Erlassen erschöpfend geregelt. Die Rechtsprechung brauchte keine Lücken ausfüllen. Dagegen haben sich weder der Gesetzgeber noch die Verwaltung mit der Rechtsstellung der Aufsichtsschüler, Turnhelfer und Schülerlotsen befaßt. Streitigkeiten hierüber mußten gerichtlich ausgetragen werden.

Die Rechtsprechung billigt die Bestellung von Aufsichtsschülern weitgehend. Als Begründung führt sie an, daß eine ständige Klassenüberwachung durch Lehrkräfte nicht verlangt werden kann[40]. Daher sei es erlaubt, für eine Gruppe aus deren eigenen Reihen zuverlässige Aufsichtspersonen zu bestimmen[41]. Lediglich die Bestellung eines 9jährigen Kindes als Ordner sei nicht ausreichend, weil sich die Kinder beaufsichtigt wissen müßten[42]. Eine Pflicht zur Übernahme der Tätigkeit bestehe für die Schüler nicht, weil die Aufsicht über die Schüler grundsätzlich dem Lehrpersonal obliege[43].

Zwischen Schule und Aufsichtsschüler entstehe ein Vertragsverhältnis, wenn der Schüler das Angebot zur Beaufsichtigung der Schulkinder annehme. Bei einer Verletzung des Ordnungsschülers müsse die Schule für den Schaden aus einem öffentlich-rechtlichen Auftragsver-

---

[40] RG Urteil vom 8. 10. 1937 zitiert nach *Friebe*, Haftpflicht S. 66.

[41] Vgl. Nachweise bei *Friebe*, Haftpflicht S. 77 ff.

[42] RG HRR 1940 Nr. 860.

[43] OLG Stuttgart MDR 52, 490.

hältnis einstehen[44]. Der Bundesgerichtshof neigt in solchen Fällen zu der Auffassung, der verletzte Aufpasser unterstehe dem Unfallschutz der Reichsversicherungsordnung[45].

§ 3 Fragestellung

I. Folgerungen für den Schüler als Amtsträger

Die Untersuchung hat gezeigt, daß nach Auffassung der Rechtsprechung und der überwiegenden Meinung in der Literatur Schüler Amtsträger sein und hoheitliche Gewalt ausüben können. Jedoch haben weder die Gerichte noch das Schrifttum hinreichend begründet, *warum* dies möglich ist. Daher ist eine ausführliche Stellungnahme erforderlich, bei der Privat- und öffentliches Recht abzugrenzen ist.

Außerdem wurde bislang versäumt eine ausreichende Ermächtigungsgrundlage anzugeben, welche die Übertragung von Hoheitsgewalt auf Schüler rechtfertigt. Es ist daher zu erörtern, ob bei einer Beauftragung von Schülern überhaupt eine Ermächtigungsgrundlage notwendig ist und wenn ja, welche gesetzlichen oder untergesetzlichen Vorschriften hierfür in Betracht kommen. Dabei handelt es sich um einen Teilaspekt der Frage, inwieweit Schüler als Privatpersonen an öffentlichen oder staatlichen Verwaltungsaufgaben teilhaben können.

Weder Rechtsprechung noch Schrifttum haben dargelegt, ob die Einräumung von Hoheitsgewalt bedenklich ist, weil der Amtsträger minderjährig und in das Schulverhältnis eingegliedert ist. In diesem Zusammenhang ist zur Amtsfähigkeit und zur Amtsmündigkeit der Schüler Stellung zu nehmen. Weiterhin wäre zu untersuchen, ob das öffentlich-rechtliche Schulverhältnis, das von der Unterwerfung unter die Anstaltsgewalt gekennzeichnet ist, eine hoheitliche Beauftragung erlaubt.

Die Erlasse der Kultusministerien und die einschlägigen Autoren haben sich bisher mit einer Systematisierung der Ämter, die in der Schule vergeben werden, nicht befaßt. Dies hat teilweise zu erheblichen Fehlschlüssen in der rechtlichen Beurteilung der Ordnungsschüler geführt. Überhaupt wird immer vorgetragen, daß die Ämter in der Schule aus pädagogischen und demokratischen Gründen eingeräumt werden. Einerseits sollen die übertragenen Aufgaben das Gemein-

---

[44] OLG Stuttgart MDR 52, 490.

[45] BGH DRiZ 65, 125.

schaftsleben pflegen und das Verantwortungsbewußtsein stärken. Andererseits soll eine Teilhabe an den sozialen Mitbestimmungsrechten durch die Interessenvertretung stattfinden.

Wenngleich erzieherische und rechtliche Erwägungen für eine Ämterwahrnehmung sprechen, ist zu fragen, ob diese These auch für die Schulämter gilt. Gegen eine allzu enge Verknüpfung dieser Ämter mit dem Schulverhältnis ergeben sich Bedenken. Sie stützen sich auf die Entlastungsfunktion dieser Ämtergruppe für die Lehrerschaft und der Weisungsgebundenheit der Schüler. Dabei ist zu klären, ob der Schüler verpflichtet ist, ein Schulamt zu übernehmen und ob aufgrund des Schulverhältnisses oder eines besonderen Rechtsverhältnisses mit der Schule tätig wird. Es wäre dann weiter zu prüfen, ob der Schülerlotsendienst tatsächlich Teil der Schülermitverantwortung oder ob er personal- und organisationsrechtlich außerhalb dieser Einrichtung einzustufen ist.

Schließlich hat man es unterlassen, die Konsequenzen aufzuzeigen, die sich ergeben, wenn man eine hoheitliche Betätigung Minderjähriger bejaht. Es ist daher klarzustellen, welche Rechte und Pflichten die Schulvertreter haben und welche haftungs-, straf- und schulrechtlichen Folgen sich für sie und ihre Mitschüler ergeben können.

II. Schülerlotsendienst als Beispiel

1. Schülerlotsendienst und Schulämter

Es würde den Rahmen der Untersuchung sprengen, wollte man alle schulischen Ämter auf ihre Rechtsnatur hin analysieren und entsprechende Folgerungen daraus ziehen. Die vorliegende Arbeit beschränkt sich deshalb auf die Darstellung der Schulvertretungsämter im innerschulischen Bereich (vgl. Schaubild oben § 1 III 2). Sie spielen in der Praxis eine bedeutsame Rolle und werfen eine Reihe von Rechtsfragen auf. Der Schülerlotsendienst wurde aus zwei Gründen als Anwendungsfall dieser Ämtergruppe ausgewählt:

Er ist einmal repräsentativ, weil er in seiner rechtlichen Ausgestaltung wie der Pausenaufsichtsdienst, der Klassenaufsichtsdienst und der Hilfsdienst im Sportunterricht zu beurteilen ist. Der Schülerlotse nimmt wie ein Ordnungsschüler Aufsichts- und Fürsorgeaufgaben wahr. Zur Ausübung seines Amtes werden sowohl dem Aufpasser als auch dem Schülerlotsen Befugnisse der Schule eingeräumt. Der Schülerlotsendienst kann schließlich deshalb stellvertretend für die Schulvertretungsämter angeführt werden, weil die Mitschüler die Anordnungen der Aufpasser befolgen müssen.

Das Schülerlotsenbeispiel lohnt aber auch deshalb eine Untersuchung, weil es die Grenze zwischen schulischen und nicht schulischen Aufgaben berührt. Der Schülerlotsendienst weist neben seinem repräsentativen Charakter einige Besonderheiten auf, die für den schulischen Bereich untypisch sind. Denn er hat sein Wirkungsfeld nicht innerhalb des Schulgebäudes, sondern draußen im Straßenverkehr. Dort endet aber generell die schulische Gewalt und die Einflußmöglichkeit der Schulorgane. Daher ist problematisch, ob es der Schule gestattet ist, ihre Befugnisse gegenüber den Schülern auch auf außerschulische Bereiche auszudehnen. Außerdem ist es ungewöhnlich, daß sich schulfremde Kreise bei der Ausbildung und Betreuung der Schülerlotsen beteiligen. Schließlich ist ungeklärt, ob der Schülerlotse auch gegenüber anderen Verkehrsteilnehmern tätig werden darf.

2. Die Bedeutung des Schülerlotsendienstes

Der Schülerlotsendienst wurde im Jahre 1953 vom Bundesverkehrsministerium ins Leben gerufen. Den Bundesländern wurde empfohlen, die Schulwegsicherung an den Schulen einzuführen. Das geschah unter Mitwirkung der Erziehungsberechtigten und in Zusammenarbeit mit den Polizeibehörden und der Verkehrswacht. Die Polizeibehörden befassen sich mit der Ausbildung der Schülerlotsen, während die örtliche Verkehrswacht die Betreuung und Ausstattung der Schülerlotsen übernehmen. Zur Zeit versehen etwa 70 000 Schülerlotsen ihren Dienst.

Diese Selbsthilfeeinrichtung verfolgt den Zweck, die jüngeren Schulkinder auf dem Schulweg vor Gefahren des Straßenverkehrs zu schützen. An verkehrsreichen Straßenübergängen werden daher ältere Schüler als Lotsen eingesetzt, um die Mitschüler über die Straßen zu geleiten. Im Bereich der Mittelpunktschulen sind Schülerlotsen auch als Busbegleiter tätig, um an den Bushaltestellen die ein- und aussteigenden Schülergruppen zu betreuen. Außerdem werden Schülerlotsen zur Hinführung von Klassen zu Schulveranstaltungen, die außerhalb des Schulgebäudes stattfinden, verwendet. Der Schülerlotsendienst hat sich bewährt, weil nennenswerte Unfälle seit seinem Bestehen nicht zu verzeichnen sind. Er ist notwendig, weil Schulkinder nach Unterrichtsende, also zwischen 11 und 14 Uhr im Straßenverkehr am meisten gefährdet sind. In dieser Zeit passieren nach einer Untersuchung des niedersächsischen Landesverwaltungsamtes 28 Prozent aller Unfälle[1].

Die Lotsen selbst werden von den Lehrkräften ausgewählt. Sie müssen das 13. Lebensjahr vollendet haben und sich freiwillig zum Lotsendienst bereiterklären. Eine Einverständniserklärung der Erzie-

[1] Vgl. Statistische Monatshefte für Niedersachsen 1970, 319 ff.

hungsberechtigten ist ebenfalls erforderlich. Nach der Ausbildung durch die Polizeibehörde wird der Lotse mit einer rot-weißen Kelle, einem Schultergurt und mit einer weißen Mütze ausgestattet, damit er sich von anderen Verkehrsteilnehmern abhebt. Bei der Ausübung seines Dienstes nimmt der Schülerlotse keine polizeilichen Befugnisse wahr. Er darf nicht regelnd in den Verkehr eingreifen.

III. Gang der Untersuchung

Die Probleme des Schülerlotsen als Amtsträger lassen sich am besten verdeutlichen, wenn man darlegt, in welchen Rechtsbeziehungen er steht.

Rechtsbeziehungen des Schülerlotsen sind im schulischen und im außerschulischen Bereich denkbar. Im schulischen Wirkungskreis kann man zwei große Gruppen unterscheiden: Die Tätigkeit des Schülerlotsen an der öffentlichen Schule und die Dienstleistung der Schülerlotsen an der Privatschule. Diese beiden Hauptgruppen sind weiter zu untergliedern.

Zunächst wird untersucht, ob die Schule für die Schulwegsicherung zuständig ist. Anschließend werden die Rechtsbeziehungen des Schülerlotsen zur Schule dargestellt: das Schulverhältnis, die besondere Rechtsbeziehung des Schülerlotsen zum Schulträger, seine personalrechtliche Einordnung und das Amtswalterverhältnis. Im Mittelpunkt steht die Frage, ob der Schülerlotsendienst hoheitlich ausgestaltet ist und inwieweit den Schülerlotsen Hoheitsbefugnisse übertragen werden dürfen. Endlich sind die Folgerungen zu beschreiben, die sich aus dem Handeln des Schülerlotsen ergeben. Dabei ist besonders auf die Haftungsfrage und die Fürsorgepflicht des Schulträgers einzugehen. Der nächste Gliederungspunkt setzt sich mit den Rechtsverhältnissen zu den Mitschülern und den Lehrkräften auseinander. Der erste Abschnitt schließt ab mit einer Darstellung der Rechtsbeziehungen des Schülerlotsen zur Verkehrswacht und der Polizeibehörde.

Diese Untergliederung gilt im wesentlichen auch für den Privatschulbereich. Dort ist lediglich auf die Besonderheiten der Privatschule Rücksicht zu nehmen.

Im außerschulischen Bereich ist festzustellen, ob die Schulverwaltung oder die Polizeibehörde dem Schülerlotsen Hoheitsgewalt zur Regelung des Straßenverkehrs übertragen. In diesem Zusammenhang ist die Stellung des Schülerlotsen gegenüber den Verkehrsteilnehmern zu beschreiben, die nicht von ihm betreut werden. Es ist näher auszuführen, ob der Schülerlotse nur ein unverbindlicher Helfer im Straßenverkehr ist, und welche Amtspflichten ihm möglicherweise gegenüber Dritten obliegen.

ERSTER HAUPTTEIL

Schülerlotsen und Schulbereich

Erster Abschnitt

Schülerlotsen im Bereich der öffentlichen Schule

A. Die Rechtsbeziehungen zwischen Schule und Schülerlotse

§ 4 Schülerlotsendienst als schulische Angelegenheit

Das Verhältnis Schülerlotse — Schule bedarf nur dann einer Erörterung, wenn der Schülerlotsendienst eine schulische Veranstaltung ist. Die Schule muß also für die Schulwegsicherung zuständig und verantwortlich sein.

Im eingangs behandelten Schülerlotsenfall wird erwähnt, daß alle Länder der Bundesrepublik den Schülerlotsendienst eingerichtet und als schulische Veranstaltung[1] anerkannt haben[2]. Dies mag zwar tatsächlich zutreffen und für die Personen, die an der Schulwegsicherung mitwirken, von Vorteil sein. Es ist aber fraglich, ob die Schule nach ihrem Belieben Veranstaltungen als schulische Angelegenheit qualifizieren darf. Zwar kann man der Schule grundsätzlich Unternehmungen zurechnen, die mit dem Zweck der Schule unmittelbar zusammenhängen (Schulsportkämpfe, Schulfahrten und Schulbücherei)[3]. Bedenken sind aber anzumelden, weil der Schülerlotsendienst nicht allein von der Schule veranstaltet und der Lotse im außerschulischen Bereich (Straßenverkehr) tätig wird.

---

[1] Unter schulischen Veranstaltungen versteht man solche Unternehmungen, die unter der Regie der Schule stehen und von ihr beaufsichtigt werden (vgl. *Heckel - Seipp*, Schulrechtskunde S. 234 ff., 379 ff., 430).

[2] OLG Köln NJW 68, 655.

[3] *Maunz - Dürig - Herzog*, Art. 7 Rdn. 9.

I. Beteiligung schulfremder Kreise

Wie in § 3 II dargelegt wurde, wird der Schülerlotsendienst grundsätzlich von der Schule in Zusammenarbeit mit der Schulpflegschaft, der Polizei und der Verkehrswacht organisiert. Schulfremde Kreise sind also maßgeblich an der Errichtung und Durchführung des Schülerlotsendienstes beteiligt. Polizei und Verkehrswacht haben einen beachtlichen Anteil am Funktionieren des Schülerlotsendienstes. Die Verkehrswachten sind teilweise sogar befugt, den Schulen Richtlinien oder Weisungen zur Durchführung des Schülerlotsendienstes zu erteilen[4]. In Nordrhein-Westfalen und Berlin erlassen die Minister für Wirtschaft und Verkehr im Einvernehmen mit dem Kultusministerium nähere Bestimmungen über die Schulwegsicherung[5]. Hinzu kommt, daß infolge der Aufteilung der Volksschulen in Grund- und Hauptschulen Mütter und Rentner als sogenannte Bürgerlotsen eingesetzt werden und teilweise die Aufgaben des Schülerlotsendienstes übernehmen[6].

Wenn sich schulfremde Kreise an Schulveranstaltungen beteiligen, bedeutet das jedoch noch nicht, daß sie den Charakter einer schulischen Angelegenheit verlieren. Vielmehr steht es im Ermessen der Schule, auch schulfremde Personen zu ihrer Arbeit heranzuziehen. Dies kann gelegentlich sinnvoll sein, weil die Schule dadurch ihre fachlichen und pädagogischen Möglichkeiten erweitert[7]. Bei dem Schülerlotsendienst wäre es ein Ermessensmißbrauch, wenn die Schule die Mitarbeit der Polizeibehörden und der Verkehrswachten ablehnen würde. Denn die Schule kann die Lotsen nicht so fachgerecht anleiten und ausbilden wie die genannten Mitträger des Schülerlotsendienstes. Unbeschadet der Mitarbeit schulfremder Personen bleibt die Schule weiterhin Träger der Schulwegsicherung. Sie allein ordnet die Einsätze an; Geschädigte können sich grundsätzlich nur an sie wenden[8].

Die Zuständigkeit der Schule entfällt auch nicht, weil fachfremde Ministerien an der Ausgestaltung dieser Selbsthilfeeinrichtung beteiligt sind. Die Federführung einiger Wirtschaftsministerien auf dem Gebiet

---

[4] Erlaß des BW-Kultusministeriums vom 21. 2. 1953 Nr. 203, Schulrechtsammlung Baden-Württemberg Band 3 III C XI; vergl. auch den Erlaß des BW Innenministeriums vom 19. 1. 53 an die Regierungspräsidien, Aktenzeichen 4303/3, Schreiben des BW Kultusministeriums an die Landesverkehrswacht vom 26. 11. 1952 U I 4038.

[5] NJW 68, 655; Polizei Praxis 1953, 106; Verwaltungsvorschrift für den Schülerlotsendienst in Berlin Amtsblatt 1964 Nr. 57 S. 1194.

[6] Vgl. Handbuch der Verkehrswacht 1970 Heft 3 S. 18 ff.; Polizeipraxis 69, 198; 9. Verkehrssicherheitskonferenz Heft 33 der Schriftenreihe des Bundesministers für Verkehr S. 23 f. (36).

[7] Vgl. Tankwartfall OLG Celle Urteil vom 3. 6. 1964, Schulrecht VI F III.

[8] Schülerlotsenbuch S. 23, Verwaltungsvorschrift über den Schülerlotsendienst in Berlin (Nachweis vgl. oben Anm. 5).

des Schülerlotsendienstes ist historisch bedingt. Regelmäßig verwalten die Ministerien für Wirtschaft auch das Verkehrsressort. Als der Schülerlotsendienst zu Beginn der 50er Jahre eingerichtet wurde, kam der Anstoß vom Bundesverkehrsministerium (vgl. oben § 3 II). Die Länderverkehrsministerien und die Verkehrswachten nahmen sich daraufhin der Schulwegsicherung an. Sie knüpften erste Verbindungen zu den Schulträgern und organisierten die Schulwegsicherung. Deshalb stammen die ersten Schülerlotsenerlasse von den Wirtschaftsministerien oder den Verkehrswachten. Die Kultusministerien erklärten sich jedoch mit diesem Verfahren stets einverstanden. Sie äußerten keine Bedenken, weil keine Erlasse an die Schulen gelangt sind, deren Inhalt nicht wenigstens vorher den Kultusministerien bekanntgemacht und von ihnen akzeptiert wurde. Das Einvernehmen oder eine Anhörung genügen aber, um die Rechtswirkungen dieser Erlasse den Schulbehörden zuzurechnen.

Damit steht fest, daß nicht fachfremde Ressorts, sondern die Kultusministerien zuständig sind. Zwar wird durch das Zusammenwirken der Exekutivbehörden die rechtliche Einordnung des Lotsendienstes erschwert. Das ändert aber nichts an der Zulässigkeit dieser Zusammenarbeit und der Gültigkeit der Erlasse. Es ist sogar zweckmäßig, das Einvernehmen und die Anhörungen auf ministerieller Ebene beizubehalten, weil dadurch schulische und außerschulische Probleme der Schulwegsicherung einheitlich angefaßt werden können.

II. Kostendeckung durch schulfremde Kreise

Auch die Kostendeckung des Schülerhilfsdienstes könnte Anlaß sein, den schulischen Charakter des Schülerlotsendienstes zu bezweifeln. Die Verkehrswacht beschafft die Ausstattung aufgrund der bereitgestellten Haushaltsmittel des Bundesverkehrsministeriums[9]. Dieses Ministerium stellt auch einen Härtefonds bereit, der bei schweren Unfällen von Schülerlotsen ergänzend eingreift. Die Verkehrswachten selbst übernehmen die Unfall- und die Haftpflichtversicherung für die Lotsen[10].

Es ist aber dem Zufall zu verdanken, daß nicht die Kultusminister der Länder, sondern das Bundesverkehrsministerium die Ausrüstung der Schülerlotsen finanziert. Nachdem sich diese Abwicklung organisatorisch gut eingespielt hat, besteht kein Anlaß, die Kultusminister nachträglich mit der Ausstattung der Lotsen zu beauftragen. Außerdem ist die Kostenfrage kein Indiz für eine bestimmte rechtliche Zuordnung

[9] Schülerlotsenbuch S. 12, Handbuch der Verkehrswacht 1970 Heft 3 S. 13.
[10] Schülerlotsenbuch S. 13.

des Schülerlotsendienstes. Die Unfallversicherung der Verkehrswacht greift darüber hinaus nur subsidiär ein, weil jetzt alle Schüler in den Schutz der gesetzlichen Unfallversicherung einbezogen sind.

III. Die außerschulische Tätigkeit des Schülerlotsendienstes

Bedenken gegen die Qualifizierung des Schülerlotsendienstes als schulische Angelegenheit ergeben sich, weil sich die Schulwegsicherung hauptsächlich im außerschulischen Bereich abspielt. Bekanntlich endet die Einwirkungsmöglichkeit auf die Schüler grundsätzlich am Schulgebäude. Dies ergibt sich aus dem Sinn und Zweck der Anstaltsgewalt der Schule und aus der Kollision mit dem Elternrecht aus Art. 6 Abs. 2 GG, das außerhalb des räumlichen Schulbereichs wieder in seiner Allzuständigkeit auflebt[11]. Hinzu kommt, daß die Schülerlotsen ältere Leute über die Straßen geleiten sollen[12], zu Repräsentationszwecken eingesetzt[13] oder an Nachmittagen im Cityverkehr tätig werden[14]. Außerdem kann man an einen Kompetenzfehler denken, weil die Schule zur Verkehrsregelung nicht zuständig ist.

Nach herrschender Meinung unterliegt der tägliche Schulweg nicht der Aufsichtspflicht der Schule. Die Aufsichtspflicht soll sich nur auf das Schulgrundstück beschränken[15]. Danach wären in erster Linie die Erziehungsberechtigten für die Schulwegsicherung verantwortlich[16]. Das Lehrpersonal könnte die Schüler lediglich im Rahmen der Verkehrserziehung belehren. Diese Auffassung vertritt der Bundesgerichtshof selbst für Unterrichtswege[17] (Hin- und Rückweg vom Schulhaus zu einer anderen Unterrichtsstätte). Danach besteht grundsätzlich keine Pflicht der Schule, Kinder auf verkehrsgerechtes Verhalten zu überwachen[18], wenn sie den Weg von der Schule zu einer Schulveranstaltung außerhalb des Schulgebäudes zurücklegen. Entscheidend sei, daß die Eltern ihre Kinder erlaubtermaßen in den Verkehr entließen. Daher müßten sie die Folgen tragen, wenn sich das Kind nicht sorgfältig verhalte. Eine Inanspruchnahme der Schule wegen einer Ver-

---

[11] *Heckel*, Schulrecht und Schulpolitik S. 159.

[12] Schülerlotsenbuch S. 5, 6, 9.

[13] Handbuch der Verkehrswacht 1970 Heft 3 S. 13.

[14] Die Polizei — Polizeipraxis 51. Jahrgang S. 30 und 1964, 159.

[15] *Heckel - Seipp*, Schulrechtskunde S. 239; *Friebe*, ZBR 56, 396; *Feigel - Keitel*, S. 40; *Martens*, NJW 70, 1030.

[16] So auch § 22 Abs. 1 Hamburger Schulordnung vom 11. 5. 1957 in der Fassung vom 12. 7. 1962.

[17] *Feigel - Keitel*, S. 40; *Heckel - Seipp*, Schulrechtskunde S. 396.

[18] BGH VRS Band 29, 169 = NJW 65, 1760.

nachlässigung der Aufsichtspflicht der Lehrkräfte ginge über das hinaus, was der Schule billigerweise zugemutet werden könne[19].

Gegen diese weit verbreitete Argumentation ist einzuwenden, daß sich die Fürsorge- und Aufsichtspflicht der Schule nicht notwendig auf die Schulzeit und die Schulräumlichkeiten beschränken muß. Sie besteht, soweit die Schüler der Schulzucht oder der Anstaltsgewalt unterliegen[20]. Anders ausgedrückt: Zeitlich und räumlich erstreckt sich die *Aufsichtspflicht auf schulische Veranstaltungen*[21]. Eine willkürliche Ausweitung der schulischen Angelegenheiten ist der Schule jedoch verwehrt. Deshalb entfalten Vorschriften mit dem folgenden Inhalt keine Rechtswirksamkeit: Die Schüler unterliegen den Anordnungen der Schule außerhalb der Schulräume und der Unterrichtszeit, soweit der Erziehungsauftrag und das Ansehen der Schule dies erfordert[22]. Diese Bestimmung überschreitet die dem Schulverhältnis gesetzten Schranken[23]. Die Formulierung ist so allgemein gehalten, daß bei extensiver Interpretation das gesamte außerschulische Verhalten unter der Kontrolle der Schule stehen würde[24]. Andererseits darf nicht verkannt werden, daß eine scharfe Zäsur zwischen schulischen und außerschulischen Veranstaltungen nicht möglich ist. Das beweist das Schulweg-Beispiel. Der Schulweg fällt in die Einflußsphäre der Schule, weil er der Schülerunfallversicherung unterliegt[25].

Die Schule beugt Verkehrsunfällen vor, indem sie die *Verkehrserziehung* in verschiedenen Unterrichtsfächern und durch zusätzliche Begleitveranstaltungen pflegt[26]. Diese Unfallfürsorge der Schule kann teilweise durch die Einführung des Schülerlotsendienstes verwirklicht werden. Der Schülerlotsendienst ist damit ein Teil der praktischen Verkehrserziehung, weil die Tätigkeit der Lotsen entscheidend zu einem disziplinierten und verkehrsgerechten Verhalten der Schuljugend beiträgt[27]. Die Bundesverkehrswacht erachtet die Schulwegsicherung daher zu Recht als die wertvollste Übung, die mit dem theoretischen Verkehrsunterricht verbunden werden kann[28]. Da sich der Schülerlotsendienst somit positiv im Sinne der schulischen Verkehrserziehung auswirkt und dies eine Folge der pädagogischen Bemühungen der Schule ist, kann er als schulische Angelegenheit qualifiziert werden.

---

[19] RG HRR 1940 Nr. 860; BGH NJW 65, 1760.
[20] *Erman*, § 839 BGB Anm. 10 d S. 1833.
[21] *Heckel - Seipp*, Schulrechtskunde S. 235.
[22] BW SchVOG § 56 Abs. 3.
[23] *Heckel*, Schulrecht und Schulpolitik S. 89, 159 und 185.
[24] *Perschel*, RdJ 68, 185.
[25] *Heckel - Seipp*, Schulrechtskunde S. 418 f.
[26] *Heckel - Seipp*, Schulrechtskunde S. 418.
[27] Handbuch der Verkehrswacht 1970 Heft 3 S. 11 f.
[28] Handbuch der Verkehrswacht 1970 Heft 3 S. 11 f.

Zwar unterfällt der tägliche Schulweg — wie erwähnt — nicht der Aufsichtspflicht der Schule. Diese Auffassung berücksichtigt aber nicht, daß der *Schülerlotsendienst praktiziert* wird. Das führt zu einer deutlichen Modifizierung der herrschenden Meinung. Sobald nämlich die Schulleitung eine Angelegenheit zur schulischen Veranstaltung erklärt, unterfällt sie automatisch der Aufsichtspflicht und dem Verantwortungsbereich der Schule[29]. Das ist bei dem Schülerlotsendienst der Fall, weil die Schulträger ihn als schulische Einrichtung qualifizieren. Daraus sind die rechtlichen Konsequenzen zu ziehen: Die Schule ist für den Schulweg in dem Umfang verantwortlich, wie der räumliche Wirkungskreis der Schülerlotsen reicht. Insoweit dehnt die Schule ihre Aufsichtspflicht aus. Diese Pflichtenaufbürdung ist ein Grund, warum es den Schulträgern freigestellt ist, den Schülerlotsendienst einzuführen.

Der herrschenden Meinung ist aber auch deshalb entgegenzutreten, weil ihre starre Formulierung der schulischen Aufsichtspflicht es nicht ermöglicht, den Schulweg in das Schulgeschehen einzubeziehen. Es ist aber nichts dagegen einzuwenden, wenn die Schule ohne ausdrückliche Verpflichtung ihre Aufsichtspflicht erweitert, um der zunehmenden Gefährdung der Schüler im Straßenverkehr Rechnung zu tragen[30]. Die herrschende Meinung verkennt, daß die Schule auch eine gewisse Verantwortung für den Schulweg trägt. Der Personenkreis, der durch den Schülerlotsendienst angesprochen werden soll, ist nämlich schulpflichtig. Der tägliche Schulweg ist eine Folge der *allgemeinen Schulpflicht*, der sich kein Schüler entziehen kann. Daher muß der Schulträger alles unternehmen, damit der Schulpflicht jederzeit genügt werden kann. Dazu gehört auch eine vernünftige Sorge um den Schulweg.

Ein Praktikabilitätsargument kommt hinzu. Die Anerkennung des Schülerlotsendienstes als schulische Angelegenheit gewährleistet, daß die Schüler ordnungsgemäß und verkehrssicher die Straße überqueren. Denn es besteht — wie erwähnt — gegenüber den Weisungen der Schülerlotsen *Folgepflicht*[31]. Diese Rechtsfolge ist nur erreichbar, wenn die Schulwegsicherung schulische Einrichtung ist. Andernfalls würde eine ähnliche Rechtsfolge für alle Mitschüler nur dann eintreten, wenn man Polizeibeamte vor den Schulhäusern postierte. Deren Anweisungen wären als polizeiliche Befehle zu befolgen. Die Schulwegsicherung durch Polizeibeamte scheitert aber an finanziellen und personellen Möglichkeiten.

Das Elternrecht aus Art. 6 Abs. 2 GG wird durch die Einführung des Schülerlotsendienstes nicht verletzt. Einmal hängt die Einrichtung der

[29] *Heckel - Seipp*, Schulrechtskunde S. 418.

[30] So auch *Zuleeg*, DÖV 70, 628.

[31] OLG Köln VersR 68, 676 ff.; vgl. auch § 2 Anm. 16 hier.

Schulwegsicherung von dem Votum der Erziehungsberechtigten ab. Zum anderen liegt die Ausweitung der Aufsichts- und Fürsorgepflicht der Schule im Interesse der Eltern. Sie müssen sich selbst nur noch um einen Teil des Schulwegs ihrer Kinder kümmern.

Die Qualifikation als schulische Angelegenheit kann man der Schulwegsicherung auch nicht deshalb absprechen, weil der Schülerlotse gelegentlich ältere Leute über die Straße führt. Das ist eine positive Begleiterscheinung, da er im Straßenverkehr tätig wird. Der Grundsatz, der Schülerlotse habe in erster Linie seine Mitschüler zu betreuen, erfährt hierdurch keine Änderung.

Die Schule erledigt auch keine fremden Kompetenzen, wenn sie sich der Schulwegsicherung annimmt. Der Schülerlotse ist — wie erwähnt — nicht befugt, den Verkehr zu regeln. Die Wahrnehmung seines Dienstes ist nicht anders anzusehen als das Verhalten eines Lehrers, der sich während eines Schulausfluges auf die Straßenmitte stellt, damit die Schüler ungehindert die Straße überqueren können. In dieser Situation wird man auch nicht behaupten, der Lehrer regle den Verkehr. Er sorgt in Ausübung seiner Fürsorge- und Verkehrssicherungspflicht nur für ein gefahrloses Passieren der Straße (vgl. auch unten §§ 22, 24).

Es kann daher folgendes *Ergebnis* festgehalten werden:

Die Aufsichts- und Fürsorgepflicht der Schule beschränkt sich nicht notwendig auf die Schulzeit oder die Schulräumlichkeiten. Sie erstreckt sich auf alle Schulveranstaltungen, bei denen die Schüler der Anstaltsgewalt unterliegen. Der Schülerlotsendienst ist eine schulische Veranstaltung, obwohl an seiner Vorbereitung und Durchführung schulfremde Kreise beteiligt sind, und sein Wirkungsbereich außerhalb des engeren Schulbereiches liegt. Er unterfällt also der Aufsichtspflicht der Schule. Diese Rechtsfolge ergibt sich aus mehreren Gründen: Der Schülerlotsendienst ist praktische Verkehrserziehung und folglich Gegenstand des Unterrichts- und Erziehungsauftrages der Schule. Der Schulträger darf seine Aufsichtspflicht freiwillig erweitern, um der Gefährdung der Schüler im Straßenverkehr zu begegnen. Er ist dazu berechtigt, weil die Kinder der Schulpflicht unterliegen und den Schulweg zurücklegen müssen. Nur wenn die Schulwegsicherung unter der Kontrolle der Schule steht, ist eine ordnungsgemäße Durchführung des Lotsendienstes gewährleistet, weil gegenüber den Weisungen der Lotsen schulische Folgepflicht besteht.

Es steht im Ermessen der Schule, auch schulfremde Personen an ihrer Arbeit zu beteiligen, wenn sie eine fachliche und pädagogische Verbreiterung bedeutet. Sie bleibt aber weiterhin Träger solcher Veranstaltungen, weil sie für alle Angelegenheiten im Zusammenhang mit der Schule die Letztverantwortung besitzt.

Mit diesen Feststellungen ist aber nur gesagt, daß die Schulwegsicherung überhaupt in die Zuständigkeit der Schule fällt. Es steht noch nicht fest, ob der Schülerlotsendienst Bestandteil des Schulverhältnisses ist. Könnte man dies bejahen, dann wären die Schüler verpflichtet, auf Geheiß des Lehrers ein Schülerlotsenamt zu übernehmen. Möglicherweise läßt sich das Schülerlotsenverhältnis aber nur aufgrund einer Sonderrechtsbeziehung mit der Schule begründen. Welche der beiden Alternativen zutrifft, soll die folgende Erörterung zeigen. Sie befaßt sich mit den Grundrechtsbeziehungen zwischen Schule, Schüler und Schülerlotsen.

§ 5 Das öffentlich-rechtliche Schulverhältnis

Das Rechtsverhältnis zwischen der öffentlichen Schule und ihren Schülern sowie deren Eltern ist öffentlich-rechtlich geregelt[1]. Zur Erfüllung des Bildungs- und Erziehungsauftrages der Schule stehen die Schüler in einem besonderen Rechtsverhältnis zu dem Schulträger. Es wird herkömmlicherweise als besonderes Gewaltverhältnis bezeichnet. Dieses besondere Gewaltverhältnis unterscheidet sich von dem allgemeinen Gewaltverhältnis — dem alle Staatsbürger im Verhältnis zum Staat unterliegen — durch seine gesteigerte Abhängigkeit und Pflichtigkeit gegenüber den Schulorganen und dem Lehrpersonal.

Zur Verwirklichung des besonderen Gewaltverhältnisses setzen die Lehrkräfte das Machtmittel der hoheitlichen Anstalts- oder Schulgewalt ein. Aufgrund dieser Schulgewalt sind sie berechtigt, den Schülern Anweisungen zu erteilen. Sie können die Schüler verpflichten, wenn ein innerer Zusammenhang mit der Schule besteht und der Zwang zur Durchführung und Aufrechterhaltung des Schulbetriebes erforderlich ist. Darüber hinaus unterliegt dem Sonderrecht der Schule jede auf Verwirklichung des Unterrichtszwecks gerichtete Tätigkeit, die Durchführung der zum Schutz der Schüler erlassenen Vorschriften sowie die zur Unfallverhütung erforderlichen Fürsorgemaßnahmen[2]. Hoheitliche Betätigung ist vor allem die Ausübung der Aufsichtspflicht. Sie ist den Lehrkräften nicht nur zur Aufrechterhaltung der Schulordnung, sondern auch zur Vermeidung von Schädigungen der Schüler und außenstehender Dritter auferlegt[3]. Die Aufsichtspflicht erstreckt sich

[1] *Weber*, DRiZ 65, 121 ff.; § 7 BW SchVOG; Art. 5 Bay EUG.

[2] *Friebe*, ZBR 56, 390 f.; *Wagner*, RWS 61, 357 ff.; *Oppermann*, Kulturverwaltungsrecht S. 190; BGHZ 31, 148; BGHZ 34, 20; *Weber*, DRiZ 65, 121; *Soergel - Glaser*, Anm. 120 zu § 839; *Staudinger*, § 839 Anm. 577.

[3] BGH RWS 62, 309.

auf alle Veranstaltungen der Schule innerhalb und außerhalb der Schulräumlichkeiten (vgl. oben § 4 III), weil die Schüler während des Schulbesuchs der elterlichen Aufsicht entzogen werden. Problematisch ist lediglich der Umfang der Aufsichtspflicht bei Schulausflügen, Gruppenunterricht und Veranstaltungen außerhalb des Schulgebäudes[4].

Die besondere Pflichtenstellung der Schüler macht es notwendig, die Grenzen der hoheitlichen Schulgewalt besonders eng zu ziehen. Die Rechte der Schule gegenüber den Schülern unterliegen einer dreifachen Beschränkung: Sie ergeben sich aus dem Sinn und Zweck des besonderen Schulverhältnisses, dem Erziehungsrecht der Eltern und den pädagogischen Erfordernissen. Es ist zu unterscheiden zwischen Anforderungen, die während des Unterrichts und im Schulbereich und solchen, die an das Verhalten außerhalb der Schule gestellt werden dürfen[5].

Wenngleich sich die Schulgewalt im allgemeinen aus dem Auftrag der Schule rechtfertigt, werden gegen die Bezeichnung „Besonderes Gewaltverhältnis" und den Begriff „Anstaltsgewalt" neuerdings Bedenken angemeldet. Heckel spricht nur noch von dem „Schulverhältnis". Der Verzicht auf das besondere Gewaltverhältnis beruht auf der Überzeugung, daß in der rechtsstaatlichen Ordnung für diese Rechtsfigur kein Platz mehr ist. Man bestreitet den eigengesetzlichen Raum der Schule und fordert, daß sie an das rechtsstaatliche Verhältnis von Staat und Exekutive[6] anzupassen sei. Unter dem neugeprägten Begriff Schulverhältnis werden die gesamten Rechtsbeziehungen zwischen Schule und Schüler verstanden. Es wird berücksichtigt, daß der einzelne Schüler der Schule nicht nur gegenübersteht, sondern zugleich ihr Teil und ihr Glied ist[7]. Soweit der Staat in die Rechts- und Freiheitspositionen des Bürgers — also auch des Schülers — eingreift, darf dies in einem Rechtsstaat nicht einseitig durch Anordnungen der Verwaltung geschehen. Die Eingriffsrechte müssen nach dieser Ansicht (vgl. oben § 1 IV 2) gesetzlich geregelt oder auf eine ausreichende Ermächtigung gestützt sein[8].

Der Begriffsaustausch — und das macht ihn fraglich — hat jedoch nichts daran geändert, daß dem Schüler weiterhin besondere Pflichten auferlegt sind, die sich *auch* aus dem Schulverhältnis ergeben[9]. Für den

---

[4] *Friebe*, ZBR 56, 395 ff.

[5] *Wolff*, II § 101 V S. 371.

[6] *Fuß*, VVDStRL 23, 199 ff. (200, 218); *Heckel - Seipp*, Schulrechtskunde S. 364 ff.; *Heckel*, Schulrecht und Schulpolitik S. 155; *Perschel*, Meinungsfreiheit S. 5 ff., 19 ff.; vgl. auch unter § 1 IV 2.

[7] *Heckel - Seipp*, Schulrechtskunde S. 341.

[8] Vgl. unten § 1 IV 2.

[9] *Heckel - Seipp*, Schulrechtskunde S. 341.

Schüler besteht nach wie vor die Schulbesuchspflicht und auch die übrigen schon bislang existierenden Verhaltenspflichten (Einhaltung der Schulordnung) werden durch das Schulverhältnis nicht tangiert. Nach dieser generellen Erörterung des Schulverhältnisses darf man fragen, ob ein Schüler aufgrund des Schulverhältnisses verpflichtet ist, den Schülerlotsendienst auszuführen. Dies wäre zu bejahen, wenn sich der Schüler dieser Pflicht nicht entziehen könnte, die Ausübung der Schulwegsicherung also auf Geheiß des Lehrers und gegen den Willen des Schülers erzwingbar wäre[10]. Zwar spricht die Vermutung dafür, daß alle Rechtsverbindungen zwischen Schüler und Schule im öffentlich-rechtlichen Schulverhältnis wurzeln. Dieser Grundsatz kann aber nur beschränkt richtig sein. Er gilt, wenn Schüler Aufgaben ausführen, die unmittelbar zum Erziehungs- und Bildungsauftrag der Schule gehören und zur Durchführung des Schulbetriebes notwendig sind[11]. Der Schülerlotsendienst, die Erfüllung von Aufsichtsaufgaben müßte also zu den Anstaltsämtern gezählt werden[12] (Fenster öffnen, Kreide holen). Diese Ansicht wird von Rietschel[13] und vom Landgericht Rottweil[14] vertreten. Auch Zuleeg geht von einer zwangsweisen Übertragung des Schülerlotsen-Amtes aus. Er klammert die Zustimmung des Schülers zu seiner Bestellung bewußt aus[15] und verzichtet darauf, den Grundsatz des Gesetzesvorbehaltes anzuwenden. Damit qualifiziert Zuleeg das Schülerlotsenamt als Teil des Schulverhältnisses, weil Ausnahmen vom Gesetzesvorbehalt nur in besonderen Gewaltverhältnissen zulässig sind. Der Bundesgerichtshof hat es bisher offengelassen, ob ein Schüler zur Aufsichtsführung verpflichtet ist oder nicht[16].

Den Schülerlotsendienst kann man nicht zur Gruppe der Anstaltsämter rechnen, weil die Beauftragung mit Aufsichtsaufgaben nur auf die freiwillige Meldung eines Schülers erfolgt. Einmal wird der Schülerlotsendienst herkömmlicherweise als Teil der Schülermitverantwortung bezeichnet[17]. Die Schülermitverantwortung zeichnet sich aber — wie oben in § 1 III festgestellt wurde — gerade dadurch aus, daß ihre Aufgaben den Schülern nur mit deren Zustimmung übertragen werden. Aber auch unabhängig davon, entfällt eine zwangsweise Verpflichtung, weil Aufsichts- und Fürsorgeaufgaben zu den Pflichten der Lehrkräfte

---

10 Diese These wird vom OLG Stuttgart MDR 52, 490 aufgestellt.

11 *Friebe*, Haftpflicht S. 13.

12 Vgl. oben § 1 III 1.

13 *Rietschel*, Die Sozialversicherung 1955 S. 285.

14 LG Rottweil NJW 70, 474 f.

15 *Zuleeg*, DÖV 70, 629.

16 BGH DRiZ 65, 125.

17 *Heckel - Seipp*, Schulrechtskunde S. 418; Handbuch der Verkehrswacht 1970 Heft 3 S. 11.

und nicht zu den Pflichten der Schüler gehören[18]. Daher kann man keinem Lehrer das Recht zubilligen, einem Schüler einseitig und mit verbindlicher Wirkung die Aufsicht über die Mitschüler zu übertragen[19].

Freilich spricht diese Argumentation noch nicht gegen die Einbeziehung des Schülerlotsendienstes in das Schulverhältnis überhaupt. Vielmehr könnte man die Einordnung des Schülerlotsendienstes in diese besondere Rechtsbeziehung mit pädagogischen Erwägungen begründen. Sie reichen jedoch für eine brauchbare juristische Qualifizierung nicht aus. Außerdem würde die Entlastungsfunktion dieser Ämter dagegen sprechen[20]. Hinzu kommt, daß die Schüler innerhalb des Schulverhältnisses selbst keine Hoheitsgewalt ausüben sollen. Das ergibt sich aus dem Sinn und Zweck der Schule als Erziehungs- und Bildungsanstalt. Die Schüler sollen lernen und in dieser Eigenschaft nicht Amtswalter der Schulverwaltungsbehörde sein. Insofern unterscheidet sich das Schulverhältnis wesentlich von dem ebenfalls als besonderes Gewaltverhältnis ausgestalteten Beamtenverhältnis. Für das Beamtenverhältnis ist die Verleihung von Hoheitsbefugnissen typisch[21]. Außerdem müssen den Schülerlotsen zusätzliche Rechte eingeräumt und Pflichten auferlegt werden, weil sie eine besondere Rechtsstellung gegenüber den Mitschülern einnehmen sollen[22].

Die Beauftragung mit der Schulwegsicherung ist daher nicht Bestandteil des Rechtsverhältnisses, das zwischen Schülern und Schule besteht, sondern als neue Rechtsbeziehung hiervon zu trennen[23]. Selbst wenn die Bestellung als Aufpasser im gewöhnlichen Schulbetrieb erfolgt, darf man die Betrauung nicht deshalb in das Schulverhältnis einbeziehen. Die Schulgewalt würde sonst die ihr gesetzten Schranken überschreiten.

Dieses Ergebnis ist keine Aufspaltung eines einheitlichen Lebensvorganges. Das wird am Beispiel des studentischen Tutors deutlich, dessen Tätigkeit und Rechtsstellung mit dem Schülerlotsen vergleichbar ist. Der Tutor ist in seiner Funktion als Arbeitsgemeinschaftsleiter oder Helfer nicht Student, sondern Mitarbeiter der Hochschule[24]. Der Schü-

---

[18] *Zuleeg*, DÖV 70, 628 f.; OLG Stuttgart MDR 52, 490; LG Rottweil NJW 70, 474 f.

[19] OLG Stuttgart MDR 52, 490; *Heckel - Seipp*, Schulrechtskunde S. 418.

[20] Vgl. oben § 1 IV 3.

[21] Vgl. § 4 BBG.

[22] Vgl. Veröffentlichung der Schulbehörde der Freien und Hansestadt Hamburg vom 14. 2. 1969, S 10 - F - VII d 2, § 5 Abs. 4 (zitiert bei Schulgesetze Nr. 527).

[23] OLG Stuttgart MDR 52, 490; *Ender*, S. 37 ff.

[24] Vgl. § 57 Berliner Hochschullehrergesetz, § 53 Regierungsentwurf eines Hochschulrahmengesetzes vom 4. 12. 1970.

lerlotsendienst läßt sich sogar von der Schule ganz abstrahieren. Denn die Ausübung der Schulwegsicherung ist nicht von dem Schülerstatus abhängig. Dieser Dienst kann von jeder Person vorgenommen werden, die dazu ermächtigt ist.

§ 6 Das verwaltungsrechtliche Grundverhältnis

Ein Schüler, den ein Lehrer mit der Wahrnehmung einer Ordnungs- oder Aufsichtsaufgabe betraut, steht nach den bisherigen Feststellungen in einer rechtlichen Doppelstellung zur Schule. Er ist nicht nur Schüler mit den Rechten und Pflichten, die sich aus dem Schulverhältnis ergeben, sondern daneben entsteht zwischen Schule und Schüler aus der Bestellung eine zweite Rechtsbeziehung. Man kann sie als Grund- oder Innenverhältnis bezeichnen, weil diese Rechtsbeziehung Rechtsfolgen nur zwischen dem „Auftraggeber" und dem „Beauftragten" auslöst.

Wir kommen jetzt dazu, den Rechtscharakter dieses Rechtsverhältnisses zu bestimmen. Es kann sich um eine öffentlich-rechtliche oder um eine privatrechtliche Beziehung handeln. Möglich ist die Ausgestaltung als Vertrag oder als mitwirkungsbedürftiger Verwaltungsakt. Die Rechtspraxis spricht gewöhnlich von einer „Beauftragung" des Aufsichts- oder Ordnungsschülers. Deshalb verzichten die folgenden Darlegungen auf die eigentlich systematisch gebotene Vorklärung, ob die Wahrnehmung von Aufsichtsaufgaben dem öffentlichen oder dem privaten Recht angehören. Die Zuordnung soll vielmehr anhand der konkreten Rechtsform „Vertrag" ermittelt werden.

I. Privat- oder Verwaltungsvertrag?

Der Schülerlotsendienst wäre eine private Beauftragung, wenn er mit der Schule und ihrer Bildungsaufgabe keinen inneren Zusammenhang aufwiese. Das ist zum Beispiel der Fall, wenn der Lehrer Schüler in seinem Privathaushalt beschäftigt (Holz spalten) oder private Besorgungen während der Unterrichtszeit erledigen läßt (Einkaufen). Der Lehrer ist dann Auftraggeber nach den Regeln des Bürgerlichen Rechts (§ 662 ff. BGB). Der Schülerlotsendienst gehört aber nicht zu den Privatangelegenheiten des Lehrers, er ist eine Veranstaltung der Schule (vgl. oben § 4).

Man muß also private Beauftragungen von Aufträgen unterscheiden, die zum amtlichen Tätigkeitskreis des Lehrpersonals zählen (Aufsichtsdienst, Hilfestellung beim Turnen)[1]. In diesen Fällen kann eine vertragliche Vereinbarung zwischen der Schule und dem beauftragten Schüler in Betracht kommen, weil die Schulwegsicherung freiwillig übernommen wird. Bei der Abgrenzung, ob die Beauftragung dem Zivilrecht oder dem öffentlichen Recht angehört, ist jedoch zu berücksichtigen, daß das Kriterium des freiwilligen Abschlusses allein nicht ausreicht. Vielmehr ist die Zuordnung zu einer der beiden Rechtsmaterien vom *Gegenstand der Regelung* abhängig[2]. Gleichgültig ist dagegen, wer als Partner des Vertrages auftritt, weil allein der Inhalt über die Rechtsnatur entscheidet[3].

Diese Meinung weicht von der ständigen Rechtsprechung des Reichsgerichts[4], des Oberlandesgerichts Stuttgart[5] sowie einem Teil der Literatur ab[6]. Danach soll die Unterscheidung zwischen einer öffentlichrechtlichen und einer privatrechtlichen Beauftragung allein von der Freiwilligkeit der Übernahme abhängen. Eine öffentlich-rechtliche Beauftragung soll nur bei der Anwendung einseitig verpflichtender Hoheitsgewalt durch den Auftraggeber vorliegen, also immer dann, wenn es auf den Willen des Auftragnehmers nicht mehr ankommt.

Das ist aber unrichtig. Für den Abschluß eines Vertrages — auch eines öffentlich-rechtlichen — ist überhaupt kein Raum, wenn der Staat als Träger hoheitlicher Gewalt an den Dritten einseitig verpflichtend herantritt, und es nach seinem Willen an einer für den Vertragsabschluß notwendigen Willensübereinstimmung fehlen soll[7]. Hier hat der Träger öffentlicher Verwaltung davon abgesehen, im Rahmen der Über-Unterordnung von einem öffentlich-rechtlichen Vertrag Gebrauch zu machen. Er hat den einzelnen durch einen Verwaltungsakt verpflichtet. Im übrigen haben die oben erwähnten Gerichte keine Erwägungen darüber angestellt, ob der *Inhalt* der von ihnen qualifizierten Vereinbarungen dem öffentlichen oder dem privaten Recht angehört. Das allein wäre für die rechtliche Einordnung in das öffentliche Recht entscheidend gewesen.

Daher ist daran festzuhalten, daß der Gegenstand des Vertrages für die rechtliche Einordnung ausschlaggebend ist. Der rechtliche Gegenstand ist der durch den Vertrag unmittelbar herbeigeführte Rechtserfolg. Dementsprechend liegt ein Gegenstand eines Vertrages dann im

---

[1] *Weimar*, RiA 66, 168; *Friebe*, Haftpflicht S. 55.

[2] *Forsthoff*, Verwaltungsrecht S. 268; *Wolff*, I § 44 S. 281; BVerwG NJW 66, 219; *Kriebel*, DÖV 62, 767.

[3] *Forsthoff*, Verwaltungsrecht S. 268.

[4] RG JW 1914, 676 Nr. 4; RGZ 94, 169; RGZ 122, 305.

[5] OLG Stuttgart MDR 52, 490.

[6] *Palandt*, § 662 Anm. 6 a; *Schack*, JZ 66, 640 f.; *Ender*, S. 37 ff.

[7] *Kriebel*, DÖV 62, 768; *Klein*, DVBl. 68, 130, 133.

öffentlichen Recht, wenn öffentlich-rechtliche Rechte oder Pflichten durch den Vertrag begründet werden.

Gegenstand des Vertrages zwischen dem Schülerlotsen und der Schule ist es, daß der Schülerlotse für die Schule bestimmte Aufsichtsdienste leisten soll. Da die Wahrnehmung von Aufsichtsaufgaben an der öffentlichen Schule — wie wir (oben in § 5) gesehen haben — grundsätzlich dem öffentlichen Recht angehört, könnte auch die Rechtsbeziehung zwischen der Schule und dem Schülerlotsen im öffentlichen Recht wurzeln. Das ist aber fraglich, weil das Dienstverhältnis des Schülerlotsen nur das Innenverhältnis zum Schulträger berührt, also die generelle Verpflichtung zur Dienstleistung gegenüber dem Dienstgeber. Ein bestimmtes Amt wird damit nicht gleichzeitig übertragen. Die Dienstverpflichtung von Personen, die Hoheitsaufgaben wahrnehmen sollen, kann nach herrschender Meinung in der Literatur und der Rechtspraxis öffentlich-rechtlich und privatrechtlich erfolgen. Beamte werden nach den Beamtengesetzen durch die Aushändigung der Ernennungsurkunde kraft öffentlichen Rechts zum Dienst verpflichtet. Die Angestellten und Arbeitnehmer des öffentlichen Dienstes werden aufgrund privatrechtlicher Dienstverträge eingestellt.

Diese Praxis ist jedoch nicht konsequent. Sie setzt voraus, daß die Dienstleitung für die öffentliche Hand rechtlich *neutral* ist. Denn nur dann kann eine Einordnung in das öffentliche oder private Recht offenbleiben.

Das trifft aber nicht zu, weil der Zweck, der mit dem Vertragsabschluß letztlich verfolgt wird und die Art der Aufgabe, zu deren Wahrnehmung der Dienstnehmer ausersehen ist, berücksichtigt werden müssen. Ein privatrechtliches Dienstverhältnis ist nur angemessen, wenn kein hoheitliches Amt übertragen werden, der Dienstnehmer also lediglich fiskalische Geschäfte ausüben soll. Will man dem Bewerber jedoch öffentlich-rechtliche Befugnisse übertragen, dann kommt nur ein öffentlich-rechtliches Grundverhältnis in Betracht. Eine privat-rechtliche Rechtsbeziehung zu einem Hoheitsträger ist keine geeignete Basis für die spätere Einräumung hoheitlicher Befugnisse. Diese Lösung würde den Gesamtzusammenhang des Dienstvertrages mit der öffentlich-rechtlichen Betätigung verkennen und ihn sinnwidrig in einen privatrechtlichen Grundteil und einen öffentlich-rechtlichen Zusatzteil aufspalten. Es darf aber keinen Unterschied machen, ob öffentlichrechtliche Befugnisse unmittelbar durch den Grundvertrag oder erst als Ausfluß dieser Rechtsgrundlage — wie das im öffentlichen Dienstrecht mit der Verleihung eines Amtes praktiziert wird — eingeräumt werden. Wie wirklichkeitsfremd eine privatrechtliche Konstruktion ist, zeigt das Recht der Angestellten im öffentlichen Dienst. Zwar wird nach wie vor behauptet, die Rechtsbeziehungen mit dem Dienstherrn würden im Privatrecht wurzeln[8]. An der privatrechtlichen Rechtsnatur der Dienstverhältnisse werden jedoch bedeutsame Abstriche vorgenommen. So ist das Rechtsverhältnis der öffentlichen Angestellten, weil auch sie eine öffentliche Amtsstellung wahrnehmen, durch eine besondere Pflichtenbindung, ähnlich dem Beamtenverhältnis, gekennzeichnet[9]. Weiterhin unterscheidet sich das Rechtsverhältnis der öffentlichen Dienstnehmer von den sonstigen arbeitsrechtlichen Verhältnissen zu privaten Arbeitgebern durch die Übernahme beamtenrechtlicher — also öffentlich-rechtlicher — Maximen[10]. Überhaupt ist das Recht der öffentlichen Dienstnehmer materiell weitgehend dem Beamtenrecht angenähert[11]. Daher ist die privatrechtliche Grundbeziehung ein Fremdkörper im System der Beziehungen der öffentlichen Hand zu Privatrechtssubjekten, die an der Sonderrechtsordnung eines Hoheitsträgers teilhaben sollen.

Für den Schülerlotsen gilt, daß der Vertrag mit der Schule möglicherweise Grundlage für eine Verleihung von Hoheitsbefugnissen ist. Der Schülerlotse soll nach dem Willen der Schulbehörden keine fiskalischen Geschäfte wahrnehmen, sondern Lehrerrechte ausüben. Gegenstand des Vertrages sind daher Rechte und Pflichten, die ihren Ursprung im öffentlichen Recht haben. Danach scheidet eine privatrechtliche Grundbeziehung aus.

II. Verpflichtung durch Verwaltungsakt

Zwar wurzelt der Gegenstand der Regelung seiner Rechtsnatur nach im öffentlichen Recht. Der beauftragte Schüler kann diese Rechtsbeziehung auch freiwillig begründen. Damit ist aber noch nicht entschieden, daß eine *vertragliche* Regelung besteht. Es ist daher zu prüfen, ob eine zweiseitige (Vertrag) oder eine einseitige Regelung (Verwaltungsakt) vorliegt. Von einer vertraglichen Ausgestaltung kann man ausgehen, wenn sich Schule und Schülerlotse gleichgeordnet gegenüberstehen. Eine Mitwirkung des Schülers genügt hierzu nicht. Denn bei einem verwaltungsrechtlichen Vertrag geht es entscheidend darum, die Zivilperson schon zu beteiligen, wenn der Inhalt des Rechtsverhältnisses festgelegt wird[12]. Das ist der wesentliche Unterschied zum Verwaltungsakt, dessen Inhalt allein von der Behörde bestimmt wird.

---

[8] *Wolff*, II § 118 I S. 485 ff.

[9] *Wolff*, II § 118 I S. 485.

[10] *Wolff*, II § 118 I S. 485.

[11] *Wolff*, II § 118 I S. 486.

[12] *Schmidt-Salzer*, NJW 71, S. 5 ff. (7); *Wolff*, I § 44 S. 282; *H. H. Klein*, DVBl. 68, 133.

Die Ausgestaltung des Schülerlotsendienstes ist nicht der individuellen Vereinbarung zwischen Schule und Schülerlotse zugänglich. Der Schülerlotsendienst ist — wie erwähnt — durch Ministerialerlasse geregelt. Die Anordnungen sind folglich generell gehalten und einheitlich abgestimmt, weil die Tätigkeit des Schülerlotsen über die Schule hinaus in die Öffentlichkeit hineinwirkt. Die Voraussetzungen zur Aufnahme in den Schülerlotsendienst sind für alle Schüler gleich. Die Pflichten und Rechte der Lotsen sind standardisiert; sie können auf ihren Wunsch nicht einseitig abgeändert werden. Andererseits kann die Schulbehörde ihre Anforderungen an die Schüler einseitig verändern und auf die Hilfeleistung der Schüler völlig verzichten. Das liegt vor allem im Interesse der Verkehrssicherheit. Die Schülerlotsen selbst haben daher nur die Wahl, den Dienst unter den gegebenen Voraussetzungen aufzunehmen oder nicht mitzuwirken.

Damit ist klargestellt, daß die Verantwortung für die gesetzten Rechtsfolgen nicht zu gleichen Teilen auf die Betroffenen verteilt wird — wie es bei dem Vertrag der Fall ist —, sondern daß es hinsichtlich des Inhalts und der Ausgestaltung der Rechtsbeziehung ausschließlich auf den Willen der Verwaltungsbehörde ankommt[13]. Die Figur des Verwaltungsaktes läßt jenes Mehr an Verantwortung deutlich in das Blickfeld treten, das die Verwaltung in ihrem Verhältnis zum Bürger diesem gegenüber trifft[14].

Diese Ansicht entspricht auch der modernen Rechtsauffassung, daß Ehrenamtsverhältnisse mit dem Staat nicht durch Vertrag begründet werden[15]. Ein Blick in das Gesetz mag dies bestätigen. Die Angehörigen des Freiwilligen Polizeidienstes in Baden-Württemberg werden nach § 4 des Gesetzes über den Freiwilligen Polizeidienst[16] zur Erfüllung ihrer Aufgaben durch Verwaltungsakt verpflichtet. Das baden-württembergische Feuerwehrgesetz[17] sieht in § 11 Abs. 1 Ziffer d ebenfalls vor, daß sich die Feuerwehrhelfer zu einer längeren „Dienstzeit verpflichten". Außerdem entscheidet über das Aufnahmegesuch ein behördlicher Ausschuß, über Einwendungen entscheidet der Gemeinderat[18]. Nach § 32 der Gemeindeordnung von Baden-Württemberg[19] werden die Gemeinderäte öffentlich auf die Erfüllung ihres Amtes verpflichtet.

---

[13] *Schmidt-Salzer*, NJW 71, 7.

[14] *H. H. Klein*, DVBl. 1968, 133 Anm. 165.

[15] *H. H. Klein*, DVBl. 68, 133.

[16] Gesetz vom 18. 6. 1963.

[17] Gesetz vom 6. 2. 1956 in der Fassung vom 26. 2. 1960.

[18] § 13 des Feuerwehrgesetzes.

[19] Gesetz vom 25. 7. 1955 in der Fassung vom 28. 7. 1970.

Wenn für das Rechtsverhältnis zwischen Schule und Schülerlotse gelegentlich trotzdem der Ausdruck „Auftrag“ verwendet wird, spricht dies nicht gegen die Qualifizierung als Verwaltungsakt. Diese Bezeichnung soll kein Hinweis auf die Auftragsregeln sein. Sie ist nur eine untechnische Qualifizierung, der man keine juristische Relevanz beimessen darf[20].

III. Wirksamkeitserfordernisse

Der Verwaltungsakt, der den Schülerlotsen zur Dienstleistung verpflichtet, weist nicht den Charakter eines Verwaltungsaktes auf Unterwerfung auf. Es handelt sich vielmehr um einen *mitwirkungsbedürftigen* Verwaltungsakt, das heißt der Schüler muß seiner Beauftragung zustimmen[21]. Die Einverständniserklärung will vermeiden, daß ein Schüler gegen seinen Willen verpflichtet wird, Lehreraufgaben zu übernehmen.

Ein zweiseitiger Verwaltungsakt liegt nicht vor, weil die Zustimmung des betroffenen Schülers kein Bestandteil der Ernennung, sondern nur Wirksamkeitsvoraussetzung ist. Wer sich um ein Schülerlotsenamt bewirbt, ist — wie festgestellt wurde — kein gleichberechtigter Partner der Schulbehörde.

Soll das Innenverhältnis zur Schule wirksam begründet werden, dann ist Geschäftsfähigkeit des Schülerlotsen oder eine Ermächtigung des gesetzlichen Vertreters erforderlich. Eine andere Auffassung vertritt Zuleeg. Da er einen Verwaltungsakt auf Unterwerfung bejaht, klammert er das Problem der Zustimmungsbedürftigkeit aus[22]. Heckel empfiehlt nur, die Zustimmung der Eltern einzuholen[23].

Im Ergebnis ist weder Heckel noch Zuleeg zuzustimmen. Die Vorschriften des BGB über die gesetzliche Vertretung gelten auch im Verwaltungsrecht[24]. Deshalb ist eine Einwilligung des gesetzlichen Vertreters bei zustimmungsbedürftigen Verwaltungsakten erforderlich, wenn sie gegenüber Minderjährigen ergehen. Das entspricht dem Grundgedanken des Art. 6 Abs. 2 GG, der den Eltern die allgemeine Sorge für die Person des Kindes anvertraut[25]. Nur wenn die Eltern mitwirken,

---

[20] Vgl. beispielsweise *Heckel - Seipp*, Schulrechtskunde, S. 235 ff.; OLG Köln NJW 68, 655; LG Rottweil NJW 70, 474 f.; *Wolff*, II § 73 III S. 33 f.; *Friebe*, ZBR 56, 397; *Weimar*, RiA 66, 168 f.

[21] Anderer Meinung ist *Zuleeg*, DÖV 70, 629.

[22] *Zuleeg*, DÖV 70, 629.

[23] *Heckel - Seipp*, Schulrechtskunde S. 418.

[24] *Wolff*, I § 35 S. 217; *Jellinek*, Verwaltungsrecht S. 166.

[25] *Maunz - Dürig - Herzog*, Art. 6 Rdn. 24.

kann man dem Minderjährigenschutz Rechnung tragen. Die Bestimmungen zum Schutz der Kinder und Jugendlichen dürfen nicht deshalb umgangen werden, weil der Schülerlotse die Schulwegsicherung nicht aufgrund eines privatrechtlichen Vertrages, sondern aufgrund eines Verwaltungsaktes erfüllt. Es kommt allein darauf an, ob der Schülerlotse durch die verwaltungsrechtliche Willenserklärung nicht lediglich einen *rechtlichen Vorteil* erlangt. Die Bestellung zum Schülerlotsen ist für ihn nachteilig, weil gegenüber der Schulbehörde Pflichten begründet werden[26].

Eine Einwilligung des gesetzlichen Vertreters ist auch nicht deshalb entbehrlich, weil § 110 BGB analog eingreifen könnte. Diese Vorschrift kann nicht angewendet werden, weil man ihr eine stark beschränkende Wirkung beilegt. Die Bestimmung gilt nur für Bargeschäfte des täglichen Lebens, nicht aber für Verpflichtungen, die Dienstleistungen betreffen. Selbst ein Generalkonsens der Eltern entfällt. Wegen der möglichen Rechtsfolgen kann man nicht davon ausgehen, daß Eltern ihren schulpflichtigen Kindern generell die Ermächtigung erteilen, andere Kinder zu beaufsichtigen. Eher kann man vermuten, daß sie ihre Kinder ausschließlich der Obhut der Lehrkräfte überlassen wollen. Auch wenn die Eltern mit der Einführung des Schülerlotsendienstes einverstanden sind, kann man daraus nicht schlüssig ableiten, sie seien ohne besondere Zustimmung mit der Bestellung ihres Kindes zum Schülerlotsen einverstanden. Diese Schlußfolgerung verbietet sich, weil der Einsatz des Schülerlotsen im Straßenverkehr Gefahren für die Gesundheit mit sich bringt. Es muß daher dem elterlichen Bestimmungsrecht überlassen bleiben, ob sie den Minderjährigen diesen Gefahren aussetzen wollen.

Auch eine entsprechende Heranziehung des § 113 BGB erübrigt die Einwilligung der Erziehungsberechtigten nicht. Diese Vorschrift setzt vielmehr eine Ermächtigung des gesetzlichen Vertreters voraus.

Zur wirksamen Begründung des Schülerlotsenverhältnisses ist folglich die Zustimmung der gesetzlichen Vertreter stets erforderlich[27]. Dagegen ist es nicht notwendig, die Schriftform zu wahren, die gelegentlich in Erlassen und Dienstanweisungen vorgeschrieben wird[28]. Sie empfiehlt sich jedoch aus Beweisgründen und ist allgemein üblich.

---

[26] Vgl. Veröffentlichung der Schulbehörde der Freien und Hansestadt Hamburg vom 14. 2. 1969, S. 10 - F - VIII d 2, § 5 Abs. 4 (zitiert bei Schulgesetze Nr. 527).

[27] Vgl. OLG Stuttgart MDR 52, 490.

[28] Vgl. Handbuch der Verkehrswacht 1970 Heft 3 S. 13; Schülerlotsenbuch S. 14; Siehe auch folgende Schülermitverantwortungs-Erlasse (Seitenangabe und Abdruck bei *Hinrichs*): Hessen-Erlaß S. 71; NRW-Erlaß S. 119; Niedersachsen-Erlaß S. 106, der keine schriftliche Einverständniserklärung voraussetzt. Eine schriftliche Einverständniserklärung wird auch in Berlin verlangt. (Nachweis vgl. oben § 4 Anm. 5).

Danach läßt sich das bisher gefundene *Ergebnis* wie folgt rekapitulieren: Damit die öffentliche Schule ihren Bildungs- und Erziehungsauftrag ordnungsgemäß erfüllen kann, stehen die Schüler in einem öffentlich-rechtlichen Rechtsverhältnis. Es wird herkömmlicherweise als besonderes Gewaltverhältnis bezeichnet. Soweit es der Zweck der Schule erfordert, sind die Schulbenutzer aufgrund dieser Rechtsbeziehung zur Befolgung der Anweisungen des Lehrpersonals verpflichtet. Die Erteilung des Unterrichts und die Wahrnehmung von Fürsorge- und Aufsichtsaufgaben sind Bestandteil der hoheitlichen Schulverwaltung.

Zwischen der Schule und einzelnen Schülern besteht eine zweite Rechtsbeziehung, wenn Schüler mit der Wahrnehmung von Aufsichts- und Fürsorgefunktionen betraut werden. Diese Tätigkeiten kann man den Schülern nicht zwangsweise auferlegen, weil sie zu den Amtspflichten des Lehrers gehören. Die Schule kann aber geeignete Schüler zur Durchführung dieser Aufgaben freiwillig gewinnen. Rechtsgrund für ihre Tätigkeit ist ein zustimmungsbedürftiger Verwaltungsakt, der den Schüler zur Dienstleistung verpflichtet. Eine privatrechtliche Beauftragung entfällt, weil der Gegenstand der Regelung im öffentlichen Recht wurzelt. Die Qualifizierung als öffentlich-rechtlicher Vertrag scheitert, da der Schülerlotse keinerlei Einfluß auf den Inhalt der Abmachungen hat. Die Ausgestaltung des Rechtsverhältnisses obliegt allein den Schulbehörden, die allein verantwortlich sind. Daher beschränkt sich die Mitwirkung des Schülerlotsen auf seine Einwilligung. Zur Wirksamkeit des Verwaltungsaktes ist das Einverständnis der Erziehungsberechtigten erforderlich.

Das eben beschriebene Grundverhältnis besteht zwischen jedem Amtsträger und einer juristischen Person des öffentlichen Rechts. Es begründet für den Amtswalter und den Träger öffentlicher Verwaltung *subjektive Rechte und Pflichten.* Eine exakte personalrechtliche Einordnung wird damit noch nicht getroffen. Denn die öffentlich-rechtliche Rechtsbeziehung zum Schulträger gibt keine Auskunft darüber, ob der Schülerlotse den Status eines Beamten oder eines Beliehenen bekleidet, oder ob er seine Tätigkeit als Vertreter der Schülermitverantwortung ausübt. Die richtige Einstufung hängt vordergründig von drei Kriterien ab: Nimmt der SL eigene oder übertragene Aufgaben wahr? Handelt er im eigenen oder im fremden Namen? Übt er ein hoheitliches Amt aus? Damit aber nicht genug. Die personalrechtliche Einordnung ist bedeutsam für die *individuell-organisationsrechtliche* Einstufung des Amtsträgers. Am Beispiel des Beamten würde unter diesem Aspekt der Haushaltsplan und die Stelleneinweisung eine Rolle spielen. Insoweit unterscheidet sich die jetzt zu behandelnde personalrechtliche Einordnung von dem Betriebsverhältnis, das die Kompetenzordnung innerhalb des Verwaltungsträgers regelt.

§ 7 Personalrechtliche Einordnung des Schülerlotsen

I. Schülerlotse als Teil der Schülermitverantwortung

1. Das Wesen der Schülermitverantwortung

Der Schülerlotsendienst wird — wie zu Beginn der Untersuchung festgestellt wurde[1] — regelmäßig als Teil der Schülermitverantwortung aufgefaßt. Bisher versteht man unter der Bezeichnung Schülermitverantwortung die Erledigung eigener (Interessenvertretung) und die Wahrnehmung übertragener Aufgaben[2]. Der Schülerlotsendienst wird unter die Kategorie der übertragenen Zuständigkeiten eingereiht. Heckel vertritt die Ansicht, die Schülermitverantwortung finde bei der Ausübung der Schulwegsicherung ein Betätigungsfeld[2a]. Scheibe meint, der Schülerlotsendienst sei als echtes Anliegen der Schülermitverantwortung und nicht als konstruierte Aufgabe zu werten[3]. Schließlich wird der Schülerlotsendienst von mehreren Schulerlassen in den Bestand der übertragenen Aufgaben der Schülermitverantwortung einbezogen[4]. Im Handbuch für die Verkehrswachtarbeit wird der Lotsendienst gleichfalls als Aufgabe der Schülermitverantwortung bezeichnet.

Gegen die Subsumtion des Schülerlotsendienstes unter diese Institution ergeben sich Bedenken. Sie resultieren aus den gewandelten Ansichten über die Aufgaben der Schülermitverantwortung, ihrem eigentlichen Sinn und Zweck und aus einem Vergleich mit ähnlichen Einrichtungen. Danach beschränkt sich die Tätigkeit der Schülermitverantwortung lediglich auf die *Erfüllung eigener Aufgaben* der Schülerschaft. Übertragene Angelegenheiten — wie zum Beispiel der Schülerlotsendienst — sind nicht zum Wirkungskreis der Schülermitverantwortung zu rechnen.

Zur Begründung dieser These kann man geänderte Bestimmungen einiger Schulverwaltungsgesetze über die Schülermitverantwortung anführen[5]. In diesen Vorschriften wurde der Begriff Schülermitverantwortung oder Schülermitverwaltung durch die Bezeichnung *Schülervertretung* ersetzt. Inhaltlich lösen sie die allgemeingehaltenen Aussagen über die Schülermitverantwortung — Pflege des Gemeinschaftslebens an der Schule und Erziehung zu Selbständigkeit und Verantwortungsbewußtsein[6] — ab. Sie normieren ausschließlich die Rechte der

---

[1] Vgl. oben § 2 I.
[2] Vgl. § 1 III hier.
[2a] *Heckel - Seipp*, Schulrechtskunde S. 418.
[3] *Scheibe*, Schülermitverantwortung S. 112 f.
[4] Vgl. § 2 I Anm. 15.
[5] Vgl. § 2 I 2 hier.
[6] Vgl. noch heute § 39 BW SchVOG.

Schülervertretung und verankern erstmals die Mitbestimmung und Mitwirkung der Schüler[7]. Da die übrigen Bundesländer der Rechtseinheit wegen diese Gesetzesänderung ebenfalls übernehmen werden, wird sich der Begriff Schülervertretung allgemein durchsetzen.

Wenngleich die Schülermitverantwortung weiterhin in Erlassen geregelt ist, muß man aus der neuen Rechtslage Konsequenzen ziehen. Es drängt sich die Frage auf, warum der Gesetzgeber gerade das Recht der Schülervertretung normiert hat. Dies geschah, um die Rechtspositionen des einzelnen Schülers zu verbessern, die Schülerschaft als Gesamtheit zu stärken und die Arbeit der Schüler in einen breiteren Rahmen zu stellen. Noch vor Jahren wurde den Schulvertretungen keine Beachtung geschenkt. Die Schüler konnten ihre Forderungen nach einer Interessenvertretung nicht auf geeignete Rechtsgrundlagen stützen.

Beachtenswert ist, daß der Gesetzgeber nur ein Teilgebiet der Schülermitverantwortung geregelt hat. Die übertragenen Aufgaben werden in den geänderten Bestimmungen nicht erwähnt (vgl. oben § 2 I). Sein Schweigen kann nur bedeuten: Die Schülervertretung bildet den Schwerpunkt der Schülermitverantwortung. Im übrigen sollen nur eigene Belange der Schüler erfüllt werden. Gleichzeitig geben die gesetzlichen Änderungen Anlaß zu der Frage, ob nicht selbst die freiwillige Begründung eines Verwaltungsrechtsverhältnisses mit der Schule dem Wesen der Schülermitverantwortung und ihrem Grundgedanken widerspricht.

Wie sich aus dem Begriff Schülermitverantwortung ergibt, muß die *Eigenverantwortlichkeit* der Schüler gewahrt bleiben. Sie sollen echte Mitverantwortung tragen, wenn sie eine Aufgabe erfüllen. Das ist nicht möglich, wenn der Lehrer ständig hinter den Schülern steht und den Vertretern der Schülermitverantwortung die Verantwortung abnimmt[8].

Ist der Schülerlotse für sein Handeln mitverantwortlich? Er muß die Anweisungen des Lehrers aufgrund seiner neuen Rechtsbeziehung mit der Schule befolgen. Er übt nicht nur Interessen der Schüler, sondern vor allem Interessen der Schule aus. Sie hat den Schülerlotsendienst zu ihrer Angelegenheit erklärt und entledigt sich teilweise ihrer Aufsichtspflicht, indem sie Schüler einschaltet. Der Schülerlotse ist nur Hilfskraft, während der Lehrer die Oberaufsicht führt. Der Lotse übt seinen Dienst nur auf Widerruf aus; die Befugnis zur Dienstausübung kann ihm jederzeit entzogen werden. Er ist also weitgehend vom Wohlwollen des Lehrers abhängig.

---

[7] Vgl. § 2 I 2 hier.

[8] *Perschel*, Schülermitverwaltung S. 16, 37; *Dietze*, RdJ 70, 18 ff.; *Hinrichs*, S. 21.

Diese Folge scheint aber der Forderung der Schülermitverantwortung zu widersprechen, weitgehend unbeeinflußt, das heißt eigenverantwortlich tätig zu werden. Eine echte Mitverantwortung ist nur bei der Ausführung eigener Angelegenheiten gewährleistet. So trifft den Schülervertreter bei der Stimmabgabe in einem schulischen Gremium die Letztverantwortung dafür, daß er im Interesse der Mitschüler abstimmt. Über oder unter ihm steht niemand, der dem Schülervertreter die Entscheidung abnimmt oder abhändern kann. Er riskiert bei der nächsten Delegiertenwahl lediglich sein Mandat, wenn er die berechtigten Anliegen der Schüler nicht angemessen vertritt.

Echte Mitverantwortung läßt sich auch praktizieren, wenn die Schüler an der Mitgestaltung des Unterrichts beteiligt werden. Die Abstimmung über die Einführung neuer Unterrichtsformen oder die Entscheidung über einen bestimmten Stoffplan fordert die Schüler zu selbstverantwortlichem Handeln heraus. In solchen Fällen diktiert der Lehrer nicht. Er überläßt es den Schülern, aus mehreren Alternativen die richtige auszuwählen. Scheitert das Experiment, dann kann die Verantwortung hierfür nicht dem Lehrer aufgebürdet werden.

Die *Weisungsgebundenheit* nach „oben“, die Stellung als verlängerter Arm des Lehrers, entspricht daher nicht dem Charakter der Schülermitverantwortung[9]. Die Schülermitverantwortung ist in erster Linie als Instrument der Schüler und nicht als Hilfspolizei der Schule eingerichtet worden. Deshalb darf der Schülerlotse personalrechtlich nicht als Vertreter der Schülermitverantwortung bezeichnet werden.

2. Schülermitverantwortung und andere Mitwirkungsmodelle

Die Einordnung der Schulwegsicherung in die Schülermitverantwortung scheitert auch, wenn man ähnliche Mitwirkungseinrichtungen zum Vergleich heranzieht. In ihrer Zielrichtung und Aufgabenstellung weist die Schülermitverantwortung Parallelen mit den *Personalvertretungen* des öffentlichen Dienstes und den *Studentenschaftsvertretungen* auf: Zwar sind grundlegende Unterschiede zwischen der Schule und den betrieblichen Interessenvertretungen nicht zu verkennen. Es ist jedoch unzutreffend, die arbeitsrechtliche Mitbestimmung mit dem Hinweis auf ihre soziale Aufgabe von einem Vergleich mit der Schülermitverantwortung auszuschließen. Das zeigt das gelegentlich benutzte Schlagwort „Schülergewerkschaft“. Auch für den Hochschulbereich wurde von Wulfhorst nachgewiesen, daß die Gemeinsamkeiten zwischen Arbeitnehmervertretungen und Studentenschaftsvertretungen gegenüber

[9] *Scheibe*, Schülermitverantwortung S. 112 f. und S. 94; *Perschel*, Schülermitverwaltung S. 14; *Zinkel*, Schülerselbstverwaltung S. 3.

den wesensbedingten Unterschieden überwiegen[10]. Diese Feststellung kann auch für den Schulbereich übernommen werden[11]. Die Interessenvertretung der Arbeitnehmer soll einmal die Weisungsbefugnis des Arbeitgebers, seine personale Herrschaft über die Mitarbeiter nach sozialstaatlichen Grundsätzen einschränken. Sie soll zum anderen verantwortlicher Träger der Belegschaft für das Betriebsgeschehen sein[12]. Im gleichen Maße wie die Arbeitnehmer sind auch die älteren Schüler daran interessiert, daß die Personalgewalt über sie nicht in überholter Weise gebraucht wird. Nach dem Willen des Gesetzgebers soll die Schülerschaft für das Schulgeschehen mitverantwortlich sein, soweit es ihre Belange betrifft[13]. Daneben faßt man die Schüler- und Personalvertretungen jedoch nicht nur als Interessenvertretung auf, sondern als Organ, das zum Wohl des Betriebes oder der Schule zusammenarbeitet[14].

Folglich läßt sich die Schülermitverantwortung mit den Personal- und Studentenvertretungen vergleichen. Prüft man den Aufgabenkatalog der Studentenschaft durch, so stellt man fest, daß der Gesetzgeber an die Benutzer keine Angelegenheiten überträgt, die zur eigentlichen Hochschulverwaltung und Hochschullehrertätigkeit zählen[15]. Die Vertreter der Studierenden befassen sich also nicht mit solchen Agenden, für die eine besondere verwaltungsrechtliche Beziehung zur Hochschule — neben dem Studentenverhältnis — erforderlich ist. Das liegt daran, daß die Studentenschaftsvertreter bei der studentischen und der akademischen Selbstverwaltung stets *eigene Angelegenheiten* wahrnehmen. Sie vertreten die Interessen der Studenten und nicht die der Hochschule. Werden hingegen Aufgaben der Hochschule wahrgenommen, zum Beispiel die Tätigkeit als studentischer Tutor, dann ist diese Arbeitsleistung für die Hochschule keine übertragene Aufgabe der „Studentenmitverantwortung", sondern systematisch richtig unter das Stichwort Hochschulmitarbeiter einzuordnen[16]. Denn die Beschäftigung als Tutor ist ebenso eine Entlastung des Lehrpersonals wie der Schülerlotsendienst. Die Rechte des Tutors beruhen nicht auf einer Wahl und einem Mandat der Studenten, sondern auf einem Rechtsverhältnis zur Hochschule. Der entgeltlich tätige Tutor wäre nach herrschender Auffassung personalrechtlich wohl als Angestellter des öffentlichen Dienstes einzuordnen. Daher weist diese Aufgabe ebensowenig einen Zusammenhang mit den Belangen der Studentenschaft auf, wie der Schülerlotsendienst mit den Angelegenheiten der Schülermitverantwortung.

---

[10] *Wulfhorst*, DVBl. 1968, 686 ff.
[11] So auch *Hinrichs*, S. 12.
[12] *Wulfhorst*, DVBl. 1968, 687.
[13] Vgl. § 49 Hess. SchVG.
[14] § 55 PersVG; § 49 Hess. SchVG.
[15] § 48 f. BW HochschulG.
[16] Vgl. § 57 Berliner Hochschullehrergesetz.

Auch bei den Personalvertretungen gibt es keine übertragenen Aufgaben. Die Vertreter der Dienstnehmer sind Sprachrohr der Belegschaft. Sie verfügen ebenso wie die Schülermitverantwortung über bestimmte Anhör- und Kontrollrechte gegenüber ihrem Dienstherrn, soweit die Belange der Belegschaft oder einzelner Arbeitnehmer betroffen sind. Es ist aber dem Dienstherrn nicht gestattet, mit den Personalvertretern besondere Verträge abzuschließen, damit sie Belange ihres Arbeitgebers erledigen. Dem Personalrat dürfen keine Aufgaben übertragen werden, die nicht in den vom Gesetz umschriebenen Wirkungskreis fallen[17]. Denn der Personalrat soll in seiner Funktion von Weisungen des Dienstherrn unabhängig sein, damit er seinen gesetzlichen Auftrag als Arbeitnehmervertretung erfüllen kann. Nichts anderes kann wegen der eingetretenen Gesetzesänderungen für die Schülermitverantwortung gelten.

Übertragene Aufgaben darf man auch deshalb nicht in die Schülermitverantwortung einbeziehen, weil die Schülerlotsen *verbindliche Weisungen* an ihre Mitschüler richten sollen[18]. Diese Anordnungsbefugnis ist vergleichbaren Tatbeständen des Personalvertretungs- oder Studentenvertretungsrechts fremd. Die Vertreter dieser Einrichtungen dürfen bestehende Rechtsverhältnisse im Auftrag des Dienstherrn oder der Hochschule nicht nachhaltig beeinflussen. Auch eine Weisungsbefugnis gegenüber Mitschülern ist ausgeschlossen, weil die Veranstaltungen der Schülermitverantwortung für die Schüler grundsätzlich freiwillig sein müssen. Man muß es ihnen anheimstellen, ob sie an einer von der Schülermitverantwortung — also nicht von der Schule veranstalteten Bastel-Arbeitsgemeinschaft teilnehmen oder an der Herausgabe einer Schülerzeitung mitarbeiten wollen. Das sind eigene Angelegenheiten der Schülermitverantwortung. Sobald sich die Schüler aber festgelegt haben, unterliegen sie der Aufsicht der Schülermitverantwortungs-Vertreter. Denn auch die eigenen Veranstaltungen der Schülermitverantwortung sind schulische Veranstaltungen und wegen der Letztverantwortung der Schule aufsichtsbedürftig.

Die Aufsicht über die Schüler hingegen gehört unbestritten nicht zu dem eigenen Wirkungskreis der Schülermitverantwortung[19], sondern zu den übertragenen Aufgaben. Es ist daher Pflicht der aufsichtsführenden Schüler, ihren Mitschülern Anweisungen zu erteilen, wollen sie ihre übertragene Aufgabe ordnungsgemäß erfüllen. Daraus folgt, daß die Aufsichtsführung keine Aufgabe der Schülermitverantwortung ist und der Schülerlotse personalrechtlich nicht dieser Einrichtung zugeordnet werden kann. Denn die Mitschüler können sich der Schulaufsicht

[17] § 55 ff. PersVG.

[18] Vgl. § 2 Anm. 16 hier.

[19] *Perschel*, Schülermitverwaltung S. 44 f.

nicht freiwillig unterordnen, sondern sie müssen sich im Rahmen des Schulverhältnisses zwangsweise unterordnen. Daß der Schülerlotse *übertragene Aufgaben* ausführen soll, hat aber nicht zur Folge, daß seine personalrechtliche Einordnung überhaupt scheitert. Diese Schlußfolgerung würde der Schulpraxis nicht genügen. Es ist vielmehr nach einer anderen personalrechtlichen Organisationsform zu suchen, weil es wünschenswert und pädagogisch sinnvoll ist, daß Schüler Ordnungsfunktionen übernehmen[20].

II. Schülerlotse und öffentlicher Dienst

Der Schülerlotse ist kein Beamter im staatsrechtlichen Sinne, weil es an der beamtenrechtlichen Form (Ernennungsurkunde) fehlt und auch nicht Angestellter oder Arbeiter des öffentlichen Dienstes, weil kein entgeltlicher privatrechtlicher Arbeitsvertrag vorliegt (vgl. oben § 6 II). Gegen eine Anwendung dieser Vorschriften spricht außerdem die Ehrenamtlichkeit des Schülerlotsendienstes. Deshalb läßt sich die Schulwegsicherung nach der herrschenden Auffassung über den öffentlichen Dienst nicht in diese personalrechtliche Kategorie einstufen[21]. Aus diesem Grund verneint Wagner generell die hoheitliche Betätigung von Schülern, weil er die allerdings unzutreffende Ansicht vertritt, öffentliche Gewalt könnten nur öffentliche Bedienstete wahrnehmen[22]. Er berücksichtigt dabei nicht, daß gelegentlich auch Personen, die nicht dem öffentlichen Dienst angehören, Hoheitsträger sind. Ein Teil des Schrifttums bezeichnet diese Gruppe als Privatpersonen, die sich an Hoheitsaufgaben beteiligen. Dazu gehört vor allem der Beliehene.

III. Schülerlotse als Beliehener

1. Schülerlotsendienst als Staatsaufgabe

In der Literatur wird die Ansicht vertreten, der Schülerlotse sei ein Beliehener[23]. Nach herkömmlicher Definition ist die Beleihung die Wahrnehmung einer staatlichen Aufgabe im eigenen Namen durch ein

---

[20] *Heckel*, Rechtsstellung These 14 S. 58.

[21] *Wolff*, II § 105 I S. 395; *Münch*, Öffentlicher Dienst S. 23 ff.; *O. Mayer*, Verwaltungsrecht S. 258, 293; BVerfGE 18, 184.

[22] *Wagner*, RWS 61, S. 362.

[23] *Wolff*, II S. 388; *Müller*, RiA 70, 22; *Soergel - Glaser*, § 839 Anm. 75; *Steiner*, JuS 69, 71 und DÖV 70, 528 f.; wohl *Perschel*, Schülermitverwaltung S. 44. Auch *Martens*, sieht die Tätigkeit des Schülerlotsen nur von dieser Warte aus. *Zuleeg* (DÖV 70, 628 ff.) geht in sich widerspruchsvoll davon aus, daß der Lotse Erfüllungsgehilfe der Schule und gleichzeitig Beliehener ist. Für Verwaltungshilfe: *Bender*, Staatshaftungsrecht S. 110 f.; *Ossenbühl*, Verwaltungsaufgaben S. 197 f.

mit öffentlicher Gewalt ausgestattetes Subjekt des Privatrechts[24] (Notare, Flug- und Schiffskapitäne, Jagdaufseher, Fleischbeschauer).

Voraussetzung für eine Beleihung des Schülerlotsen wäre demnach, daß er eine staatliche Aufgabe erfüllt. Staatliche Aufgaben sind von den öffentlichen Aufgaben scharf zu unterscheiden. Denn zur Wahrnehmung lediglich öffentlicher Aufgaben dürfen nach gelegentlich vertretener Auffassung keine Hoheitsbefugnisse übertragen werden[25].

Zur Abgrenzung öffentlicher und staatlicher Aufgaben wurden in den vergangenen Jahren in der Literatur kontroverse Ansichten vertreten. Gemeinsam ist ihnen lediglich die Erkenntnis, daß Staat und Gesellschaft etwas Verschiedenes sind[26]. Die Grenzziehung bleibt jedoch schwierig, weil es viele private Einrichtungen gibt, die Gefahren für die öffentliche Sicherheit und Ordnung aus eigenem Antrieb bekämpfen oder Interessen bestimmter Gruppen gegenüber dem Staat vertreten[27].

Daher stellt sich die Frage nach den *Kriterien der Staatsaufgabe*. Eine abschließende staatliche Aufgabenlehre fehlt. Das führt man vor allem auf die im öffentlichen Recht allenthalben anzutreffende Verlegenheit zurück, den Begriff der Staatsfunktion unabhängig von der Zuordnung zu einem öffentlichen Rechtsträger zu bestimmen[28]. Als Beispiel hierfür läßt sich eine Untersuchung von Peters zitieren. Er sieht den Anknüpfungspunkt für das Vorliegen einer Staatsaufgabe in der Erledigung einer Tätigkeit durch staatliche Behörden oder Organe der mittelbaren Staatsverwaltung[29]. Er will die Staatlichkeit der Aufgabe mit dem Träger verbinden und von ihm abhängig machen. Dieser Argumentation kann man, wie Michaelis im einzelnen nachgewiesen hat, nicht beipflichten[30]. Denn ein Schluß von der Natur des Trägers auf die Natur der Aufgabe führt nicht weiter, weil jede juristische Person des öffentlichen Rechts auch in privatrechtlichen Formen handeln, der Staat sowohl als Hoheitsträger wie als Fiskus im Rechtsverkehr auftreten kann, ohne daß diese doppelfunktionelle Stellung eine doppelte Zuordnung des Rechtssubjekts selbst bewirkt[31].

Bei der Festlegung der Staatsaufgaben wird neben dem Träger auch die rechtliche Verfügungsmacht herangezogen[32]. Michaelis schreibt dem

---

[24] *Wolff*, II S. 387 f., *Steiner*, JuS 69, 70.

[25] *Michaelis*, der Beliehene S. 28 ff.; *Leisner*, AöR 93, 162 ff.; *Steiner*, DÖV 70, 526 ff.

[26] Vgl. *Köttgen*, Amt S. 121 Anm. 5; *Peters*, Staatliche Aufgaben S. 877 ff.

[27] *Drews - Wacke*, Allgemeines Polizeirecht S. 490. Vgl. auch *Ossenbühl*, Verwaltungsaufgaben S. 197.

[28] *Steiner*, DÖV 70, 528.

[29] *Peters*, Staatliche Aufgaben S. 877.

[30] *Michaelis*, Der Beliehene S. 16 ff., 24 ff.

[31] *Michaelis*, Der Beliehene S. 19; ebenso *Steiner*, DÖV 70, 528.

[32] *Michaelis*, Der Beliehene S. 21 ff.; *Klein*, DÖV 65, 758 will als Abgren-

Staat zwei große Aufgabenbereiche zu, die nach dem jeweils zu ihrer Erfüllung notwendigen rechtlichen Können bestimmt werden. Das staatliche Können ist dem privatrechtlichen Können insoweit überlegen, als der Staat über eine hoheitliche Rechtsmacht verfügt[33]. Eine Aufgabe ist nach Michaelis dann staatlich, wenn der Staat von seiner hoheitlichen Verfügungsmacht Gebrauch macht. Zur Erledigung von Staatsaufgaben dürfen Hoheitsaufgaben auch auf Private übertragen werden[34].

Diese Auffassung wird jedoch durch die neuere Literatur[35] und die Rechtsprechung des Bundesgerichtshofes korrigiert[36]. Danach dürfen Privatpersonen öffentlich-rechtliche Befugnisse zur Erledigung ihrer Verwaltungstätigkeiten zugewiesen werden. Sie sind zwar wichtige Indikatoren der Beleihung, aber für die Stellung Privater als Träger öffentlicher Verwaltung begrifflich nicht notwendig. Auch der Beliehene kann in Erfüllung der ihm übertragenen Verwaltungsaufgaben privatrechtlich handeln[37]. Es darf hier nichts anderes gelten als wenn die öffentliche Hand verwaltet[38]. Vielmehr ist zu Recht allein entscheidend, ob eine Sonderrechtsbeziehung zum Staat besteht, aufgrund der eine Privatperson ihre Verwaltungslegitimation ableitet. Somit scheidet die hoheitliche Verfügungsmacht zur Bestimmung der Staatsaufgaben aus.

Martens will die Delegation staatlicher Hoheitsbefugnisse auf Private zur Übertragung staatlicher Aufgaben und zur Wahrnehmung nichtstaatlicher Aufgaben erlauben[39]. Im Gegensatz zu Michaelis soll die Verleihung hoheitlicher Kompetenzen nicht von der Staatlichkeit der Aufgabe abhängen. Zwar ließe sich diese Argumentation auf den Wortlaut des Art. 30 GG stützen, der die Ausübung staatlicher Befugnisse und die Erfüllung staatlicher Aufgaben gesondert aufführt. Jedoch ergibt sich bereits aus dem Wesen der Delegation, daß nur Befugnisse zur Erledigung solcher Aufgaben abgetreten werden können, für die der Staat selbst zuständig ist. Der Staat ist jedoch selbst nur zur Erfüllung staatlicher Aufgaben befugt. Nichtstaatliche Aufgaben fallen nicht in seinen Kompetenzbereich und sind daher einer Delegation auf Private nicht fähig.

---

zungsmerkmal auch die Kompetenznorm des Art. 30 GG verwenden. Das ist aber abwegig, weil aus der Zuständigkeitsregelung dieser Vorschrift nicht die inhaltliche Bestimmung der Staatsaufgabe folgt.

[33] *Michaelis*, Der Beliehene S. 24 f.

[34] *Michaelis*, Der Beliehene S. 28 ff., 34 ff.

[35] *Steiner*, DÖV 70, 529 f.

[36] BGH MDR 70, 214 f.

[37] BGH MDR 70, 214 f.

[38] *Steiner*, DÖV 70, 529 f. unter Abweichung von seinem Aufsatz in JuS 69, 71.

[39] *Martens*, Öffentlich S. 133.

Ein anderes Ergebnis würde die weitgehende Verstaatlichung privater Tätigkeiten ermöglichen[40]. Das wäre ein Verstoß gegen wichtige Grundgesetzbestimmungen (Art. 2 und 12 GG). Die Übertragung staatlicher Hoheitsbefugnisse auf Private ist deshalb an die Erledigung von Staatsaufgaben zu binden[41]. Es sei aber betont, daß diese Regelung nur für *Private* Geltung besitzt, die vor einer allzu starken staatlichen Inanspruchnahme geschützt werden müssen. Dagegen bleibt es dem Staat in Erfüllung der Verfassung unbenommen, Hoheitsbefugnisse zur Wahrnehmung staatlich legitimierter aber nicht ihm zugeordneter Aufgaben auf Anstalten und Körperschaften des öffentlichen Rechts zu delegieren.

Die Auswertung des Schrifttums hat keine befriedigende Festlegung des Begriffs „Staatsaufgabe" gebracht. Die meisten Autoren machen die Staatlichkeit einer Aufgabe von einer Prämisse abhängig, ohne den spezifischen Inhalt der Staatsaufgaben zu bestimmen. Das führt meistenteils statt zu einer Definition zu einer Begriffsersetzung. Wenngleich die staatliche Aufgabenlehre in breiten Grenzzonen ungelöst ist[42], kann man jedoch eine allgemeine Umschreibung der Staatsaufgaben versuchen.

Einigkeit besteht nämlich darüber, daß nicht alles zu den Staatsaufgaben zu rechnen ist, für das der Staat die Verantwortung trägt[43]. Peter Schneider hat das in dem folgenden Satz treffend formuliert: Gewiß geht der Staat alle an, aber nicht alles, was alle angeht, geht den Staat an[44]. Selbst wenn sich der Staat einer Aufgabe annimmt, wird sie damit noch nicht unbedingt zur staatlichen Aufgabe[45]. Vielmehr geht es darum, welche Aufgaben ein bestimmter Staat kraft Verfassung und der sonstigen Rechtssätze zu erfüllen verpflichtet oder ermächtigt ist[46].

Steiner hat über diese allgemein-gegenständliche Beschreibung hinaus einige Auslegungshilfen herausgearbeitet[46]. Sie dienen zur Negativabgrenzung, weil es an einer staatlichen Aufgabe fehlen soll, wenn sie vorliegen. Er will die einzelnen Vorgänge zuerst an den Funktionsgarantien und Funktionsvermutungen des Grundgesetzes (insbesondere Art. 2 und 12 GG) messen. Hilfsweise sollen Interesse und Zweckbestimmung einer Tätigkeit herangezogen werden. Diese Abgrenzung ist freilich unzureichend, weil sie den weiten Komplex der öffentlichen

---

[40] *Steiner*, DÖV 70, 528.

[41] *Peters*, Staatliche Aufgaben S. 877 ff.; *Michaelis*, S. 28 ff.

[42] *Ossenbühl*, Verwaltungsaufgaben S. 197.

[43] *Steiner*, JuS 69, 71; derselbe DÖV 70, 529.

[44] *P. Schneider*, Pressefreiheit und Staatssicherheit S. 93.

[45] *Martens*, Öffentlich S. 117 f.

[46] *Steiner*, DÖV 70, 528 ff.

Aufgaben nicht vollständig würdigt. Es ist somit ergänzend notwendig, auf den Begriff der *öffentlichen Aufgabe* zurückzugreifen. Die öffentlichen Aufgaben werden grundsätzlich dahin umschrieben, daß das Allgemeinwohl ihre Erledigung fordert. Gleichzeitig sollen sie aber keine rechtliche Kategorie sein, die für sich allein Rechtsfolgen trägt[47]. Zwar versteht man unter dem Ausdruck öffentlich auch alles, was allgemein zugänglich ist[48].

Hier interessiert aber vor allem die erste Begriffsbestimmung. Das Merkmal „im Allgemeinwohl liegend" ist kein exaktes Kriterium für die Zuständigkeit des Staates, weil sich jeder auf das Gemeinwohl beruft. Auch Büchereien dienen dem Gemeinwohl, sind aber nicht unbedingt staatlich organisiert. Aus der Gemeinwohlaufgabe der Bücherei kann man vor allem keine hoheitlichen Befugnisse ableiten. Das wird besonders an der öffentlichen Aufgabe der Presse und der Gewerkschaften deutlich, deren Funktionen nicht verstaatlicht werden dürfen.

Danach steht fest, daß die Schulwegsicherung eine *öffentliche Aufgabe* ist. Denn ihre Durchführung dient dem Gemeinwohl und liegt im öffentlichen Interesse. Als staatliche Aufgabe läßt sich der Schülerlotsendienst nur qualifizieren, wenn er in den Zuständigkeitsbereich des Staates fällt und der Staat diese Aufgabe an sich gezogen hat. Hierbei ist zu berücksichtigen, daß der Schülerlotsendienst an öffentlichen Schulen eine Schulveranstaltung und damit Teil der Schule ist (vgl. oben § 4). Der Schülerlotsendienst ist folglich nicht anders zu bewerten, als alle sonstigen Schulveranstaltungen, für welche die Schule die Verantwortung besitzt. Der Schulbetrieb an öffentlichen Schulen ist von der historischen Entwicklung her eine Veranstaltung des Staates[49]. Daran hat sich unter der Geltung des Grundgesetzes nichts geändert, weil nach Art. 7 GG das gesamte Schulwesen unter der Aufsicht — und nicht nur unter der Rechtsaufsicht — des Staates steht[50]. Nach den Schulverwaltungsgesetzen der Länder sind die Schulen, die vom Land oder gemeinsam mit dem Land getragen werden, den Staatsaufgaben zuzuordnen[51]. Infolgedessen ist die Schulwegsicherung an öffentlichen Schulen eine *staatlich legitimierte Aufgabe*.

[47] *Michaelis*, Der Beliehene S. 27 f.; *Martens*, Öffentlich S. 117 f.; *Peters*, Staatliche Aufgaben S. 878.

[48] *P. Schneider*, Pressefreiheit und Staatssicherheit S. 89.

[49] Vgl. Preußisches Allgemeines Landrecht 1794 Teil II Titel 12 § 1: „Schulen und Universitäten sind Veranstaltungen des Staates".

[50] *Maunz - Dürig - Herzog*, Art. 7 GG Rdn. 17 ff.; *Sellschopp*, RdJ 70, 52; *Krüger*, Allgemeine Staatslehre S. 128; *Mangoldt - Klein*, S. 281 ff.; *Peters*, Grundrechte S. 411; *Peters*, Staatliche Aufgaben S. 893; BVerwG DVBl. 58, 99 und 283; OVG Nürnberg OVGE 9, 436; OVG Münster OVGE 10, 117.

[51] Vgl. § 6 BW SchVOG.

2. Die hoheitliche Betätigung des Schülerlotsen

Die Beleihung setzt aber nicht nur eine Staatsaufgabe voraus. Sie verlangt, daß diese Aufgabe hoheitlich erfüllt wird. Der Schülerlotse ist also dann Teil der öffentlichen Verwaltung, wenn die Schulwegsicherung öffentlich-rechtlich ausgestaltet ist. Es ist daher zu untersuchen, ob der Lotse ein öffentliches Amt ausübt. Zwar ist der Schulbetrieb generell hoheitlich geregelt, insbesondere dann, wenn die Lehrkräfte die Anstaltsgewalt anwenden. Der Schülerlotsendienst ist — wie dargelegt wurde — auch eine schulische Angelegenheit und gehört damit in die Zuständigkeit der Schule. Hieraus kann man aber ohne sorgfältige Exegese der Vorschriften über die Schulwegsicherung nicht folgern, daß der Schülerlotsendienst ebenfalls hoheitlich durchgeführt wird. Es gibt beispielsweise öffentlich-rechtliche Anstalten und Körperschaften, die privatrechtliche Aufgaben erledigen.

Außerdem kann der Staat gelegentlich bei der Wahrnehmung staatlicher Aufgaben auf die ihm zustehende besondere hoheitliche Verfügungsmacht verzichten und sich privater Handlungsformen bedienen, soweit öffentlich-rechtliche Vorschriften nicht entgegenstehen (Leistungsverwaltung). Sachgerecht ist es darauf abzustellen, ob die Anordnungen der Schülerlotsen von Rechts wegen Wirkungen entfalten, die denen öffentlich-rechtlicher Entscheidungen gleichartig und gleichwertig sind.

Das Oberlandesgericht Köln und das Landgericht Rottweil räumen dem Aufsichtsschüler Hoheitsbefugnisse ein[52]. In der Literatur herrscht Uneinigkeit[53]. Die gegensätzliche Einstufung des Schülerlotsen mag darauf beruhen, daß nur Erlasse und Dienstvorschriften existieren. Eine umfassende Würdigung muß daher ergänzend die bisher geübte Praxis berücksichtigen. Zunächst ist jedoch der Begriff „öffentliches Amt“ in Art. 34 GG zu erläutern, weil die Tätigkeit des Schülerlotsen von

---

[52] Vgl. § 1 Anm. 1 f. hier.

[53] Bejahend: *Wolff*, II S. 388; *Steiner*, JuS 69, 71 Anm. 29; derselbe DÖV 70, 528; *Perschel*, Schülermitverwaltung S. 44 und 49 (nicht ausdrücklich für den Schülerlotsen); *Weber*, JuS 68, 239; derselbe JuS 70, 249 (für den Aufsichtsschüler); Handbuch der Verkehrswacht S. 11; *Staudinger*, §, 839 Anm. 61 S. 485; *Händel*, RdJ 69, 271 ff.; *Zuleeg*, DÖV 70, 627 ff.; *Ossenbühl*, Verwaltungsaufgaben S. 196 ff.; *Wussow*, Informationen XIII 1969; *Ebelt*, NJW 68, 655; *Reuter*, Anregung 61, 306 ff. (nicht ausdrücklich für den Schülerlotsen); *Heckel - Seipp*, Schulrechtskunde S. 430; *Müller*, RiA 70, 22; *Geigel*, S. 482; *Soergel - Glaser*, § 839 Anm. 75. *Bender*, Staatshaftungsrecht S. 110 ff.; *Palandt*, 30. Aufl. 1971 § 839 Anm. 3 b. Einschränkend: *Oppermann*, Kulturverwaltungsrecht S. 266. Ablehnend: *Meister*, JZ 69, 749 ff.; *Boge*, Der Verwaltungshelfer S. 113, 115 f.; *Martens*, NJW 70, 1029 f.; *Drews - Wacke*, Allgemeines Polizeirecht S. 492 ff.; *Weimar*, RiA 67, 104; *Wagner*, RWS 61, 357 ff. (nicht ausdrücklich für den Schülerlotsen); *Scheibe*, Schülermitverantwortung S. 112 f.; *Floegel - Jagusch*, Straßenverkehrsrecht 19. Aufl. § 36 StVO Anm. 5 (S. 300).

Rechtsprechung und Literatur lediglich aus dieser Warte beurteilt wurde.

Das öffentliche Amt in Art. 34 GG ist sinnesgleich mit dem in Art. 131 WRV verwendeten Begriff „öffentliche Gewalt“. Die geänderte Formulierung sollte nur der gefestigten Rechtsprechung des Reichsgerichtes Rechnung tragen[54]. Rechtsprechung[55] und die überwiegende Meinung in der Literatur[56] definieren das öffentliche Amt in Art. 34 GG als jede dienstliche Betätigung eines Amtswalters, die nicht lediglich bürgerlich-rechtliche Belange eines Trägers öffentlicher Verwaltung wahrnimmt. Dazu zählen nicht nur Maßnahmen obrigkeitlicher Gewalt, sondern auch Tätigkeiten, die zur schlichten Hoheitsverwaltung gehören.

Die Frage, ob der Schülerlotse gegenüber seinen Mitschülern öffentlich-rechtlich tätig wird, hängt danach entscheidend davon ab, ob die Schulwegsicherung von Befehl und Zwang charakterisiert ist (Subjektionstheorie) oder ob der Schülerlotse das Sonderrecht der Schule ausübt (neuere Subjektstheorie).

Gegen eine hoheitliche Wahrnehmung des Schülerlotsendienstes trägt die Literatur erhebliche *außerschulische Bedenken* vor. Der Schülerlotse wird als Verkehrsteilnehmer wie jeder andere bezeichnet, der nur wegen seines ehrenamtlichen Hilfsdienstes herausgestellt werde[57]. Er habe kein Recht, polizeiliche Maßnahmen durchzuführen und dürfe insbesondere nicht regelnd in den Verkehr eingreifen[58]. Mit anderen Worten: Der Schülerlotse sei kein Polizeiersatz[59]. Seine Tätigkeit sei nur als Verkehrshilfe aufzufassen. Sie müsse rechtlich wie die Hilfeleistung eines Passanten qualifiziert werden, der eine andere Person über die Straße begleitet[60]. In diesem Zusammenhang stellte das Oberlandesgericht Hamm fest, der Helfer habe gegenüber dem Passanten besondere Pflichten aber keine Rechte. Vielmehr würden nur Grundfunktionen der menschlichen Gesellschaft verwirklicht. Der Staat dulde, fördere und organisiere diese Einrichtungen, er übertrage den Helfern aber keine Hoheitsgewalt zur selbständigen Ausübung[61].

---

[54] *Soergel - Glaser*, Anm. 79 zu § 839.

[55] BGH VerwRspr. 8, 585.

[56] Vgl. *Wolff*, I S. 445; *Maunz*, Staatsrecht S. 287; *Soergel - Glaser*, Anm. 79 zu § 839.

[57] Schülerlotsenbuch S. 10; *Martens*, NJW 70, 1030; Handbuch der Verkehrswacht S. 11.

[58] Schülerlotsenbuch S. 6 und 10; Handbuch der Verkehrswachtarbeit S. 11; *Engelmann*, Polizeipraxis 1959; 109 ff.; *Drews - Wacke*, Allgemeines Polizeirecht S. 492 ff.; *Boge*, Der Verwaltungshelfer S. 113 ff.; *Martens*, NJW 70, 1029 f.

[59] Schülerlotsenbuch S. 6; Handbuch der Verkehrswachtarbeit S. 11.

[60] OLG Hamm VRS Band 12 S. 45.

[61] *Drews - Wacke*, Allgemeines Polizeirecht S. 493 f.

Würde man den Schülerlotsendienst ausschließlich anhand der dargestellten Argumente qualifizieren, dann würde man das hier zugrundeliegende Problem verkennen. Die bisher angeführten Äußerungen stammen durchweg von Autoren, die eine hoheitliche Wahrnehmung des Schülerlotsendienstes verneinen, weil sie den außerschulischen Bereich des Lotsendienstes mit seiner schulischen Seite vermengen[62]. Sie betrachten den Schülerlotsen in erster Linie als befugnislosen Hilfspolizisten und allein in Verbindung mit den übrigen Verkehrsteilnehmern. Die Rechtsstellung, die der Lotse gegenüber den von ihm betreuten Schülern einnimmt — und allein um diese Stellung geht es im vorliegenden Kapitel — bleibt unberücksichtigt. Bei der Tätigkeit des Schülerlotsen ist es aber dringend erforderlich, zwischen dem schulischen und dem außerschulischen Wirkungskreis (vgl. unten § 22 und 24) zu differenzieren. Das wurde oben in § 4 III deutlich, als es darum ging, den Schülerlotsendienst als schulische Veranstaltung zu qualifizieren. An dieser Stelle können also nur die folgenden schulischen Argumente verwendet werden.

Die Schulwegsicherung ist als *schulische Veranstaltung* anerkannt. Notwendiger Bestandteil jeder Schulveranstaltung ist die Aufsichtsführung über die Schüler[63]. Diese Tätigkeit wird an den öffentlichen Schulen gewöhnlich dem hoheitlichen Bereich zugerechnet (vgl. oben § 5). Die hoheitliche Qualifizierung ist auch für die Schülerlotsentätigkeit gerechtfertigt, weil der Schülerlotse befugt ist, den Mitschülern Anweisungen zu erteilen. Die Schüler sind verpflichtet, die Anordnungen zu befolgen, weil nur durch eine strenge Folgepflicht Unfällen wirksam vorgebeugt werden kann. Kommt ein Schüler den Weisungen der Schülerlotsen nicht nach, dann liegt ein Verstoß gegen die Schulordnung vor[64]. Würde diese Folge nicht eintreten, könnte man auf die Mitarbeit von Nichtlehrern verzichten, weil eine Folgepflicht ohne Sanktionsmöglichkeit aus pädagogischen Gründen gegenüber den Schülern wirkungslos wäre. Die Schülerlotsen sind daher gehalten, der Schulleitung oder dem zuständigen Lehrer Zuwiderhandlungen zu melden. Es liegt dann im Ermessen der Schulleitung, bei Verstößen schuldisziplinarische Maßnahmen zu ergreifen, um die Arbeit der Schülerlotsen zu unterstützen.

Die soeben dargestellten, in den einschlägigen Erlassen vorgesehenen Rechtsfolgen wurzeln im öffentlichen Recht. Sie sind für die Schüler, die

---

[62] Das gilt auch für *Zuleeg*, DÖV 70, 627 ff.

[63] Dies wird von *Martens* übersehen vgl. NJW 70, 1029 f.

[64] OLG Köln VersR 68, 677 ff.; OLG Düsseldorf VRS 68, 30 ff.; *Heckel-Seipp*, Schulrechtskunde, 3. Auflage, Musterschulordnung auf S. 398 § 27; vgl. auch § 2 I unter dem Stichwort Ministerialerlasse hier.

vom Schülerlotsendienst betroffen sind, Ausfluß aus dem öffentlichrechtlichen Schulverhältnis.

Zwar besteht bisher keine Benutzungspflicht des Schülerlotsendienstes[65]. Das spricht aber nicht gegen eine hoheitliche Betätigung des Schülerlotsen. Man kann dies am Beispiel des Verkehrspolizisten aufzeigen. Für den einzelnen Fußgänger besteht keine Pflicht, die Straße an einer Stelle zu überqueren, an der ein Polizeibeamter den Verkehr regelt. Will er dies jedoch aus Sicherheitsgründen tun, hat er die Weisungen des Polizeibeamten zu befolgen. Ähnlich verhält es sich mit dem Schülerlotsendienst. Sobald die Schulkinder die Straße am Schülerlotsenübergang passieren wollen, die Lehrkräfte halten sie dazu regelmäßig an[66], haben sie die Anordnungen der Lotsen zu beachten.

Man kann den Schülerlotsendienst auch als *Teil der schulischen Bildungsarbeit* qualifizieren, indem man seine Durchführung als praktische Verwirklichung des theoretischen Verkehrsunterrichts ansieht. Denn der Schülerlotsendienst ist Bestandteil der praktischen Verkehrserziehung[67], die als Unterrichtstätigkeit stets hoheitlich erfüllt wird. Diese Interpretation ist vor allem angemessen, wenn die Lotsen für Schulveranstaltungen außerhalb des Schulgebäudes und bei Unterrichtswanderungen eingesetzt werden[68].

Das OLG Köln mißt der Dienstleistung des Schülerlotsen vor allem *fürsorglichen Charakter* bei[69]. Zu Recht wird festgestellt, daß die Ausübung eines öffentlichen Amtes nicht nur bei Einsatz obrigkeitlicher Zwangsmittel (Folgepflicht und schuldisziplinarische Maßnahmen), sondern auch bei schlicht hoheitlicher Verwaltung vorliegt. Soweit kann der Ansicht des OLG Köln gefolgt werden. Dagegen ist es unhaltbar, wenn das Gericht den Schülerlotsendienst gleichzeitig als Hoheitsverwaltung und als nur soziale oder gesellschaftliche Verwaltungstätigkeit qualifiziert, die unmittelbar für den Staat erfolgt oder nur von ihm zugelassen und gefördert wird.

Wie bereits dargelegt wurde, darf man von einer gesellschaftlichen oder öffentlichen Aufgabe nicht schon auf ihre öffentlichrechtliche Erledigung schließen. Nicht alles, was von öffentlichem Interesse ist, ist mit hoheitlicher Erfüllung gleichzusetzen.

Zur Begründung einer hoheitlichen Fürsorgetätigkeit des Schülerlotsen hätte es der allgemeingehaltenen nichtssagenden Formulierung nicht bedurft. Das Gericht hätte sich nur vor Augen führen müssen, daß

---

[65] OLG Köln NJW 68, 655 f.

[66] OLG Köln NJW 68, 655 f.

[67] Handbuch der Verkehrswacht S. 11.

[68] Handbuch der Verkehrswacht S. 16.

[69] OLG Köln NJW 68, 655 ff.

die Schule mit der Einrichtung der Schulwegsicherung einen Beitrag im Rahmen der Schulfürsorge leistet. Maßnahmen zum Schutz und zur Förderung der Schulkinder, vor allem die Unfallverhütung, sind aber seit jeher Angelegenheiten, die mit dem Schulbetrieb zusammenhängen und aus ihm folgen[70]. Da die öffentliche Schule bei der Ausübung von Fürsorgeaufgaben stets schlicht-hoheitlich handelt, übt auch der Schülerlotse ein hoheitliches — und nicht lediglich ein gesellschaftliches Fürsorgeamt aus.

Dagegen läßt sich aus dem *Argument der Zumutbarkeit*[71] eine öffentlich-rechtliche Betätigung des Schülerlotsen nicht rechtfertigen. Zwar ist dem OLG Köln beizupflichten, daß es für den Lotsen völlig unzumutbar ist, sich eine so weitgehende Haftung aufzubürden, wie sie die Schulwegsicherung mit sich bringt. Dies müßte — wie zu Recht festgestellt wird — bei Bekanntwerden in der Öffentlichkeit zum unmittelbaren Zusammenbruch dieses Hilfsdienstes führen. Andererseits kann es aber nicht angehen, öffentliche Ämter mit Hilfe von Zumutbarkeitsargumenten zu schaffen. Das würde zu einer allgemeinen Begriffsverwirrung führen und die Rechtsunsicherheit bei der Anwendung des Art. 34 GG vergrößern. Außerdem ließe sich nicht vermeiden, daß das Amtshaftungsrecht ungerechtfertigt ausgedehnt wird. Der Begriff des öffentliches Amtes in Art. 34 GG ist aber seinem Schutzzweck entsprechend nicht manipulierbar oder disponierbar[72].

Für den Schülerlotsen wäre die Zumutbarkeitslösung schon deshalb unangemessen, weil sie den Schülerlotsen an Privatschulen willkürlich benachteiligen würde. Es steht fest, daß die Schulwegsicherung an der Privatschule nicht öffentlich-rechtlich wahrgenommen wird, weil die Privatschule ihren Schülern grundsätzlich privatrechtlich gegenübertritt. Es ist daher nicht einzusehen, warum die Rechtsprechung die Schülerlotsen an öffentlichen Schulen mit Hilfe solcher vager Formulierungen und Begründungen bevorzugen will.

Martens verneint ein hoheitliches Handeln der Schülerlotsen, weil eine *Haftpflichtversicherung* besteht[73]. Der Abschluß dieser Versicherung wäre seiner Ansicht nach nicht erforderlich, wenn der Schülerlotse hoheitliche Gewalt ausüben würde. Dann müßte nämlich der Staat für sein Fehlverhalten einstehen. Auch dieser Interpretation kann nicht gefolgt werden. Die Haftpflichtversicherung wurde bislang nur deshalb für die Lotsen abgeschlossen, weil noch keine Rechtsprechung zu die-

---

[70] *Heckel - Seipp*, Schulrechtskunde S. 367 ff.

[71] OLG Köln NJW 68, 655 ff.

[72] *Steiner*, DÖV 70, 528 f.

[73] *Martens*, NJW 70, 1029 f.

sem Problemkreis vorlag[74]. Der Schulträger und die Verkehrswacht kamen daher nur ihrer Fürsorgepflicht nach, wenn sie den Schülerlotsen gegen Ansprüche Dritter absicherten.

Hieraus kann man aber nicht zwingend folgern, der Schülerlotse werde nicht hoheitlich tätig. Das zeigt ein Vergleich mit § 16 Abs. 4 des baden-württembergischen Feuerwehrgesetzes. Nach dieser Vorschrift sollen die Helfer der Freiwilligen Feuerwehr gegen Haftpflicht versichert sein. Es besteht aber kein Grund zur Annahme, die Freiwillige Feuerwehr handle deshalb bei Ausübung ihres Dienstes privatrechtlich. Für die Feuerwehrhelfer soll eine Haftpflichtversicherung abgeschlossen werden, *obwohl* sie hoheitliche Gewalt wahrnehmen[75]. Somit darf diese Kannvorschrift nicht zum Nachteil des Schülerlotsen dahin ausgelegt werden, er versehe kein öffentliches Amt, weil er haftpflichtversichert ist. Man muß stattdessen annehmen, daß sich die Verkehrswachten und die Schulträger über die Rechtslage bei den Schülerlotsen unsicher waren und daher aus Vorsichtsgründen Versicherungen abgeschlossen haben. Aus dieser Maßnahme kann man aber keinesfalls folgern, der Schülerlotse handle nur privatrechtlich. Andererseits ist eine hoheitliche Betätigung des Schülerlotsen nicht deshalb zwingend, weil Haftpflichtforderungen oder Beschwerden nur bei der *Schule* anzubringen sind[76]. Dieser Hinweis ist mehrdeutig. Man kann die Schule einmal als Koordinationsstelle für sämtliche Schadensmeldungen verstehen. Zum anderen kann man sie als einzigen Anspruchsverpflichteten ansehen.

Die Untersuchung hat gezeigt, daß der Schülerlotse Hoheitsträger ist, weil seine Maßnahmen denen des Lehrers gleichartig und gleichwertig sind. Dagegen ändert sich die Rechtsnatur der Aufgaben nicht, wenn diese Tätigkeit des Lehrers von einer anderen Person erledigt wird, die der Lehrer einschaltet. Es ist für die rechtliche Beurteilung der Schulwegsicherung unerheblich, ob der Lehrer persönlich handelt oder ob er die Hilfe eines Schülers in Anspruch nimmt. Denn das Schulverhältnis ist öffentlich-rechtlich geregelt und die Maßnahmen wirken sich in beiden Fällen gegenüber den Schülern hoheitlich aus.

Wenn der Staat für das hoheitliche Handeln seiner Organe einstehen und sich deren Verhalten zurechnen lassen muß, hat dies auch zu geschehen, wenn sich dieses Organ eines Dritten bedient[77]. Eine andere Meinung vertritt das Oberlandesgericht Nürnberg. Es nimmt bei der Einschaltung Privater in Verwaltungsangelegenheiten nur eine *mittel-*

---

[74] Vgl. *Ebelt*, NJW 68, 655 ff.
[75] BGH NJW 56, 1633.
[76] Schülerlotsenbuch S. 23.
[77] *Hust*, Die Polizei 68, 45 f.; *Medicus*, JZ 67, 63 ff.; *Bettermann*, DVBl. 1971, 116 f.; anderer Meinung ist *Ender*, S. 42.

bare hoheitliche Tätigkeit an, und verneint damit ein hoheitliches Handeln des Eingeschaltenen[78].

Wegen der zulässigen Einwirkungsmöglichkeiten des Schülerlotsen gegenüber den Mitschülern ist es aber abzulehenen, seine Tätigkeit nur als mittelbare Ausübung hoheitlicher Gewalt zu qualifizieren. Der Eingeschaltete verfügt nämlich über unmittelbar hoheitliche Eingriffsmöglichkeiten gegenüber dem Gewaltunterworfenen. Deshalb würde eine andere Beurteilung den einheitlichen Lebensvorgang aufspalten und die Auswirkungen der Hoheitsgewalt gegenüber dem Betroffenen unterbewerten. Das wird von der übrigen Rechtsprechung berücksichtigt. Deshalb wurde zu Recht entschieden, daß ein Geistlicher, der an einer öffentlichen Schule Religionsunterricht erteilt, hoheitlich handelt[79]. Wenn ein Lehrer einen Tankwart heranzieht, damit er die Funktionsweise eines Motors erläutert, dann üben Tankwart und Lehrer ein öffentliches Amt aus[80]. Es wäre inkonsequent, würde man die Tätigkeit des Tankwarts privatrechtlich qualifizieren, obwohl der Schulbetrieb an den öffentlichen Schulen hoheitlich abgewickelt wird.

Es kommt noch eine haftungsrechtliche Erwägung hinzu. Wenn der Lehrer eine Amtspflichtverletzung begeht, haftet der Dienstherr. Der Überbürdung der Anspruchsverpflichtung auf den Staat liegt das Motiv zugrunde, dem überwiegend leistungsschwachen Amtsträger sozialen Schutz zu gewähren. Es ist nicht gerechtfertigt, dem Lehrer diesen Schutz zuzubilligen, dem beauftragten Schüler aber zu versagen, obwohl er dieselben Aufgaben wahrnimmt. Denn der Amtswalter wird nur geschützt, weil er hoheitliche Gewalt ausübt. Eine derartige Ungleichbehandlung müßte um so unbilliger sein, weil der Schüler in der Regel einem Ansinnen des Lehrers, einen Teil seiner Aufgaben zu übernehmen, nicht entgegentreten wird[81].

Eine ganz andere Frage ist es, ob eine hoheitliche Amtsausübung des Schülerlotsen deshalb entfällt, weil er nur *unselbständige Hilfsdienste* untergeordneter Natur leistet: also Werkzeug des Lehrers ist[82]. In diesem Fall bedient sich ein Amtsträger bei der Ausübung der ihm anvertrauten Gewalt eines Gehilfen, der nicht hoheitlich handelt[83]. Das gilt vor allem bei rein mechanischer Schreibarbeit auf einer Kanzlei und

---

[78] OLG Nürnberg JZ 67, 61 ff. Dagegen bejaht *Bender*, Staatshaftungsrecht S. 111 öffentlich-rechtliches Handeln bei mittelbarer Ausübung hoheitlicher Tätigkeit.

[79] BGHZ 34, 20.

[80] OLG Celle Urteil vom 3. 6. 1964, abgedruckt in: Schulrecht VI F III.

[81] LG Rottweil NJW 70, 475 ff.

[82] BGH MDR 61, 209; *Palandt*, § 839 Rdn. 2 c aa. Eine untergeordnete Tätigkeit des Schülerlotsen bejaht *Martens*, NJW 70, 1029 f.

[83] *Soergel - Glaser*, § 839 Anm. 44; *Geigel*, Kapitel 20 Rdn. 12.

bei bloßem Abschreiben und Einordnen von Schriftstücken. Zwar ist auch der Schülerlotse nur Gehilfe des Lehrers. Er versieht aber keine untergeordnete Tätigkeit. Sein Dienst ist ebenso zu bewerten wie die Aufsichts- und Fürsorgetätigkeit des Lehrers. Zwar könnte man argumentieren, daß der Lotse wegen seiner Jugend nur unselbständig tätig werde. Das wäre aber unrichtig, weil es allein auf die Qualität der zu erledigenen Aufgaben ankommt. Der Schülerlotsendienst erschöpft sich nicht in einer rein mechanischen Tätigkeit. Man erwartet von dem Lotsen, daß er sich dem Verkehrsfluß anpaßt[84] und ständig neue Entscheidungen trifft. Der Schülerlotsendienst ist eine besonders verantwortungsvolle Aufgabe, weil dem Lotsen die Sorge um die Schulkinder anvertraut ist. Hinzu kommt, daß die Arbeitsweise der Lotsen nur stichprobenweise überprüft wird. Das alles spricht für die selbständige Tätigkeit der Lotsen.

Die Schulwegsicherung bedarf einer *Ermächtigungsgrundlage,* wenn sie hoheitlich erfüllt werden soll. Übt ein Lehrer Aufsichts- oder Fürsorgeaufgaben aus, dann handelt er aufgrund der Schulverwaltungsgesetze, der Schulordnung, der Ministerialerlasse und der Dienstanweisungen. Diese Vorschriften schränken die Rechte der Schüler infolge ihrer besonderen Pflichtenstellung ein, damit der Schulzweck erreicht wird. Ermächtigungsgrundlage für den Schülerlotsendienst sind Erlasse, deren Inhalt für die Schüler bindend ist.

Gegen die Wirksamkeit dieser Schülerlotsenerlasse bestehen allerdings Bedenken, weil sie den Anforderungen des Art. 80 GG (gesetzliche Ermächtigung) nicht entsprechen (vgl. oben § 1 IV 2). Der Gesetzesvorbehalt gilt, wenn die Maßnahmen innerhalb der Schulwegsicherung Rechtssatzqualität besitzen, aber nicht, wenn ihnen lediglich verwaltungsinterne Bedeutung beizumessen ist. Zur Abgrenzung kann man die Begriffe Grund- und Betriebsverhältnis heranziehen[85]. Regelungen, die das Grundverhältnis, also die Begründung, Änderung oder Aufhebung des Schulverhältnisses betreffen, sind Rechtssätze. Diese Grundakte bilden aber die Ausnahme. Dazu gehören: Die Aufnahme in die Schule, Versetzung, Schulausschluß und der Schulabschluß. Es handelt sich also um Akte, die das Außenverhältnis des Schülers rechtlich beeinflussen.

Die Maßnahmen des Schülerlotsendienstes sind nicht zu diesen Akten zu rechnen. Die eben angeführten Beispiele haben gezeigt, daß sie nur wesentliche Positionen betreffen, die das Verhältnis Schüler — Außenwelt grundlegend gestalten. Die Durchführung des Schülerlotsendien-

[84] Schülerlotsenbuch S. 7.

[85] *Ule,* Verwaltungsprozeßrecht S. 124 ff.

stes geschieht im Betriebs- oder Innenverhältnis der Schule, das alle Maßnahmen umfaßt, die sich aus dem Sinn und Zweck des Schulverhältnisses ergeben. In diesem Bereich muß der Schüler einerseits Anordnungen befolgen, damit der Erziehungsauftrag der Schule erfüllt werden kann (Erteilung von Schulaufgaben, Nachsitzen). Andererseits unterfallen dem Betriebsverhältnis auch freiwillige Schulveranstaltungen, die einen inneren Zusammenhang mit der Schule aufweisen (Arbeitsgemeinschaften). Zu der zweiten Gruppe zählt die Schulwegsicherung. Sie gehört nicht wesensnotwendig zum Unterrichts- und Erziehungsauftrag der Schule. Man kann sie dem Schulbereich zuordnen, da der Schule auch ein Stück Verantwortung für den Schulweg obliegt[86]. Die Schulwegsicherung weist keine rechtliche Regelung im Außenverhältnis auf, weil sie nur die Stellung des Schülers im Schulbetrieb betrifft. Das gilt auch, wenn ein Schüler einen Lotsenübergang benutzt und die Weisungen des Lotsen befolgen muß. Hier wird besonders deutlich, daß die Rechtsstellung eines Schülers nicht tangiert ist, weil keine Benutzungspflicht besteht.

Maßnahmen innerhalb des Schulverhältnisses sind also keine Regelungen, die an Art. 80 GG zu messen sind.

3. Handeln des Schülerlotsen im fremden Namen

Dies war die hoheitliche Betätigung des Schülerlotsen. Eine Beleihung des Schülerlotsen setzt weiter voraus, daß er diese Hoheitsaufgabe als Privatrechtsubjekt im eigenen Namen ausübt. Das trifft aber nicht zu. Der Schülerlotse wird ebensowenig in Eigenzuständigkeit tätig wie ein Lehrer, der eine Schulklasse über die Straße führt. In beiden Fällen werden *Fremdzuständigkeiten* wahrgenommen, weil das Verhalten der eingeschalteten Person allgemein der Schule und nicht dem Lehrer oder dem Schülerlotsen zugerechnet wird. Für den Schülerlotsendienst ergibt sich die Kompetenz der Schule bereits aus der Bezeichnung „Schulwegsicherung" und weil diese Veranstaltung als schulische Angelegenheit anerkannt ist. Der Schulträger hat den Lotsendienst eingeführt und organisiert. Die Durchführung dieser Schulveranstaltung gehört zu seinem Verantwortungsbereich[87]. Eine Wahrnehmung hoheitlicher Kompetenzen im *eigenen* Namen käme nur bei eigenen Angelegenheiten der Schüler in Frage. Da der Lotsendienst aber eine Schul- und keine Schülerveranstaltung ist, können die mit seiner Erledigung verbundenen Aufsichts- und Fürsorgeaufgaben nur im Auftrag der Schule ausgeübt werden[88].

---

[86] Vgl. oben § 4 III.

[87] Handbuch der Verkehrswacht S. 13; OLG Köln NJW 68, 656; Schülerlotsenbuch S. 23.

[88] *Perschel*, Schülermitverwaltung S. 44.

Das entscheidende Bedenken gegen die Beleihung einzelner Schüler sieht Zuleeg in der „selbständigen“ Ausübung hoheitlicher Befugnisse[89]. Er verneint eine Beleihung, wenn die beauftragten Schüler unter der Aufsicht des Lehrers stehen und er die Rolle vertauschen kann.

Diese Auffassung ist unzutreffend, weil — wie oben festgestellt wurde — die Weisungsbefugnis des Lehrers nicht zwingend gegen ein selbständiges Handeln des Schülerlotsen spricht. Unter selbständiger Betätigung versteht man, daß sich die Handlungsweise einer Person nicht nur in der Überbringung fremder Willenserklärungen erschöpft, sich also nicht nur auf Botenfunktionen beschränkt. Selbständiges Handeln setzt vielmehr die Abgabe eigener Willensäußerungen voraus, die im eigenen oder fremden Namen abgegeben werden können.

Im Gegensatz zu diesem üblichen Sprachgebrauch versteht Zuleeg unter dem Wort „selbständig“ nur die Möglichkeit, daß der Schülerlotse Rechtsakte aus eigener Verantwortung erläßt. Die Schule soll nur auf Kontrollrechte beschränkt sein[90]. Das ist unrichtig, weil das Merkmal selbständig kein Kriterium zur Abgrenzung der Beleihung von anderen personalrechtlichen Erscheinungsformen des öffentlichen Rechts, sondern für die Übertragung von Hoheitsbefugnissen überhaupt ist. Man darf also selbständiges Handeln und Handeln im eigenen Namen nicht gleichsetzen. Die Abgrenzung gibt entgegen Zuleeg keine Auskunft über die Eigenverantwortlichkeit des Handelns, sondern — wie wir gesehen haben (oben § 7 III 2) — nur darüber, ob jemand als Werkzeug eines Amtsträgers — ohne öffentlich-rechtlichen Status — fungiert oder nicht[91].

Gelegentlich sind sogar Beliehene, also Hoheitsträger die im eigenen Namen handeln, weisungsgebunden[92]. Man wird ihnen aber deshalb nicht das Recht absprechen können, Hoheitsgewalt auszuüben, weil sie ihre Aufgabe unbeschadet davon selbständig erledigen. Auch eine Person, die im fremden Namen handelt und der Weisungsbefugnis einer Behörde unterworfen ist, kann selbständig gegenüber Dritten auftreten. Das gilt für den Schülerlotsen, der eigene Willenserklärungen im Namen der Schule setzt.

Eine Beleihung scheitert auch, weil sie eine *Delegation der Befugnisse* und nicht nur die Erteilung eines Mandats voraussetzt. Eine echte Delegation liegt nur dann vor, wenn die Schule die ihr obliegende Aufsichts- und Fürsorgepflicht auf den Schüler voll übertragen könnte und

---

[89] *Zuleeg*, DÖV 70, 628 ff. Dasselbe trifft auch für *Steiner* (JuS 69, 70) zu.

[90] *Zuleeg*, DÖV 70, 628.

[91] *Triepel*, Delegation S. 140; *Wolff*, II § 76 III S. 92; vgl. auch oben § 7 III 2).

[92] *Wolff*, II § 104 III S. 390 f.

selbst nicht mehr zuständig wäre[93]. Denn Grundgedanke der Beleihung ist es, daß sich der Staat eines Betätigungsrechtes begibt, das an sich ihm vorbehalten ist.

Die Schule kann jedoch ihre Hoheitsrechte nicht ganz an den Sülerlotsen abtreten. Der Schulträger muß aus der Sicht der Letztverantwortung weiterhin für die Schulwegsicherung zuständig bleiben[94]. Der Lehrer darf sich seiner Amtspflichten nicht entledigen, indem er seine Befugnisse auf den Schülerlotsen überträgt. Diese Lösung würde verkennen, daß die Schulwegsicherung eine Veranstaltung der Schule ist. Sie wäre auch aus pädagogischen Gründen unvertretbar. Man darf nicht übersehen, daß der Lotse noch kein fertiger Mensch und vor allem kein perfekter Erzieher oder gar Polizist ist. Diese Berufe verlangen ausgezeichnete Kenntnisse und ein geschärftes, kritisches Urteilsvermögen. Diese Voraussetzungen sind trotz gründlicher Ausbildung bei einem Schülerlotsen regelmäßig nicht vorhanden. Der junge Mensch, der selbst noch in der Entwicklung steht, muß diese Fähigkeiten erst erwerben. Daher ist die Anleitung durch einen Pädagogen erforderlich, um Fehlentwicklungen und Auswüchse zu vermeiden.

Außerdem ergibt eine Zusammenschau der jüngsten Erlasse über die Schülermitverantwortung, daß bei *gefährlichen Veranstaltungen* — hierzu zählt die Tätigkeit im Straßenverkehr — die Aufsichtsführung nicht in die volle Eigenverantwortung der Schüler gelegt werden darf[95]. Schließlich kann dem Schülerlotsen die Befugnis zur Dienstausübung jederzeit entzogen werden. Diese Rechtsfolge ist bei der Beleihung nicht zulässig, weil Rechtssicherheit und Vertrauensschutz der Bürger entgegenstehen. Die Beleihung kann grundsätzlich nur aufgrund eines Gesetzes wiederrufen werden[96]. Selbst eine konservierende Delegation — bei der die delegierende Stelle subsidiär zuständig bleibt — scheidet aus: der Schülerlotse tritt gegenüber den Mitschülern nur als Schulbeauftragter auf. Außerdem will die Schule primär für den Lotsendienst zuständig bleiben.

Die Beleihung eignet sich auch deshalb nicht für die personalrechtliche Einordnung des Schülerlotsen, da dieser Begriff grundsätzlich im Zusammenhang mit der *wirtschaftlichen Tätigkeit* eines Unternehmers

[93] *Wolff*, II § 72 IV S. 23 f.; *Mennacher*, S. 56 und 68; *Triepel*, Delegation S. 94 ff.; *Turegg - Kraus*, Verwaltungsrecht S. 119.

[94] *Scheibe*, Schülermitverantwortung S. 113; *Perschel*, Schülermitverwaltung S. 37; *Meyerhoff - Pünder*, S. 212; *Heckel - Seipp*, Schulrechtskunde S. 430; *Schmitz*, RWS 61, 43 f.; *Friebe*, ZBR 56, 396 ff.; *Hesse* zu § 18 Abs. 3 Nds SchVG S. 139; § 22 BW SchVOG; *Reuter*, Anregung 61, 306 ff.

[95] Vgl. die bei *Hinrichs* abgedruckten Erlasse über die Schülermitverantwortung S. 71, 85, 104, 106, 112, 115, 119.

[96] *Wolff*, II S. 391.

verwendet wird[97]. Der Zusatz Unternehmer und ein Blick in die Praxis zeigen, daß dem Beliehenen regelmäßig zur Berufsausübung Hoheitsgewalt eingeräumt ist[98]. Der Beliehene kann beispielsweise das Recht besitzen, Gebühren zu erheben[99]. Der Lotsendienst hingegen ist kein Beruf, sondern eine ehrenamtliche Tätigkeit. Er wird nur gelegentlich des Schulbesuches ausgeübt und ist nicht auf Entgelt gerichtet.

Der Beliehene besitzt als mittelbarer Träger der Staatsverwaltung das Recht zur *Selbstverwaltung*[100]. Diese Befugnis kann man dem Lotsen nicht einräumen. Sie wäre nur bei der Wahrnehmung eigener Angelegenheiten denkbar. Der Schülerlotsendienst wird jedoch als Teil der Schule von ihr mitverwaltet. Die Dienstvorschriften über den Lotsendienst richten sich nicht an die Schülerlotsen, sondern an die Schulverwaltung. Schadensfälle sind der Schule und nicht den Schülerlotsen zu melden[101].

IV. Die Indienstnahme Privater, Halbbeamter, Konzessionär

Da der Schülerlotse nicht beliehen ist, könnte er ein *Indienstgenommener Privater* sein. Diese Rechtsstellung liegt vor, wenn eine Privatperson unmittelbar aufgrund eines Gesetzesbefehls bei Erfüllung eines genau umrissenen Tatbestandes vorgezeichnete Aufgaben erfüllen muß[102]. Die Qualifizierung des Schülerlotsen als Indienstgenommener scheitert aber, weil der Schülerlotse nicht kraft Gesetzes zu einer bestimmten Tätigkeit verpflichtet ist, sondern den Schülerlotsendienst freiwillig übernimmt. Außerdem werden diesen Privatpersonen, die der Staat in Dienst nimmt, keine Hoheitsrechte eingeräumt. Sie bekleiden nicht den Status eines öffentlich-rechtlichen Rechtsträgers[103].

Ist der Schülerlotse ein sogenannter *„Halbbeamter"*? In Anlehnung an Triepel wird dieser Verwaltungstypus auch als staatlich gebundener Beruf bezeichnet[104]. Kennzeichnend ist, daß natürliche Personen ein Amt führen und Dienstleistungen erbringen, wobei sie in Erfüllung

---

[97] *Huber*, Wirtschaftsverwaltungsrecht Band 1 S. 532; *Müller*, RiA 70, 22; *Mennacher*, S. 3 f.; *Leisner*, AöR 93, 194. Dagegen ignoriert *Forsthoff* die Bezeichnung „beliehener Unternehmer" völlig.

[98] Das machen die bei *Wolff*, II S. 387 f. aufgeführten Beispiele und die bei *Leisner*, AöR 93, 194 genannten Beweggründe für eine Beleihung deutlich.

[99] *Wolff*, II S. 391 f.

[100] *Mennacher*, S. 78; *Huber*, Wirtschaftsverwaltungsrecht Band 1 S. 535 f.

[101] Schülerlotsenbuch S. 23.

[102] *Ipsen*, Indienstnahme S. 141 ff.

[103] *Gause*, Indienstnahme S. 34, 61; ebenso *Martens*, Öffentlich S. 132; einschränkend *Forsthoff*, Verwaltungsrecht S. 173.

[104] *Triepel*, Staatsdienst S. 1 ff., 80 ff.

dieses Amtes einzelnen Bindungen gegenüber dem Staat unterliegen (Vormund, Konkursverwalter und Testamentsvollstrecker). Zwar werden diese Personen öffentlich bestellt und vereidigt. Sie üben jedoch kein öffentliches Amt aus und nehmen keine Hoheitsbefugnisse wahr[105]. Vielmehr wird diese Personengruppe nur gemeinwohlbezogenen Beschränkungen unterworfen, die sich in öffentlichrechtlichen Auflagen auswirken. Da ihr Handeln dem Privatrecht zuzuordnen ist, scheidet diese Institution für den Schülerlotsen aus. Der Schülerlotse ist auch deshalb kein Halbbeamter, weil der Halbbeamte frei und auf eigenes Risiko sowie eigene Chancen tätig wird[106].

Man könnte den Schülerlotsen auch als *Konzessionär* bezeichnen, weil die Konzession berechtigt und verpflichtet, eine Tätigkeit auszuüben, für die sich der Staat ein Verleihungsrecht vorbehalten hat. Die Konzession räumt jedoch keine öffentlich-rechtlichen Kompetenzen und Wahrnehmungszuständigkeiten ein[107]. Sie ist lediglich eine monopoldurchbrechende Gestattung, die zur fallweisen Wiederherstellung der privaten Handlungsfreiheit führt[108]. Da die Konzession somit eine Beteiligung der Verwaltung an Privatangelegenheiten ist[109], kann man sie für die öffentlich-rechtliche Betätigung des Schülerlotsen nicht heranziehen.

V. Der Schülerlotse als Amtshelfer

1. Die herkömmliche Betrachtungsweise

Zusammenfassend sehen wir aus diesen Darlegungen, daß der Schülerlotsendienst eine öffentliche Aufgabe ist. Denn seine Durchführung dient dem öffentlichen Interesse und dem Allgemeinwohl. Die Schulwegsicherung weist auch den Charakter einer staatlichen Aufgabe auf; Sie ist eine Veranstaltung, die unter der Verantwortung der Schule steht. Der Schulbetrieb war schon immer eine Veranstaltung des Staates. Daran hat sich unter der Geltung des Grundgesetzes nichts geändert. Folglich ist die Schulwegsicherung an der öffentlichen Schule eine staatliche Aufgabe. Diese Staatsaufgabe ist auch hoheitlich ausgestaltet. Der Schülerlotse ist aufgrund der Erlasse befugt, den Mitschülern Anweisungen zu erteilen. Die Schüler sind verpflichtet, den Anordnungen Folge zu leisten. Die hoheitliche Wahrnehmung des Schülerlotsendienstes hängt allein davon ab, daß die Maßnahmen der Lotsen de-

---

105 *Wolff*, II § 104 I S. 389.
106 *Dagtoglou*, DÖV 70, 535.
107 *Wolff*, II § 104 I S. 389.
108 *Dagtoglou*, DÖV 70, 535.
109 *Dagtoglou*, DÖV 70, 535.

nen des Lehrers gleichwertig sind. Dagegen ändert sich die Rechtsnatur der Aufgaben nicht, wenn diese Lehrertätigkeit von einer anderen Person erledigt wird. Die Person ist für die rechtliche Beurteilung unbedeutend, weil die Mitschüler in beiden Fällen von den hoheitlichen Maßnahmen betroffen sind. Ermächtigungsgrundlage für das Handeln des Lotsen sind die Erlasse über den Schülerlotsendienst.

Obwohl der Schülerlotse danach an hoheitlichen Verwaltungsaufgaben partizipiert, läßt er sich nicht in herkömmliche Personal- und Organisationsformen einreihen. Die Schulwegsicherung ist keine Aufgabe der Schülermitverantwortung. Denn dieser Institution kommt nur die Funktion einer Interessenvertretung der Schule zu. Die Weisungsgebundenheit nach „oben" und die Stellung als verlängerter Arm des Lehrers entspricht nicht dem Charakter dieser Einrichtung. Die Schülermitverantwortungsvertreter sollen echte Mitverantwortung tragen. Das ist nur bei eigenen Schülerangelegenheiten möglich. Die Vertreter der Schülerschaft müssen daher aus Wahlen der Schüler hervorgehen. Auch ein Vergleich mit anderen Mitwirkungsmodellen (Studentenvertreter, Personalvertreter) zeigt, daß diese Delegierten nur Sprachrohr der Studentenschaft oder Belegschaft und nicht Hilfsorgan der Hochschule oder des Dienstherrn sein sollen.

In seiner Funktion als Schülerlotse kann er auch nicht als Verwaltungsangehöriger dem öffentlichen Dienst zugerechnet werden. Eine Indienstnahme scheidet aus, weil der Lotse zur Erfüllung seiner Tätigkeit nicht kraft Gesetzes verpflichtet ist. Die Rechtsfiguren Halbbeamter, Konzessionär entfallen, weil diese Personen keine hoheitlichen Befugnisse ausüben. Der Schülerlotse ist auch kein Beliehener, weil er nicht im eigenen Namen handelt, sondern seine Funktion als Stellvertreter im Namen der Schule erfüllt. Aus dem Blickwinkel der Letztverantwortung scheidet eine Delegation von Hoheitsbefugnissen aus.

Daher stellt sich die Frage, welches Rechtsinstitut bemüht werden kann, um seine personalrechtliche Stellung herauszukristallisieren.

Merkwürdigerweise gehen die Lehrbücher des Verwaltungsrechtes[110] und andere öffentlich-rechtliche Abhandlungen[111] von der Prämisse aus: Hoheitsgewalt können nur Personen ausüben, die dem öffentlichen Dienst angehören (Beamte, Angestellte, Arbeiter) oder Beliehene sind. An dieser *Zweiteilung* hält auch die Rechtsprechung in großer Eintracht fest. Wie unglücklich sie ist, verdeutlichen die folgenden Beispiele: Martens spricht — mangels anderer Lösungswege — bei dem Schülerlotsen von einer „hinkenden Beleihung"[112]. Steiner erscheint die Instru-

[110] z. B. *Wolff*, II § 104 ff.

[111] Vgl. *Martens*, Öffentlich S. 123 und NJW 70, 1029 f.

[112] *Martens*, NJW 70, 1029 f.

mentierung der Beleihung zugunsten bestimmter erwünschter Rechtsfolgen beinahe als spezifische Anfälligkeit dieser Rechtsfigur[113].

Zwar versucht man neuerdings die Erfüllung von Verwaltungsaufgaben weitergreifend zu sehen. Jedoch gelingt es nicht immer, den Schatten der Beleihung zu überspringen. Das beweist ein Aufsatz Steiners[114]. Er versteht unter der öffentlichen Verwaltung durch Private die Übertragung materiell öffentlicher Verwaltungsaufgaben auf Personen des Privatrechts. Gleichzeitig lenkt er jedoch dieses Rechtsmodell in eingefahrene Bahnen, wenn er die öffentliche Verwaltung durch Private als wichtigsten Anwendungsfall der Beleihung ansieht[115].

Die Übertragung öffentlicher Gewalt auf Private neben der Beleihung wird — soweit ersichtlich — lediglich von Ossenbühl[116], Dagtoglou[117] und Zuleeg[118] anerkannt. Ossenbühl stellt klärend fest, daß die Erfüllung von Verwaltungsaufgaben nicht mit dem sogenannten Beliehenen identisch ist. Daher ordnet er unter diesen technischen Oberbegriff den Verwaltungshelfer ein, der seiner Ansicht nach mit öffentlich-rechtlichen Befugnissen ausgestattet ist. Zu den Thesen Ossenbühls kann jedoch nicht Stellung genommen werden, da er den Verwaltungshelfer als eigenständige organisations- und personalrechtliche Erscheinungsform nicht ausführlich kennzeichnet[119]. Ossenbühl beschränkt sich lediglich auf die Abgrenzung staatlicher und öffentlicher Aufgaben, ohne näher darzulegen, welche Aufgaben in welchen Fällen und aus welchen Gründen von Verwaltungshelfern hoheitlich ausgeführt werden. Die Arbeit erweckt den Eindruck, als ob auch der Beliehene Verwaltungshelfer sei.

Auch Dagtoglou sieht die Beleihung nur als eine Teilaufnahme eines umfassenden Phänomens an, das er unter dem Stichwort „Beteiligung Privater an Verwaltungsaufgaben" zusammenfaßt[120]. Unter diesen Begriff subsumiert er jede in unmittelbaren Dienstleistungen bestehende Mitwirkung staatsorganisatorisch nicht eingegliederter Personen in der hoheitlichen Verwaltungstätigkeit[121]. Leider nimmt Dagtoglou keine Stellung zu der Frage, ob zur Übertragung von Hoheitsgewalt eine selbständige Tätigkeit des Amtswalters erforderlich ist und inwieweit der Amtsträger im fremden oder eigenen Namen handelt. Es ist daher

---

[113] *Steiner*, DÖV 70, 528.
[114] *Steiner*, DÖV 70, 528.
[115] *Steiner*, DÖV 70, 529, 531.
[116] *Ossenbühl*, Verwaltungsaufgaben S. 138 ff., 197.
[117] *Dagtoglou*, DÖV 70, 532 ff.
[118] *Zuleeg*, DÖV 70, 631 ff. und *Bender*, Staatshaftungsrecht S. 110 f.
[119] *Ossenbühl*, Verwaltungsaufgaben S. 195, 138 ff.
[120] *Dagtoglou*, DÖV 70, 532 f.
[121] *Dagtoglou*, DÖV 70, 537.

nicht möglich, aus dieser Untersuchung auf eine bestimmte personalrechtliche Einordnung des Schülerlotsen zu schließen.

Eine konkrete Erörterung des *Verwaltungshelfers* findet sich bei Zuleeg[122]. Er will diesen Verwaltungstypus zur rechtlichen Qualifizierung unselbständiger Hilfstätigkeiten einzelner Schüler heranziehen (Fenster schließen, Tafel reinigen, Landkartenbeschaffung). Der Schülerlotse soll aber kein Verwaltungshelfer sein, weil er eine Sonderstellung einnimmt. Nach Zuleeg sind die Schülerbeauftragungen mit unselbständigen untergeordneten Tätigkeiten vermöge des engen Zusammenhangs mit der Schule öffentlich-rechtlich einzustufen. Eine gesetzliche Ermächtigung soll für diese Hilfstätigkeiten entbehrlich sein[123], obwohl hoheitliche Aufgaben erfüllt werden. Der Verwaltungshelfer wird zwischen die Beleihung und die privatrechtliche Beauftragung des Schülers gestellt.

Zwar führt der Ausgangspunkt Zuleegs weiter, weil der Verwaltungshelfer aus haftungsrechtlichen Erwägungen als Hoheitsträger qualifiziert wird. Es ist jedoch fragwürdig, mit Hilfe dieses Instituts den Anstaltsämtern (vgl. oben § 1 III) zu öffentlich-rechtlichen Befugnissen zu verhelfen. Zuleeg übersieht, daß die Schüler soweit sie im Rahmen des Schulverhältnisses handeln, keine öffentliche Gewalt ausüben, sondern weisungsunterworfene Lernende sind. Der enge Zusammenhang mit der Schule läßt noch nicht den Schluß auf eine hoheitliche Betätigung der Schüler zu. Diese Folgerung wäre nur aus der Sicht der Lehrkräfte gerechtfertigt.

Vor allem ist die Beauftragung mit unselbständigen Diensten nur eine fiskalische Tätigkeit. Das beweist ein Vergleich des Schulverhältnisses mit dem Beamtenverhältnis. Erledigt ein Beamter unselbständige Hilfsdienste, dann werden sie trotz des engen Zusammenhangs mit der Aufgabenstellung des Hoheitsträgers nicht dem öffentlichen Recht zugerechnet[124]. Wenn die unselbständigen Hilfeleistungen aber schon im Beamtenverhältnis — das meistens durch die Ausübung von Hoheitsgewalt gekennzeichnet ist — als fiskalisch bewertet werden, dann muß dies erst recht für die kleinen Schülerverrichtungen zutreffen. Eine andere Beurteilung würde eine sinnvolle Abgrenzung zwischen öffentlichem und privatem Recht vereiteln. Da der Verwaltungshelfer Zuleegs auf unselbständige Dienstleistungen zugeschnitten ist, kann er für den selbständig tätigen Schülerlotsen nicht angewendet werden.

---

[122] *Zuleeg*, DÖV 70, 631 ff.

[123] *Zuleeg*, DÖV 70, 634 ff.; ebenso *Ossenbühl*, Verwaltungsaufgaben S. 198.

[124] Vgl. *Soergel - Glaser*, § 839 Rdn. 44 und 73; *Geigel*, Kapitel 20 Rdn. 12 S. 472.

Boge beschreibt den Verwaltungshelfer als eine Privatperson, die aufgrund eines Gesetzes oder eines pflichtauslösenden Verwaltungsaktes zur Unterstützung eines Verwaltungsorgans herangezogen wird[125]. Ausnahmsweise sollen Verwaltungsaufgaben auch freiwillig wahrgenommen werden können, wobei diese Tätigkeit nicht in Zusammenarbeit mit einem Hoheitsträger erfolgen muß (ADAC, DLRG)[126].

Der Verwaltungshelfer, den Boge beschreibt, paßt aus mehreren Gründen nicht auf den Schülerlotsen. Der Unterschied zum Lotsen liegt darin, daß der Lotse nur freiwillig bestellt werden darf, während der Verwaltungshelfer grundsätzlich durch Gesetz oder pflichtauslösenden Verwaltungsakt zur Unterstützung herangezogen wird[127]. Aber auch soweit der Verwaltungshelfer nach Boge der Verwaltung freiwillig hilft, ist er nicht unbesehen auf den Schülerlotsen übertragbar, weil der Helfer in diesen Fällen unabhängig von einem Träger öffentlicher Verwaltung seinen Dienst wahrnimmt[128]. Der Schülerlotse wird aber nicht unabhängig von der Schule tätig. Er leitet seine Befugnisse von der Schule ab. Der zuständige Verkehrslehrer muß die Lotsen wegen der Letztverantwortung der Schule überwachen. Deshalb kann das von Boge vorgeschlagene Modell für die personalrechtliche Einordnung des Lotsen nicht in Betracht kommen.

2. Die Amtshelferfunktion des Schülerlotsen

Dagegen läßt sich der personal- und organisationsrechtliche Rahmen, in den der Schülerlotse einzufügen ist, anhand der bisher skizzierten Rechtspositionen herausschälen: Wir gehen davon aus, daß der Lotse im fremden Namen auftritt und eine Zuständigkeit der Schule wahrnimmt. Er versieht seinen Dienst selbständig, weil er den Schülern Weisungen erteilen darf und über einen Entscheidungsspielraum verfügt. Sein Rechtsstatus ist durch die freiwillige Amtsausübung geprägt. Denn die Wahrnehmung der Schulwegsicherung kann ihm nicht innerhalb des Schulverhältnisses auferlegt werden. Die Beaufsichtigung der Schüler obliegt üblicherweise den Lehrkräften. Deshalb ist der Lotse nur Helfer des Lehrers bei der Erfüllung seines Amtes, will man nicht den Bildungsauftrag der Schule in Frage stellen. Zur wirkungsvollen Unterstützung der Lehrertätigkeit sollen ihm Hoheitsrechte übertragen werden, die sich aus dem Schulrecht ergeben. Die Letztverantwortung für das Handeln des Schülers liegt bei der Schule. Der Lotse ist weder

---

125 *Boge*, Der Verwaltungshelfer S. 19 ff., 64 ff.

126 *Boge*, Der Verwaltungshelfer S. 113 ff.

127 *Boge*, Der Verwaltungshelfer S. 19 ff., 64 ff.

128 *Boge*, Der Verwaltungshelfer S. 109 ff., 113 ff.

Angehöriger des öffentlichen Dienstes noch Beliehener. Aber wie läßt sich seine Rechtsstellung bestimmen?

Als dritte Möglichkeit bietet sich die Übertragung von Hoheitsgewalt als *Mandat einer Behörde* an. Dem Schülerlotsen werden Hoheitsbefugnisse nur der *Ausübung nach* übertragen. Im Gegensatz zur Beleihung bleibt der ursprüngliche Hoheitsträger bei dieser Konstruktion weiter zuständig. Der Gegenstand der Übertragung bleibt beim Vertretenen, der seine Zuständigkeit nur durch ein mit Vertretungsmacht ausgestattetes Vertretungsorgan ausüben läßt[129]. Da eine rechtliche Zuständigkeitsverschiebung entfällt, spricht Triepel nicht von einer Übertragung, sondern nur von einem Mandat[130]. Das ist korrekt, wenn man unter dem Begriff Übertragung nur eine Abtretung im Sinne des BGB, also die völlige Veränderung einer Zuständigkeit versteht. Man kann jedoch den Übertragungsbegriff extensiv auffassen und darunter auch die Übertragung zur Ausübung begreifen[131]. Unter dieser weiten Interpretation ist auch die Mandatsausübung bei der Übertragung fremder hoheitlicher Zuständigkeit zur Ausübung im fremden Namen zu verstehen.

Diese Konstruktion ist dem Zivilrecht und dem Strafrecht geläufig. In beiden Rechtsbereichen ist es kraft gesetzlicher Normierung oder gewohnheitsrechtlich anerkannt, daß einige dingliche und alle höchstpersönlichen Rechte nicht als solche abgetreten und voll übertragen werden dürfen. Dagegen ist es zulässig, diese Rechte einer anderen Person zur Ausübung zu überlassen, wobei der Rechtsinhaber weiterhin Rechtsträger bleibt. So kann beispielsweise der Nießbrauch nach § 1059 BGB nicht übertragen und weiterveräußert werden. Dagegen erlaubt es das Gesetz, die Ausübung des Nießbrauchs einer anderen Person zu überlassen[132]. Das Züchtigungsrecht ist höchstpersönlicher Natur und daher als ganzes nicht abtretbar. Die Rechtsprechung bejaht hingegen eine Übertragung des Züchtigungsrechtes der Ausübung nach[133]. Die Befugnisse des Ausübenden sind als Minus gegenüber den Befugnissen des Stammrechtsinhabers aufzufassen. Der Erwerber eines Ausübungsrechtes ist nur ermächtigt, im fremden Namen zu handeln. Seine Rechtsstellung steht und fällt mit dem Bestehen und Erlöschen des Hauptrechtes, von dem er seine Ausübungsrechte ableitet[134].

---

129 Eine andere Meinung vertreten: *Zuleeg*, DÖV 70, 627 ff.; *Martens*, NJW 70, 1029 f.

130 *Triepel*, Delegation S. 29 ff., 36 ff.; vgl. auch *Bender*, Staatshaftungsrecht S. 111.

131 Vgl. *Mennacher*, S. 61 im Hinblick auf eine Übertragung von Hoheitsgewalt nach Art. 24 Abs. 1 GG.

132 §§ 1059, 1092 und 1626 BGB.

133 BGHSt 12, 68.

134 *Palandt*, § 1059 Anm. 1 und 2.

Dieses Rechtsmodell ist für den Schülerlotsen angemessen, weil es jene Merkmale erfaßt, die oben zur Kennzeichnung seines Status herausgestellt wurden. Hierfür die Bezeichnung Verwaltungshelfer zu wählen, scheint aber verfehlt zu sein. Dieser Begriff wurde bislang zu vieldeutig gebraucht und zu wenig konkretisiert[135]. Eine einheitliche überzeugende Umschreibung des Verwaltungshelfers fehlt. Bei Berücksichtigung des gegenwärtigen Meinungsstandes *kann* der Schülerlotse Verwaltungshelfer sein, er muß es aber nicht. Unter diesen Umständen ist es erforderlich, den Status des Schülerlotsen nicht unter den weiten Begriff der Verwaltungshilfe zu fassen. Eine angemessene Differenzierung verlangt, den Schülerlotsen als *Amtshelfer* zu qualifizieren. Ausschlaggebend für diese Bezeichnung ist die Tatsache, daß der Lotse seine personalrechtliche Einordnung *nicht abstrakt* von der Verwaltung, sondern *konkret von einem Amt* ableitet. Der Amtshelfer ist gleichsam akzessorisch zum Amtsträger. Nur wenn ein Amt besteht, kann es Amtshelfer geben. Dem Amtsträger erbringt er bei der Erledigung seiner Amtsaufgaben selbständige Hilfeleistungen. Diese Rechtsfigur ist zwischen der Beleihung und dem öffentlichen Dienst einzuordnen.

Eine Einschaltung von Amtshelfern beruht auf dem gleichen Gedanken wie die Einbeziehung der Beliehenen in den staatlichen Personalbereich: Die Initiative geeigneter und interessierter Privatpersonen soll zur Erledigung von Verwaltungsangelegenheiten genutzt werden. Der Staat wäre nicht in der Lage, die Schulwegsicherung durch eigene Bedienstete — seien es Polizeibeamte oder andere Angehörige des öffentlichen Dienstes — auszuführen, weil dafür täglich mindestens 70 000 Amtswalter bereitgestellt werden oder die Lehrer länger Dienst leisten müßten. Der Schülerlotsendienst dient damit der unmittelbaren Entlastung des Staates, der nicht überall durch eigene Behörden helfend zur Stelle sein kann. Daraus muß aber nicht folgen, daß der Lotse neben dem Staat privatrechtlich handelt oder als Beliehener angegliedert ist. Die Schule kann sich vielmehr der Hilfe geeigneter Schüler bedienen, indem sie ihnen Zuständigkeiten zur Ausübung im fremden Namen einräumt. Es wäre ihr nämlich gar nicht gestattet, schulische Aufgaben zur Erledigung im eigenen Namen zu übertragen (vgl. oben § 7 III 3). Der Amtshelfer ermöglicht eine scharfe Zäsur gegenüber der Schülermitverantwortung: Sie kann wieder ihrer ursprünglichen Aufgabe zugeführt werden[135]: Der Schülervertretung. Sobald die Schule als Behörde tätig wird und dem Schüler *Verwaltungsaufgaben* überträgt, wäre der Schüler Amtshelfer. Soweit der Gesetzgeber den Schülern *Mitwirkungsrechte* eingeräumt hat, käme die Schülermitverantwortung zum Zuge.

---

[135] Vgl. oben § 7 V 1.

Neben dem Schülerlotsen gehört auch der Aufsichtsschüler, der Turnhelfer und der Schüler in diese Gruppe, der selbständig einen naturwissenschaftlichen Versuch vorbereitet. Diese Schüler helfen dem Lehrer freiwillig, um ihn zu entlasten. Die gleiche Rechtsstellung ist einem Tankwart einzuräumen, den eine Lehrkraft bittet, die Arbeitsweise eines Motors zu erklären[136]. Sofern wegen der räumlichen Trennung der Grund- und Hauptschulen auch Rentner und Schülereltern Lotsendienste versehen, sind sie gleichfalls als Amtshelfer zu bezeichnen. Amtshelfer sind auch die Aufsichtspersonen, die bei Schulausflügen und Landheimaufenthalten eingesetzt werden, ohne Lehrer zu sein. Ein Beispiel dafür, daß die organschaftliche Funktion des Helfers mit dessen institutioneller Einordnung in den Träger der Verwaltungsaufgabe nicht identisch sein muß.

Der Amtshelfer taucht auch im Wirkungsbereich der Hochschule auf. Zieht ein Universitätsprofessor einen Praktiker hinzu, um den Vorlesungsstoff zu vertiefen (z. B. Staatsanwalt für die Vorlesung Strafprozeßrecht), dann übt diese Person während der überlassenen Vorlesungsstunde die Funktion eines Amtshelfers aus. Auch der studentische Tutor zählt hierher, wenn er kein Angestellter der Hochschule ist.

Im Bereich des Polizeivollzugs ist der Abschleppunternehmer Amtshelfer[137]. Die Polizei beauftragt ihn mit dem Abtransport von KFZ, um behördeneigene Fahrzeuge und Verwaltungsangehörige einzusparen. Der Unternehmer tritt dem polizeipflichtigen KFZ-Besitzer als freiwilliger Helfer der Polizei hoheitlich gegenüber, indem er als verlängerter Arm der Polizeibehörde deren Tätigkeit ausübt. Auch die Regelung des Straßenverkehrs durch einen ausländischen Polizeibeamten anläßlich einer Freundschaftswoche ist als Amtshelfertätigkeit zu bewerten[138]. Außerdem betätigt sich eine Rundfunkanstalt, die bei der Programmgestaltung privatrechtlich handelt, als Amtshelfer, wenn sie Ermittlungsbehörden bei der hoheitlich wahrgenommenen Fahndung hilft[139].

Nach § 187 StPO hat der Untersuchungsrichter den Angeschuldigten im Beisein eines Urkundsbeamten der Geschäftsstelle zu vernehmen. Die Geschäftsstelle des Amtsgerichts ist jedoch nicht Tag und Nacht sowie an Sonn- und Feiertagen besetzt. Da die Vernehmung oft keinen zeitlichen Aufschub duldet (Beweisverlust), darf der Untersuchungs-

---

[136] OLG Celle Urteil vom 3. 6. 1964, Schulrecht VI F III.

[137] *Hust,* Die Polizei 68, 46; *Medicus,* JZ 67, 64, die beide eine öffentlichrechtliche Betätigung des Abschleppunternehmens bejahen. Vgl. auch *Bettermann,* DVBl. 71, 117 und OLG Nürnberg VersR 71, 279.

[138] *Wolff,* II § 73 III S. 36 mit weiteren Beispielen.

[139] OLG München NJW 70, 1745 und *Buri,* NJW 71, 468; anderer Meinung sind OLG Frankfurt NJW 71, 47 und *Schmidt,* NJW 70, 2026.

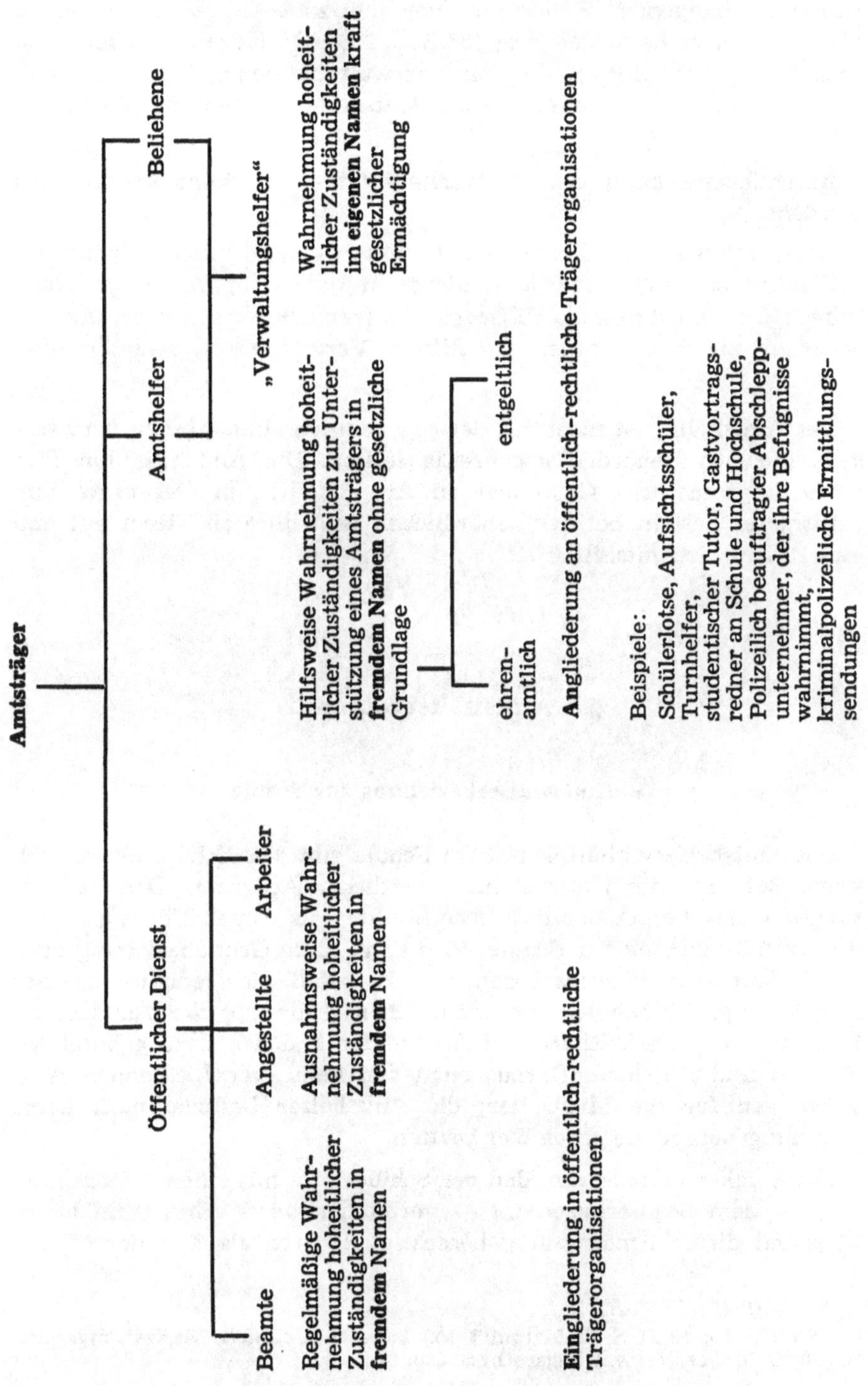
Amtsträger
Öffentlicher Dienst
Amtshelfer
Beliehene
Beamte
Angestellte
Arbeiter
„Verwaltungshelfer“
Regelmäßige Wahrnehmung hoheitlicher Zuständigkeiten in fremdem Namen
Ausnahmsweise Wahrnehmung hoheitlicher Zuständigkeiten in fremdem Namen
Hilfsweise Wahrnehmung hoheitlicher Zuständigkeiten zur Unterstützung eines Amtsträgers in fremdem Namen ohne gesetzliche Grundlage
Wahrnehmung hoheitlicher Zuständigkeiten im eigenen Namen kraft gesetzlicher Ermächtigung
ehrenamtlich
entgeltlich
Eingliederung in öffentlich-rechtliche Trägerorganisationen
Angliederung an öffentlich-rechtliche Trägerorganisationen
Beispiele:
Schülerlotse, Aufsichtsschüler, Turnhelfer, studentischer Tutor, Gastvortragsredner an Schule und Hochschule, Polizeilich beauftragter Abschleppunternehmer, der ihre Befugnisse wahrnimmt, kriminalpolizeiliche Ermittlungssendungen

richter in dringenden Fällen eine von ihm zu beeidigende Person als Protokollführer heranziehen (§ 187 Satz 2 StPO). Ist diese Person nicht organisationsrechtlich in die Justizverwaltung eingegliedert (Passant bei Mordfall), dann handelt sie als Amtshelfer namens der Justizverwaltung.

Abschließend kann der Amtshelfer-Status wie folgt umschrieben werden:

„Amtshelfer ist eine Privatperson, die von einem Amtsträger mit der Wahrnehmung einzelner hoheitlicher Aufgaben auf freiwilliger Basis beauftragt wird und als Hilfsorgan im fremden Namen unter Angliederung an einen Träger öffentlicher Verwaltung selbständig tätig wird."

Der Amtshelfer ist nicht mit der sogenannten *Amtshilfe* zu verwechseln, die sich Behörden gegenseitig leisten. Die Amtshilfe hat ihre verfassungsrechtliche Grundlage in Art. 35 GG. Im Gegensatz zum Amtshelfer besteht bei der behördlichen Amtshilfe ein Recht auf und eine Pflicht zur Amtshilfe[140].

§ 8 Amtswalterverhältnis

I. Amtswalterbeziehung zur Schule

Das Amtshelferverhältnis mit der Schule gibt dem Schülerlotsen noch keine Befugnis zur Wahrnehmung amtlicher Aufgaben. Der Verwaltungsakt und die personalrechtliche Stellung als Amtshelfer regeln nur die Grundbeziehung zur Schule. Man kann diese Grundbeziehung auch als *Außenrechtsverhältnis* bezeichnen. Es befaßt sich lediglich mit der Begründung, Aufhebung und inhaltlichen Änderung der Amtshelferbeziehung zwischen Schule und Amtshelfer und den dazu gehörenden Rechten und Pflichten. Daraus entstehen keine verpflichtenden Auswirkungen für die Mitschüler; die Amtshelfer besitzen noch keine Handlungsbefugnisse gegenüber Dritten.

Es ist daher erforderlich, daß der Schülerlotse mit einem bestimmten Amt — dem Schülerlotsenamt — verbunden wird[1]. Erst dann ist er aufgrund dieser Amtsstellung berechtigt, Dritten als Teil der öffent-

---

[140] *Wolff*, II § 77 VI S. 117 f.

[1] *Wolff*, II § 73 II S. 32 ff. und § 109 I S. 419; *Jellinek*, Verwaltungsrecht S. 360; *O. Mayer*, Verwaltungsrecht S. 258.

lichen Verwaltung gegenüberzutreten. Dieses Rechtsverhältnis, das zum Grundverhältnis hinzutritt, wird Amtswalterverhältnis genannt. Es behandelt regelmäßig nur das *Innenrechtsverhältnis* des Amtsträgers zur Behörde[2].

Grundsätzlich wird das Amtswalterverhältnis durch Wahl, Berufung, Vertretungsauftrag oder durch die Beauftragung einer Zivilperson mit hoheitlichen Hilfsfunktionen begründet[3]. Aus dem Amtswalterverhältnis entstehen für den Schülerlotsen als Amtsträger besondere Amtsrechte und Amtspflichten.

Der Schülerlotse darf nur dann ein Schülerlotsenamt für die Schule wahrnehmen, wenn er überhaupt Träger eines konkreten Amtes sein kann. Das ist jedoch zweifelhaft. Bedenken bestehen, weil es dem Schülerlotsen an der Amtsfähigkeit fehlen und das Schulverhältnis der Ausübung eines Schülerlotsenamtes entgegenstehen könnte.

II. Öffentlich-rechtliches Schulverhältnis

1. Ruhen des Schulverhältnisses

Wir haben oben in § 5 erläutert, daß das Schulverhältnis von der Unterwerfung unter die Anstaltsgewalt gekennzeichnet ist. Eine Kollision zwischen Schüler- und Amtswalterverhältnis ist daher möglich. Denn einerseits ist der Schülerlotse mit allen Rechten und Pflichten Schüler (Tafeldienst) und andererseits soll er konkrete Hoheitsaufgaben ausführen (Aufsichtsführung).

Diese Doppelstellung wäre vereinbar, wenn die Rechte und Pflichten aus dem Schulverhältnis während der Wahrnehmung des Schülerlotsendienstes ruhen würden. Bei der Beurteilung dieser Frage muß man unterscheiden: Einerseits die Rechtsstellung des Schülers, der einen lotsengesicherten Übergang benutzt. Andererseits die Rechtslage des Schülerlotsen selbst.

Der Schüler, der die Vorteile der Schulwegsicherung in Anspruch nimmt, muß sich als Nachteil dafür mit den Verhaltenspflichten aus dem Schulverhältnis abfinden. Da der Schülerlotsendienst eine schulische Veranstaltung ist, hat er die Anordnungen des Lotsen zu befolgen. Der Schülerlotse selbst darf ihm gegenüber Schulgewalt ausüben; das Schulverhältnis wird also konkret verwirklicht. Daher ruhen die Anstaltspflichten für den Lotsendienst-Benutzer nicht.

---

[2] *Ule*, Verwaltungsprozeßrecht 126 f.

[3] *Wolff*, II § 73 II S. 36.

Dagegen übt der Schülerlotse selbst sein Amt nicht aufgrund des Schulverhältnisses aus, weil dieses Rechtsverhältnis — wie wir gesehen haben[4] — den Schülerlotsen nicht berechtigt, seinen Mitschülern Anweisungen zu erteilen. Das ist nur aufgrund eines Amtswalterverhältnisses möglich. Andererseits ist unbestreitbar, daß auch der Schülerlotse in seiner Funktion — sei er Schüler oder nicht — der Schulgewalt unterfällt. Die Schulleitung oder der Lehrer können ihn jederzeit von seinem Dienst abberufen. Diese Rechtsfolge ergibt sich aus der Letztverantwortung der Schule für den Schülerlotsendienst[5] und damit aus der Schulgewalt.

Daß der Schülerlotse seinen Dienst aufgrund eines besonderen Rechtsverhältnisses ausüben kann, sagt aber noch nichts darüber aus, ob er während des Dienstes den Regeln des Schulverhältnisses unterliegt oder ob seine Pflichtenstellung ruht. Gegen eine generelle Pflichtensuspendierung des Schulverhältnisses sprechen pädagogische Gründe. Wie dargelegt wurde, ist Zweck der Einbeziehung der Schüler in die Organisationsformen der Schule auch ein pädagogischer[6]. Der verantwortliche Lehrer muß infolge der Jugend des Schülerlotsen erzieherische Einwirkungsmöglichkeiten haben, die von der eigentlichen Amtshelferbeziehung des Lotsen zur Schule nicht mehr gedeckt wären. Die erzieherische Funktion des Schülerlotsendienstes gilt nicht nur für die Benutzer der Schulwegsicherung, sondern in gleichem Maße für die Lotsen selbst, die ihre Aufgabe mit Umsicht, Sorgfalt und Pünktlichkeit meistern sollen. Es kann gelegentlich angebracht sein, den Übereifer eines Lotsen zu bremsen und pädagogisch auf ihn einzuwirken. Das Schülerlotsenamt darf nicht dazu führen, daß sich diese Schüler jeder schulrechtlichen Ahndung entziehen. Es muß zulässig sein, willkürlich ungerechtfertigtes Fehlverhalten bei der Ausführung des Lotsendienstes mit schulrechtlichen Sanktionen zu ahnden. Somit entfällt ein allgemeines Ruhen der Rechte und Pflichten als Schüler während der Ausübung des Lotsendienstes. Die Rechtsstellung des Schülers wird grundsätzlich nur *erweitert*, soweit nicht Einzelfälle eine andere Beurteilung rechtfertigen.

2. Kollision mit dem Schulverhältnis

Daher stellt sich die Frage nach einer Kollision zwischen Schul- und Amtswalterverhältnis. In der Literatur werden gelegentlich Bedenken gegen eine hoheitliche Amtsausübung einzelner Schüler erhoben. Sie werden mit der Rechtsnatur des Schulverhältnisses begründet. Aus

---

[4] Vgl. oben § 6 II.

[5] *Heckel - Seipp*, Schulrechtskunde S. 236; *Weimar*, RiA 62, 248 ff.

[6] *Oppermann*, Kulturverwaltungsrecht S. 266.

dem Rechtscharakter der Maßnahmen im Schulverhältnis ergebe sich, daß sie nicht von Schülern angeordnet werden könnten[7]. Man gesteht ihnen lediglich zu, sich um die Hausordnung zu kümmern, da dieser Aufgabenkomplex nicht zur hoheitlichen Betätigung der Schule gehört[8]. Die Hausordnung enthält beispielsweise Vorschriften über das Betreten des Schulgrundstücks, die Benutzung der Räume und die Unterbringung der Fahrräder.

Eine Beteiligung der Schüler an konkreten hoheitlichen Ordnungsaufgaben ist entgegen dieser Ansicht nicht völlig ausgeschlossen[9]. Dies ergibt sich bereits aus dem Begriff Schulverhältnis, der eine Einschränkung der allgemeinen Rechtsstellung des Schülers nur soweit erlaubt, als dies durch den Schulauftrag und den Sinn und Zweck der Schule gerechtfertigt ist. Darüber hinaus ist der Schüler gegenüber dem Staat eine Person im allgemeinen Gewaltverhältnis, die für einen Hoheitsträger hoheitlich tätig werden kann. Neuere Erlasse über die Schülermitverantwortung bestätigen diese Auffassung[10]. Sie erlauben es den Schülern trotz des besonderen Gewaltverhältnisses Interessenvertretungsrechte und Lehreraufgaben in beschränktem Umfange wahrzunehmen. Dasselbe gilt für Studenten. Sie können nach Ansicht der Rechtsprechung hoheitliche Funktionen ausüben[11], obwohl sie gleichzeitig in einem besonderen Gewaltverhältnis zum Staat stehen. Auch für die Hochschule ist es typisch, daß sich die Hoheitsgewalt gegen die Studenten auswirkt und nicht von ihnen selbst wahrgenommen wird. Dennoch beschäftigt man an der Hochschule studentische Tutoren, die einerseits Benutzer der Hochschule und andererseits Dienstnehmer derselben Juristischen Person sind[12].

Möglicherweise kommt es aber zu einer Kollision mit der schulischen Anstaltsgewalt, weil die Mitschüler einerseits die Anweisungen der Lehrkräfte und andererseits die Anordnungen der Schülerlotsen befolgen müssen. Dennoch ist eine Konfliktsituation zu verneinen. Die Zuständigkeit des Schülerlotsen ist beschränkt und vom Willen des beauftragenden Lehrers abhängig. Da der Schülerlotse von der Schule und nicht von den Schülern eingesetzt wird, kann der Lehrer jederzeit die Schulwegsicherung selbst übernehmen. Er bleibt auf jeden Fall weiterhin selbst zuständig, wenn er Hilfspersonen hinzuzieht. Sie ist Folge seiner bereits mehrfach erörterten Letztverantwortung. Läßt er

---

[7] *Wagner*, RWS 61, 364; ähnlich *Oppermann*, Kulturverwaltungsrecht S. 266.

[8] *Wagner*, RWS 61, 362.

[9] *Perschel*, Schülermitverwaltung S. 17.

[10] Vgl. oben § 1 III unter dem Stichwort Schülermitverantwortungsämter.

[11] OLG Karlsruhe JZ 1965, 410.

[12] Vgl. § 57 Berliner Hochschullehrergesetz.

einzelne Verrichtungen von Schülern vornehmen, so macht er von seiner bestehenden Zuständigkeit nur keinen Gebrauch.

Das Schulverhältnis kann aber tangiert werden, wenn mit der Ausübung des Schülerlotsendienstes die Schulbesuchspflicht verletzt wird. Der Schülerlotsendienst ist nur funktionsfähig und sinnvoll, wenn die Lotsen bereits vor dem Ende des Unterrichts und der Pausen ihre Stellung beziehen. Sie müssen daher regelmäßig vor dem eigentlichen Schulschluß die Klasse verlassen. An Schulveranstaltungen können sie erst nach Beginn des Unterrichts teilnehmen[13]. Alle Schüler sind aber verpflichtet, den Unterricht pünktlich zu besuchen[14]. Neben der Teilnahmepflicht gibt es als Seitenstück hierzu auch ein Recht des Schülers auf Teilnahme an den Lehrveranstaltungen. Auf dieses Recht kann man freiwillig verzichten. Dagegen sieht unsere Rechtsordnung keinen Verzicht auf die bestehende Schulpflicht vor. Zwar ist ausnahmsweise eine Unterrichtsbefreiung möglich[15]. Diese Lösung scheidet aber für die Schülerlotsen aus, weil sie über einen längeren Zeitraum der Schulbesuchspflicht nicht voll genügen.

Man wird jedoch eine zeitweilige Einschränkung der Schulbesuchspflicht vernünftigerweise zulassen müssen. Es ist zu bedenken, daß die Ehrenamtsausübung zwangsläufig während der Schulzeit erfolgen muß. Der Schulwegsicherung wohnt die Verkürzung der Schulbesuchspflicht notwendig inne, wenn sie von Schülern erfüllt wird. Bei einer Abwägung der Interessen gelangt man zu dem Ergebnis, daß die Vorteile des Schülerlotsendienstes gegenüber den Nachteilen aus einer geringfügigen Verletzung der Schulpflicht überwiegen. Auch die Kultusminister haben mit der Einführung des Schülerlotsendienstes die vorrangige Bedeutung dieses Hilfsdienstes zu erkennen gegeben.

III. Minderjährigkeit des Schülerlotsen

1. Minderjährige als Amtsträger

Schülerlotsen sollen gegenüber Dritten hoheitliche Aufsichts- und Fürsorgefunktionen, also ein öffentliches Amt wahrnehmen. Dagegen ergeben sich wegen ihrer Minderjährigkeit Bedenken. Denn die Rechtsordnung hält sich im allgemeinen in der Gewährung wesentlicher Positionen an Kinder und Jugendliche zurück[16]. Es fragt sich daher,

---

[13] Polizei-Praxis 1953, 106.

[14] *Heckel - Seipp*, Schulrechtskunde S. 377 f.; § 41 BW SchVOG.

[15] *Heckel - Seipp*, Schulrechtskunde S. 377.

[16] *Oppermann*, Bildung S. 524.

ob Minderjährige überhaupt die Fähigkeit besitzen, ein konkretes öffentliches Amt zu bekleiden.

Die Übertragung öffentlicher Ämter ist spezialgesetzlich nicht geregelt. Dagegen sprechen verschiedene Gesetze Minderjährigen die Fähigkeit zur Bekleidung öffentlicher Ämter zu[17]. Die Literatur hat sich bislang zur Zulässigkeit der Übertragung von Hoheitsfunktionen und öffentlichen Ämtern an Minderjährige nicht in besonderen Abhandlungen geäußert. Literatur[18], Gesetzgebung[19] und Rechtsprechung[20] haben sich dagegen ausführlich mit der Wahrnehmung von Hoheitsaufgaben durch Jugendliche im Rahmen des Art. 34 GG befaßt. In diesem Zusammenhang bejahen einige Autoren ohne nähere Begründung die Ausübung öffentlicher Ämter durch Jugendliche. Diese Auffassungen müssen jedoch unberücksichtigt bleiben. Zwar setzt Art. 34 GG voraus, daß der Amtswalter ein öffentliches Amt bekleidet. Es kommt aber nach dieser Vorschrift auf eine zulässige Übertragung der Hoheitsgewalt nicht an, weil der Schutz des Geschädigten im Vordergrund steht (vgl. dazu unten § 11 III 2 c).

Daher ist nach Kriterien zu suchen, die eine allgemeingültige Bestimmung der Fähigkeit, öffentliche Ämter zu bekleiden, erlauben. Im Mittelpunkt der Untersuchung stehen drei Begriffe: Die allgemeine Rechtsfähigkeit, die besondere Rechtsfähigkeit als Amtsfähigkeit und die Amtsmündigkeit.

Die *allgemeine Rechtsfähigkeit* ist die Fähigkeit, überhaupt Träger von Rechten und Pflichten zu sein. Sie ist bei natürlichen Personen nur vom Menschsein abhängig. Als *Amtsfähigkeit* soll dagegen die Fähigkeit bezeichnet werden, Träger von Amtsrechten und Amtspflichten zu sein. Zur Erlangung dieser Rechtsstellung müssen bestimmte Voraussetzungen erfüllt sein. Die *Amtsmündigkeit* ist die Fähigkeit, eine Amtsstellung selbständig, also ohne Zustimmung der Erziehungsberechtigten ausüben zu können.

Anhaltspunkte für die ebengenannten Fähigkeiten finden sich in Art. 33 GG. Gleichzeitig weist diese Vorschrift (Abs. 1—3) Grundrechtscharakter auf. Das ergibt sich aus § 90 BVerfGG, der bei einer Verletzung dieser Rechte die Erhebung der Verfassungsbeschwerde ermög-

---

[17] Vgl. beispielsweise § 10 Wehrpflichtgesetz.

[18] *Heckel - Seipp*, Schulrechtskunde S. 418, 430; *Reuter*, Anregung 1961, 306 f.; *Heckel*, Rechtsstellung These 14 S. 58.

[19] Referentenentwurf des Bundesjustizministeriums zur Änderung und Ergänzung schadensersatzrechtlicher Vorschriften S. 121. Bei der Begründung des Entwurfs hinsichtlich der Schülerlotsen ist insofern ein Irrtum unterlaufen, als Jugendliche nach herkömmlicher Terminologie zwischen 14 und 18 Jahren alt sind, das Mindestalter für Schülerlotsen aber nur 13 Jahre beträgt und sie folglich noch keine Jugendliche sind.

[20] OLG Köln NJW 68, 655; LG Rottweil NJW 70, 475.

licht. Deshalb sind die drei Grundbegriffe zunächst von der *Grundrechtsfähigkeit* und der *Grundrechtsmündigkeit* abzugrenzen. Grundrechte bestehen auch zum Schutz Minderjähriger. Hier ist jedoch noch vieles streitig. Fest steht aber, daß sich die Diskussion um die Geltung der Grundrechte für Minderjährige bisher besonders auf die Freiheitsrechte (Abwehrrechte, Status negativus) bezogen[21] hat. Daneben sind aber auch die positiven und aktiven Statusrechte zu beachten[22]. Wie bereits festgestellt wurde, enthält Art. 33 Abs. 1 bis 3 GG Gleichheitsgebote, die an den Staat gerichtet sind. Absatz zwei ist nach seiner systematischen Stellung, dem Wortlaut und seinem Sinn entsprechend im Gegensatz zu Absatz eins nur eine Ausgestaltung der staatsbürgerlichen Rechte- und Pflichtenstellung. Es bestehen keine Zweifel, daß die Einhaltung des Gleichheitssatzes für den Staat gegenüber *jedem* Minderjährigen verbindlich ist[23]. Artikel 33 GG ist lediglich als Lex specialis zu Artikel 3 GG zu verstehen. Dies zeigt die Formulierung des Art. 33 Abs. 1. Der Verfassungsgeber wollte, daß jeder Deutsche mit der Geburt staatsrechtsfähig ist, das heißt die Fähigkeit besitzt, Träger von staatsbürgerlichen Rechten und Pflichten zu sein. Diese Bestimmung verleiht die allgemeine Rechtsfähigkeit für den staatlichen Bereich.

Man würde jedoch die Bedeutung des Art. 33 verkennen, würde man den Inhalt dieser Bestimmung lediglich als eine Konkretisierung des Gleichheitssatzes auffassen. Daneben ist Art. 33 Grundlage des öffentlichen Ämterwesens überhaupt. Diese Bedeutung erwächst aus dem systematischen Zusammenhang mit Abs. 4 und 5. In Abs. 2 finden sich konkrete Anhaltspunkte über die Voraussetzungen zur Bekleidung öffentlicher Ämter, die auch in § 7 BRRG niedergelegt sind. Füllt man die Norm mit diesem zusätzlichen Inhalt, dann verläßt man die Ebene der Grundrechtsfähigkeit und Grundrechtsmündigkeit. Denn die grundrechtliche Bedeutung des Art. 33 Abs. 1 bis 3 GG beschränkt sich auf das Recht des gleichen Zugangs zu den öffentlichen Ämtern.

Wenn darüber hinaus die Amtsfähigkeit des Minderjährigen offen bleibt, dann ist diese Frage nicht mit dem gleichen Zugang zu den öffentlichen Ämtern gleichzusetzen. Die Amtsfähigkeit setzt vielmehr voraus, daß alle Amtsbewerber gleich behandelt werden. Dazu zählen auch die minderjährigen Bewerber um ein öffentliches Amt. Ihnen darf der gleiche Zugang nicht versperrt werden. Das Problem Amtsfähigkeit wird also erst dann aktuell, wenn der Boden der Gleichheit bereits geebnet ist. Das heißt: Der gleiche Zugang des Minderjährigen zu den öffentlichen Ämtern sagt nichts über die Amtsfähigkeit, sondern

---

[21] *Kuhn*, Grundrechte und Minderjährigkeit S. 1; zusammenfassende Darstellung bei *Fehnemann*, RdJ 67, 281 ff.

[22] *Maunz*, Staatsrecht § 13 II.

[23] *Stein*, Staatsrecht S. 234.

nur über die allgemeine Grundrechtsfähigkeit. Die Amtsfähigkeit fragt dagegen nach den Voraussetzungen, die zu dieser Gleichheit hinzutreten müssen, um ein öffentliches Amt wahrzunehmen. Denn jedes Gesetz, das Bestimmungen über die Verleihung von Ämtern enthält, stellt Mindesterfordernisse auf, die der Bewerber erfüllen muß. Dazu gehört auch die Fähigkeit zur Bekleidung öffentlicher Ämter. Das Problem der Amtsfähigkeit reduziert sich daher auf die Frage nach der allgemeinen und der besonderen Rechtsfähigkeit.

2. Amtsfähigkeit

Für einen Lösungsversuch bieten sich theoretisch zwei Möglichkeiten an: Man kann die Amtsfähigkeit ab der Geburt verleihen *(allgemeine Rechtsfähigkeit)* oder eine gewisse Alters- und Fähigkeitsgrenze als *besondere Rechtsfähigkeit* ansetzen.

Die Rechtsfähigkeit des Menschen beginnt nach § 1 BGB mit der Geburt. Diese Vorschrift findet mangels sondergesetzlicher Bestimmungen auch im öffentlichen Recht Anwendung. Für die Amtsfähigkeit als öffentlich-rechtliche Fähigkeit ist jedoch die spezielle Regelung des Art. 33 GG maßgebend. Sie verleiht die allgemeine Staatsrechtsfähigkeit. Aus diesen beiden Bestimmungen könnte man folgern, daß jede natürliche Person ohne Rücksicht auf ihr Alter aufgrund der allgemeinen Rechts- und Staatsrechtsfähigkeit auch amtsfähig ist.

Die in § 31 StGB normierte und in vielen Gesetzen zitierte[24] Unfähigkeit zur Bekleidung öffentlicher Ämter (Amtsunfähigkeit) steht dieser Aussage nicht entgegen. Sie gibt keine Auskunft über den Beginn, sondern nur über das Ende dieser Fähigkeit. Da aber eine Fähigkeit erst aberkannt werden kann, wenn sie wirksam in einer Person entstanden ist, wäre die Richtigkeit der aufgestellten These an dem Begriff der allgemeinen und der besonderen Rechtsfähigkeit zu messen.

Zweifellos ist der Minderjährige allgemein rechtsfähig. Er ist als Mensch fähig, überhaupt Träger von Rechten und Pflichten zu sein. Die allgemeine Rechtsfähigkeit ist für alle Personen gleich: Sie erlaubt keine Differenzierungen, auch nicht im Alter[25]. Graduelle Unterschiede würden zu einer mit dem Grundgesetz nicht zu vereinbarenden teilweisen Rechtslosigkeit führen.

Mit der Anerkennung der allgemeinen Rechtsfähigkeit ist aber noch nichts über die besondere Rechtsfähigkeit, seine konkrete Stellung in der Gemeinschaft gesagt. Es ist nicht jedem Menschen die gleiche

[24] Zum Beispiel § 6, 10 JGG.

[25] *Soergel - Siebert* vor § 1 Anm. 13; *Maunz - Dürig - Herzog*, Art. 19 GG Rdn. 17 f.; *Fabricius*, Relativität S. 55 f.

Rechtsstellung eingeräumt[26]. Daher verliert die Bestimmung der allgemeinen Rechtsfähigkeit viel von ihrer grundlegenden Bedeutung, wenn man erkennt, daß mit der Feststellung der allgemeinen Rechtsfähigkeit solange nichts gewonnen ist, als nicht auch die besondere Rechtsfähigkeit auf dem in Frage stehenden Rechtsbereich feststeht[27].

Die besondere Rechtsstellung kann im Gegensatz zur allgemeinen Rechtsfähigkeit von bestimmten Voraussetzungen abhängen. Anknüpfungspunkt können ein bestimmtes Alter, ein bestimmtes Geschlecht, die persönliche Reife oder die Nichtverurteilung zu einer Freiheitsstrafe sein. Die zuletztgenannte Differenzierung kann am Beispiel der Amtsunfähigkeit demonstriert werden. Der Verlust der Fähigkeit, öffentliche Ämter zu bekleiden, ist nur ein Verlust der besonderen Rechtsstellung. Das ergibt sich aus dem Wortlaut des § 31 StGB, der den Ausdruck Rechtsstellung gebraucht. Dagegen bleibt der Amtsunfähige weiterhin voll — allgemein — rechtsfähig. Dem verurteilenden Gericht steht nicht die Befugnis zu, dem Angeklagten einen Teil seiner allgemeinen Rechtsfähigkeit zu entziehen[28].

Diese Bedeutung der besonderen Rechtsfähigkeit wird von Maunz - Dürig - Herzog verkannt. Sie gehen zwar davon aus, daß die allgemeine Grundrechtsfähigkeit keine Altersdifferenzierungen erlaube[29]. Gleichzeitig wird jedoch eine Unterscheidung der allgemeinen Rechtsfähigkeit insoweit vorgenommen, als die allgemeine Rechtsfähigkeit bezüglich der Rechte aus Art. 38 GG erst auf das 18. und 21. Lebensjahr gelegt wird.

Das ist unrichtig, weil Art. 38 GG die Rechtsstellung modifiziert und den Status qualifiziert[30], nicht aber die Rechtsfähigkeit als solche variiert. Diese Begründung läßt sich aus einem Vergleich von Art. 33 Abs. 1 und Art. 38 GG ableiten. Nach Art. 33 Abs. 1 GG hat jeder Deutsche die gleichen staatsbürgerlichen Rechte. Er ist staatsrechtsfähig, daß heißt Träger von Staatsrechten und Staatspflichten überhaupt. Dagegen setzt die Wahlberechtigung das Erreichen einer Mindestaltersgrenze voraus. Die Wahlberechtigung ist folglich kein Problem der allgemeinen Rechtsfähigkeit, sondern der Rechtsstellung der einzelnen Person. Die unrichtige Beurteilung beruht auf einer fehlerhaften Vorstellung von der allgemeinen Rechtsfähigkeit. Sie ist nicht, wie Maunz - Dürig - Herzog meinen, eine Rechtseigenschaft des potentiellen Dür-

[26] *Soergel - Siebert* vor § 1 Anm. 13; *Staudinger - Coing,* Vorbemerkung § 1 Rdn. 2.

[27] *Palandt,* S. 9; *Dahm,* S. 412 f.

[28] *Staudinger - Coing,* § 1 Anm. 1; *Soergel - Siebert* vor § 1 Rdn. 13.

[29] *Maunz - Dürig - Herzog,* Art. 19 GG Rdn. 17.

[30] So *Hesse,* S. 119; *Wolff,* I § 32 IV S. 182 ff.; *Dahm,* S. 413.

fens, sondern lediglich eine Frage der Zuordnung schlechthin. Dagegen dürfen im Gegensatz zur ablehnenden Ansicht Altersgrenzen festgelegt werden, wenn es um das potentielle Dürfen geht[31]. Es handelt sich dabei nur noch um die Ausgestaltung der Rechtsstellung des einzelnen, nicht der allgemeinen Rechtsfähigkeit des einzelnen. Daraus ergibt sich, daß der besonderen Rechtsfähigkeit das Merkmal des Handelnkönnens grundsätzlich innewohnt. Aus welchem Grunde würden sonst besondere Alters- und Fähigkeitsanforderungen gestellt werden? Freilich setzt das Handelnkönnen, das die besondere Rechtsfähigkeit fordert, nur ein gewisses natürliches Handlungsvermögen voraus[32]. Unwesentlich bleibt, ob die Person *selbst* handeln darf oder ob sie vertreten werden muß. Diese Differenzierung wird gelegentlich in der Literatur übersehen[33]. Einige Autoren trennen ganz scharf zwischen der Rechtsfähigkeit und der Handlungsfähigkeit, wobei die Handlungsfähigkeit als Fähigkeit gekennzeichnet wird, durch *eigenes* Handeln Rechtswirkungen hervorzurufen. Man leitet daraus ab, daß die besondere Rechtsfähigkeit unbeschadet des Handelnkönnens verliehen werden kann. Stein meint, bei der besonderen (Grund)Rechtsfähigkeit sei entscheidend, ob die Rechtsordnung den *Willen* des Kindes beachte[34].

Das Beispiel der Ehefähigkeit widerlegt diese These. Das Handelnkönnen des Ehefähigen besteht darin, daß er eine Ehe eingehen kann. Dazu ist eine natürliche Ehereife notwendig. Der Gesetzgeber vermutet, daß eine Frau mit der Vollendung des 16. Lebensjahres diese Reife besitzt. Ob die Erziehungsberechtigten die Frau wegen ihrer Minderjährigkeit bei der Eheschließung vertreten müssen, ist keine Frage der besonderen Rechtsfähigkeit, sondern der Mündigkeit und Volljährigkeit. Auch der Wille des einzelnen ist zur Erlangung der besonderen Rechtsfähigkeit unbeachtlich, weil die Rechtsstellung kraft Gesetz eingeräumt wird[35] und teilweise sogar unabhängig vom Willen der Eltern.

Andererseits darf man für die besondere Rechtsfähigkeit nicht immer eine natürliche Handlungsfähigkeit verlangen. Das ist nur die Regel. Gelegentlich fällt die allgemeine und die besondere Rechtsfähigkeit zeitlich zusammen. Das ist angemessen, wenn es auf ein Handlungsvermögen nicht ankommt, zum Beispiel bei der passiven Rechtsstellung eines Erben. Der minderjährige Erbe ist fähig, überhaupt Träger von Rechten und Pflichten zu sein. Er ist mit seiner Geburt gleichzeitig erbfähig geworden (§ 1923 BGB). Das ist eine besondere Rechtsstellung, weil der Minderjährige eine Erbfolge antreten kann.

---

[31] *Dahm*, S. 412 f.; *Wolff*, I § 32 IV S. 182 ff.

[32] *Fabricius*, Relativität S. 41 f.

[33] Vgl. *Fabricius*, Relativität S. 31 und 43 f.

[34] *Stein*, Staatsrecht S. 233 ff.

[35] *Wolff*, I § 32 IV S. 183.

Die Amtsfähigkeit ist aber keine passive, sondern eine aktive Rechtsstellung, weil der Amtsträger selbst tätig werden muß. (Wenn auch nur im Namen eines anderen.) Sie setzt daher eine natürliche Handlungsfähigkeit voraus[36]. Denn nur ein Wesen, das im Besitz eines natürlichen Handlungsvermögens ist, kann die ihm überlassenen Gestaltungsrechte ausüben[37]. Nur auf diese Weise läßt sich die Schlußfolgerung vermeiden, daß bereits ein Säugling eherechtsfähig oder wahlrechtsfähig ist.

Dagegen würde die Amtsfähigkeit gegenüber der allgemeinen Rechtsfähigkeit nicht modifiziert werden, wenn sie lediglich berufliche Voraussetzungen (zum Beispiel die Fähigkeit den Arztberuf auszuüben) beträfe. Der Erwerb beruflicher Zulassungsbedingungen ist nicht der besonderen Rechtsfähigkeit zuzuordnen. Zwar ermöglichen sie es einer Person, bestimmte Rechtsstellungen zu bekleiden, die Handlungsvermögen erfordern. Die Amtsfähigkeit ist jedoch keine Fähigkeit der Berufsreife. Sie muß vielmehr in vielen Fällen zur Berufsfähigkeit hinzutreten. Außerdem spielt die Amtsfähigkeit nicht nur bei beruflichen öffentlichen Ämtern eine Rolle. Viele Amtsstellungen werden nur ehrenamtlich wahrgenommen (Schöffen).

Nachdem es somit auf die besondere Rechtsfähigkeit und ein natürliches Handlungsvermögen ankommt, ist zu prüfen, welche *Kriterien die Amtsfähigkeit kennzeichnen.* Die geforderten Merkmale ergeben sich aus Art. 33 GG. Die Vorschrift knüpft die Übernahme eines öffentlichen Amtes an drei Bedingungen: Der Amtswalter muß geeignet, befähigt und fachlich qualifiziert sein. Wie sich aus § 31 StGB entnehmen läßt, hat es damit aber nicht sein Bewenden. Der Amtsbewerber darf auch nicht erheblich vorbestraft sein, weil dann die Amtsfähigkeit aberkannt wird. Diese Aufzählung zeigt, daß der Verfassungsgeber eine besondere Interessenlage regeln wollte. Er hat berücksichtigt, daß der Amtswalter gestaltend am Staatsleben teilnimmt und sich nicht bloß auf die Entgegennahme von Leistungen oder die Abwehr des Staates aus seiner geschützten Sphäre beschränkt. Er soll aktiver Teil des Staates sein und an der Verantwortung für das Funktionieren des Staates mittragen. Aus dieser exponierten Stellung folgt aber nicht, daß der Amtswalter ein bestimmtes Mindestalter erreicht haben muß; das Alter ist gleichgültig.

Diese Ansicht teilt Kuhn nicht[38]. Er will den Minderjährigen von allen Funktionen eines „gesetzlichen Vertreters" des Gesamtvolkes — beispielsweise als Träger eines öffentlichen Amtes — ausschließen[39].

[36] *Larenz,* Rechtsperson S. 23.
[37] *Fabricius,* Relativität S. 43 und 45.
[38] *Kuhn,* Grundrechte und Minderjährigkeit S. 7.
[39] *Kuhn,* Grundrechte und Minderjährigkeit S. 52.

Seiner Meinung nach wird das gesamte Staatsvolk einschließlich der Minderjährigen durch die Aktivbürgerschaft vertreten.

Diese Auffassung ist abzulehnen. Sie könnte allenfalls für den Bereich der Wahlämter (Art. 38 GG) Gültigkeit besitzen, weil dort expressis verbis Altersschranken aufgerichtet sind. Zwar ist auch die Ausübung eines öffentlichen Amtes ein aktives Statusrecht des Staatsbürgers. Öffentliche Ämter aus Art. 33 und 38 GG darf man jedoch nicht gleichsetzen: Bei der Wahl der Volksvertretung kommen die Merkmale des Art. 33 Abs. 2 GG nicht zum Zuge, weil das demokratische Prinzip Art. 38 GG überlagert. Dieser Bestimmung liegt die Vorstellung zugrunde, das Volk werde ohnehin die besten Bewerber auswählen[40]. Eine Parallelisierung der Wahl- und öffentlichen Ämter scheitert auch aus einem anderen Grunde: Der minderjährige Amtswalter ist nicht gesetzlicher Vertreter des gesamten Volkes, sondern gewillkürter Vertreter einer juristischen Person des öffentlichen Rechts. Er nimmt ihre Belange in ihrem Namen und nicht im Namen des Volkes wahr. Insofern verkennt Kuhn die Bedeutung des § 165 BGB, der auch im öffentlichen Recht gilt. Danach kann ein Minderjähriger durchaus mit sieben Jahren für eine Juristische Person des öffentlichen Rechts Amtsrechte ausüben. Denn die Rechtsfolgen seines Handelns treffen ihn nicht persönlich. Bei der Wahrnehmung sogenannter neutraler Geschäfte bedarf ein Kind deshalb auch keiner Zustimmung des gesetzlichen Vertreters.

Zwar ist aus dem Wort „Befähigung" in Art. 33 Abs. 2 GG zu entnehmen, daß nicht jedermann Amtsträger sein kann. Befähigung setzt eine gewisse Verstandesreife voraus. Um befähigt und geeignet zu sein, muß man aber nicht immer ein bestimmtes Alter erreichen. Das Alter ist nur ein formales Kriterium. Die Rechtsordnung legt es regelmäßig als Durchschnittswert zugrunde, ohne den Einzelfall zu berücksichtigen. Die Erfahrung zeigt, daß unter Umständen Minderjährige ebenso qualifiziert sind wie Erwachsene[41]. Diese Kinder und Jugendlichen sollen — gerade weil sie über dem Altersdurchschnitt stehen — fähig sein, ein öffentliches Amt auszuüben[42]. Daher wird man die Amtsfähigkeits-Merkmale des Art. 33 Abs. 2 GG als abschließende Aufzählung werten müssen[43].

Diese Auffassung wird durch einen *Vergleich mit einfachen Gesetzesvorschriften* bestätigt. Nach §§ 14 und 17 Bundeslaufbahnverordnung können Jugendliche ab sechzehn Jahren in den einfachen und mittleren Dienst als Beamte eingestellt werden. Die Laufbahnverordnungen der

---

[40] *Maunz - Dürig - Herzog*, Art. 33 GG Rdn. 14.

[41] *Remplein*, S. 604 f.

[42] Ähnlich *Haegert*, NJW 68, 927 ff.

[43] *Maunz - Dürig - Herzog*, Art. 33 GG Rdn. 21.

Länder enthalten keine entsprechenden Altersangaben. Man erwartet lediglich, daß die Amtsanwärter die Hauptschule erfolgreich abgeschlossen haben. Es gibt außerdem Gesetze über jugendliche Beamte[44]. Somit geht auch der Gesetzgeber davon aus, daß Jugendliche amtsfähig sein können. Denn Beamte müssen die Fähigkeit zur Bekleidung öffentlicher Ämter bei der Einstellung und der ersten Amtsverleihung besitzen (§§ 11 BBG, 8 BRRG). Auch ein Umkehrschluß aus § 6 JGG zeigt, daß es minderjährige Amtsträger geben muß. Nach dieser Vorschrift darf Jugendlichen die Amtsfähigkeit nicht aberkannt werden. Die Jugendabteilung der Feuerwehr kann nach § 9 a Abs. 2 des baden-württembergischen Feuerwehrgesetzes Gemeindeeinwohner zwischen vierzehn und achtzehn Jahren als Anwärter aufnehmen. Ausnahmsweise darf der Feuerwehrausschuß auch dem Beitritt jüngerer Helfer zustimmen. Die Aufnahme in die Freiwillige Feuerwehr scheidet aber unter anderem aus, wenn die Amtsfähigkeit fehlt.

Die Amtsfähigkeit wird teilweise auch im privatrechtlichen Bereich verlangt. Ein Beispiel dafür liefert § 9 des baden-württembergischen Pressegesetzes. Er regelt die Beschäftigungsvoraussetzungen als verantwortlicher Schüler- oder Jugendzeitungsredakteur: Chefredakteur kann nur sein, wer amtsfähig ist. Es fällt auf, daß der Amtsfähigkeit damit der Charakter einer allgemeinen Berufsausübungsqualifikation beigelegt wird. Es wurde aber bereits erörtert, daß die Amtsfähigkeit zur Berufsfähigkeit *hinzutreten* muß und nicht ihr Bestandteil ist. Keinesfalls darf die Amtsfähigkeit aber für *jede* Dienstleistung gefordert werden. Bauhandwerker oder Versicherungsvertreter brauchen nicht amtsfähig zu sein, um eine Anstellung zu finden. Die Amtsfähigkeit ist allein nach dem Sinngehalt des Art. 33 Abs. 2 GG auszulegen. Diese Vorschrift hat eine doppelte Funktion: Sie bezweckt einerseits, daß nur geeignete Personen die Staatsorganisation repräsentieren[45]. Andererseits will sie jedem Bürger nach seinen Fähigkeiten den gleichen Zugang zu den staatlichen Ämtern sichern. In dieser doppelten Staatsbezogenheit erschöpft sich die Bedeutung der Amtsfähigkeit. Sie ist nur zur Bekleidung von Staatsämtern und Ämtern der mittelbaren Staatsverwaltung erforderlich. Nur der Staat kann diese Fähigkeit verlangen. Leistungen, die aufgrund staatsgebundener Berufe oder völlig unabhängig vom Staat erbracht werden, unterliegen nicht dieser Bindung. Das gilt vor allem für die Mitarbeit bei Presseerzeugnissen. Die Presse nimmt eine öffentliche Aufgabe wahr, die nicht verstaatlicht werden darf[46]. Daher kann man auch keine Voraussetzungen aufstellen, die nur für staatliche Funktionen gedacht sind.

---

[44] Vgl. *Dürig*, Gesetze des Landes Baden-Württemberg Nr. 50 f.

[45] *Maunz - Dürig - Herzog*, Art. 33 Rdn. 12.

[46] *Martens*, Öffentlich S. 125 f., vgl. aber BVerfGE 12, 246 (Fernseh-Urteil).

Die Amtsverantwortlichkeit könnte es jedoch verbieten, Kindern öffentliche Ämter anzuvertrauen. Der Minderjährige ist vor Vollendung des vierzehnten Lebensjahres weder straf- noch ordnungsrechtlich belangbar (§§ 1 JGG, 67 Abs. 1 OWiG). Soll ein Jugendlicher eine Amtsstellung bekleiden, dann muß es auch möglich sein, ihn bei Verfehlungen zur Rechenschaft zu ziehen. Diese Folge ist vor allem bei der Ausübung öffentlicher Ämter angemessen, weil der Amtswalter besondere Amtspflichten beachten muß und in ständiger Verbindung mit der Bevölkerung steht.

Grundsätzlich erlangt man mit der Verleihung einer Fähigkeit auch die Verantwortlichkeit für diesen Rechtsbereich. Wer ehefähig und testierfähig ist, hat für alle Folgen einzustehen, die sich aus der Eheschließung oder der Testamentserrichtung ergeben. Das läßt sich für die Amtsfähigkeit nicht behaupten. Zwar kann ein Siebenjähriger einsichtsfähig und deliktisch verantwortlich sein. Das ist aber nicht die Regel. Es ist daher zweifelhaft, Kinder für den Staat handeln zu lassen, wenn man sie für ihr Tun nicht verantwortlich machen kann. Darin könnte ein Mißbrauch staatlicher Autorität liegen. Denn der Amtswalter nimmt keine eigenen, sondern staatliche Belange wahr. Staatliche Interessen dürfen aber nicht leichtfertig einer verantwortungsunfähigen Person anvertraut werden.

Diese Argumentation würde aber die Filterwirkung des Art. 33 Abs. 2 GG und die Haftungsregelung des Art. 34 GG übersehen. Wer die Voraussetzungen des Art. 33 GG erfüllt, begeht im allgemeinen weniger Verfehlungen als eine amtsunfähige Person. Außerdem muß der Staat bei einem Fehlverhalten gegenüber Dritten für das Verschulden seines Erfüllungsgehilfen einstehen. Das ist de lege ferenda besonders für die Amtshaftung bedeutsam, weil der Entwurf zur Änderung schadensersatzrechtlicher Vorschriften des Bundesjustizministeriums eine verstärkte Verantwortlichkeit für hoheitlich handelnde Jugendliche begründet[47]. Die Neuregelung des § 839 BGB sieht vor, daß die Körperschaft auch dann zum Ersatz des Schadens verpflichtet ist, wenn der Amtsträger für die Amtspflichtverletzung nicht verantwortlich ist (sogenannte Billigkeitshaftung, die bei § 828 BGB eingreifen würde).

Stellt der Gesetzgeber also für bestimmte öffentliche Ämter keine *Altersgrenze* oder *andere Voraussetzungen* auf, dann erlangt man die allgemeine Amtsfähigkeit, wenn die Merkmale des Art. 33 Abs. 2 erfüllt sind. Andere Ämter verlangen aus sachlichen Gründen eine besondere Amtsfähigkeit. Zu dieser Ämtergruppe zählen: Das Amt des Bundespräsidenten (Art. 54 Abs. 1 Satz 2 GG), das Amt der Bundesverfassungsrichter (§ 125 Abs. 2 GVG, § 15 Abs. 3 VwGO) sowie das Amt der

[47] Der Schülerlotse wird auf S. 121 des Entwurfs erwähnt.

Geschworenen und Schöffen (§§ 33, 84 GVG). Die sogenannten Wahlämter (Art. 38 GG) lassen sich hierunter nicht subsumieren, weil das demokratische Prinzip die Anwendung des Art. 33 GG ausschaltet.

Danach kann auch ein 13jähriger Schülerlotse amtsfähig sein. Eine besondere Amtsfähigkeit ist in der allgemein eingeführten Altersgrenze von 13 Jahren nicht zu erblicken. Es handelt sich dabei nur um eine unverbindliche Richtlinie. Die Wahrnehmung des Schülerlotsendienstes erfordert lediglich, daß die einzelnen Schüler die Kriterien des Art. 33 Abs. 2 erfüllen, also allgemein amtsfähig sind. Es ist nicht angemessen, darüber hinaus besondere Altersanforderungen an die Lotsen zu stellen. Die Voraussetzungen des Art. 33 Abs. 2 dürften bei den Lotsen regelmäßig gegeben sein. Denn sie werden aus einem großen Schülerkreis ausgewählt, ausgebildet, geprüft und ständig auf ihre Zuverlässigkeit überwacht. Außerdem sind die Lotsen durch den Verkehrsunterricht schon teilweise mit ihrem Amt vertraut. In diesem Alter verfügen die Schüler im allgemeinen auch über eine gewisse Reife und Einsichtsfähigkeit.

3. Amtsmündigkeit

Daß ein Minderjähriger amtsfähig ist, heißt noch nicht, daß er auch amtsmündig ist. Die Frage, ob ein Minderjähriger ein Amt nur ausüben darf, wenn sein gesetzlicher Vertreter zustimmt (beschränkte Amtsmündigkeit), ist spezialgesetzlich nicht geregelt. Nach § 5 des Gesetzes über die religiöse Kindererziehung können Kinder allerdings schon mit 14 Jahren über ihre Religionszugehörigkeit entscheiden (Religionsmündigkeit). Die Religionsmündigkeit erlaubt jedoch keine Analogie zur Amtsmündigkeit. Denn die Religionszugehörigkeit ist eine höchstpersönliche Entscheidung, die Ausübung hoheitlicher Befugnisse dagegen geht alle an.

Nach bürgerlichem Recht beginnt die Mündigkeit im allgemeinen mit der Vollendung des 21. Lebensjahres (§ 2 BGB). Bis zu diesem Alter schützt das BGB den Minderjährigen vor den Nachteilen, die ihm aus der Unerfahrenheit erwachsen könnten, indem es die Wirksamkeit seiner Willenserklärungen grundsätzlich von der Einwilligung seines gesetzlichen Vertreters abhängig macht (§ 107 BGB).

Die Einwilligung des gesetzlichen Vertreters ist freilich nur bei Willenserklärungen erforderlich. Soweit gesetzliche Vorschriften den Minderjährigen im Interesse der Allgemeinheit unmittelbar verpflichten, bedarf es keiner Einwilligung (Schulpflicht, Feuerwehrpflicht, Wehrpflicht). Die Eltern dürfen sich gegen die Auferlegung solcher Pflichten nicht wehren. Sie können sich nicht auf ihr Elternrecht aus

Art. 6 Abs. 2 GG berufen, um den Minderjährigen von der Erfüllung dieser Pflichten abzuhalten. Das Recht zur Pflege und Erziehung der Kinder wird insoweit beschränkt. So tritt die Amtsmündigkeit des minderjährigen Soldaten ohne Einverständniserklärung der Eltern ein, wenn der Wehrpflichtige mit der Erfüllung eines öffentlichen Amtes betraut wird.

Einer Zustimmung der Erziehungsberechtigten bedarf es auch nicht im Bereich der Anstaltsämter der Schule, die den Schülern innerhalb des weisungsgebundenen Betriebsverhältnisses verpflichten (vgl. oben § 1 III). Dagegen darf man die elterliche Entscheidungs- und Bestimmungsbefugnis nicht beschränken, wenn ein Schüler mit der Schulwegsicherung beauftragt werden soll. Die Schüler sind mit ihrer Einordnung in das öffentlich-rechtliche Schulverhältnis nicht zur Ausübung eines öffentlichen Amtes verpflichtet. Als Schüler müssen sie sich lediglich der Schulpflicht und den sich daraus ergebenden weiteren Verhaltenspflichten unterwerfen. Die Einbeziehung in ein öffentlich-rechtlich ausgestaltetes Sonderverhältnis führt daher nicht immer zur Amtsmündigkeit. Es kommt vielmehr darauf an, ob die Wahrnehmung eines öffentlichen Amtes für das in Frage stehende besondere Verhältnis zum Staat wesensnotwendig oder typisch (Soldaten, Beamten) oder ob der primäre Zweck des engen Gewaltverhältnisses anders ausgerichtet ist. Aus der Zugehörigkeit des Schülerlotsendienstes zum Organisationsbereich der Schule läßt sich nicht verbindlich herleiten, daß eine Einverständniserklärung entbehrlich ist. Dies zeigt sich, wenn man das Schülerlotsenamt mit dem studentischen Tutoramt vergleicht. Die Unterstützung des Hochschullehrers fällt sicherlich in den Organisationsbereich der Hochschule. Man kann aber nicht sagen, der Tutor erbringe seine Dienstleistung in seiner Eigenschaft als Student. Vielmehr wird — wie erwähnt wurde — die studentische Hilfskraft zu Recht als Hochschulmitarbeiter betrachtet und sein Rechtsverhältnis im Hochschullehrergesetz geregelt[48]. Ähnlich wie der Tutor in einem neuen Rechtsverhältnis zur Hochschule steht, wird auch der Schülerlotse außerhalb des Schulverhältnisses, aber innerhalb des Schulbereichs verpflichtet. Aus dieser besonderen Rechtsbeziehung zur Schule folgt, daß die Einwilligung der gesetzlichen Vertreter nötig ist. Sie können beachtliche Gründe haben, ihrem Kind eine Amtsausübung an der Schule zu untersagen. Der Eintritt der beschränkten Amtsmündigkeit liegt für diese Ämtergruppe allein bei den Eltern, wenngleich die Ausübung öffentlicher Ämter alle angeht. In diesen Fällen verdrängt das in Art. 6 Abs. 2 GG verankerte Elternrecht staatliche Interessen.

---

[48] Vgl. § 57 des Berliner Hochschullehrergesetzes vom 21. 1. 1963 in der Fassung vom 16. 7. 1969.

Die Entscheidungsbefugnis der Erziehungsberechtigten ist jedoch nur für die Begründung des Schülerlotsen-Verhältnisses beachtlich (§ 6 III). Wenn die gesetzlichen Vertreter dem Minderjährigen zum Beispiel erlauben, Beamter zu werden, dann erteilen sie damit konkludent die Erlaubnis, daß ihm ein öffentliches Amt übertragen werden darf. Denn die Berufung in das Beamtenverhältnis ist unter anderem nur zur Wahrnehmung hoheitlicher Aufgaben zulässig.

Eine andere Auffassung wäre nicht praktikabel und sachfremd, weil die nähere Ausgestaltung des Rechtsverhältnisses (Amtswalterverhältnis) nicht den Eltern, sondern dem Dienstherrn obliegen muß. Das Elternrecht findet an den Erfordernissen und Notwendigkeiten des Innenverhältnisses seine Grenzen. Damit steht fest, daß der Minderjährige dann amtsmündig wird, wenn die Erziehungsberechtigten dem Grundverhältnis zustimmen. Es ist jedoch zu beachten, daß der Jugendliche nur solange amtsmündig bleibt, als die Eltern nicht von ihrem in Art. 6 Abs. 2 GG niedergelegten Elternrecht Gebrauch machen und ihre Ermächtigung zurückziehen.

Zwar befremdet dieses Ergebnis auf den ersten Blick, weil die Amtsmündigkeit von dem gesetzlichen Vertreter abhängt. Man könnte glauben, öffentliche Ämter müßten unabhängig von den Eltern übertragen werden. Indessen findet sich für diese Interpretation keine gesetzliche Grundlage. Vielmehr ergibt sich aus Art. 6 Abs. 2 GG, daß die Eltern in allen Bereichen Einfluß auf die Betätigung ihrer Kinder nehmen dürfen. Wenn sie schon die Grundrechtsausübung der Jugendlichen beschränken können[49], dann dürfen sie es erst recht versagen, öffentliche Ämter zu bekleiden. Praktisches Beispiel ist das Beamtenverhältnis eines Minderjährigen, das die Eltern jederzeit lösen können. Erst mit der Vollendung des 21. Lebensjahres erlangt der Minderjährige die unbeschränkte Amtsmündigkeit.

Danach steht als *Ergebnis* fest, daß die Übertragung von Hoheitsgewalt auf einzelne Schüler innerhalb eines Amtswalterverhältnisses nicht wegen der Minderjährigkeit und dem Schulverhältnis scheitert. Denn der Schüler darf in seiner Rechtsstellung nur insoweit beschränkt werden, als er dem Anstaltszweck unterworfen ist. Darüber hinaus ist er gegenüber dem Staat wie eine Privatperson im allgemeinen Gewaltverhältnis zu behandeln. Daher können Schüler in Einzelfällen mit der Wahrnehmung von Hoheitsaufgaben betraut werden und selbst die Schulgewalt des Lehrers ausüben. Zwar beruht die Wahrnehmung der Schulwegsicherung auf einem besonderen Rechtsverhältnis zur Schule. Jedoch unterfällt der Schülerlotse auch bei der Erfüllung seines Dien-

---

[49] *Hesse*, S. 119.

Die Einordnung der Amtsfähigkeit und -Mündigkeit in das System der Fähigkeiten

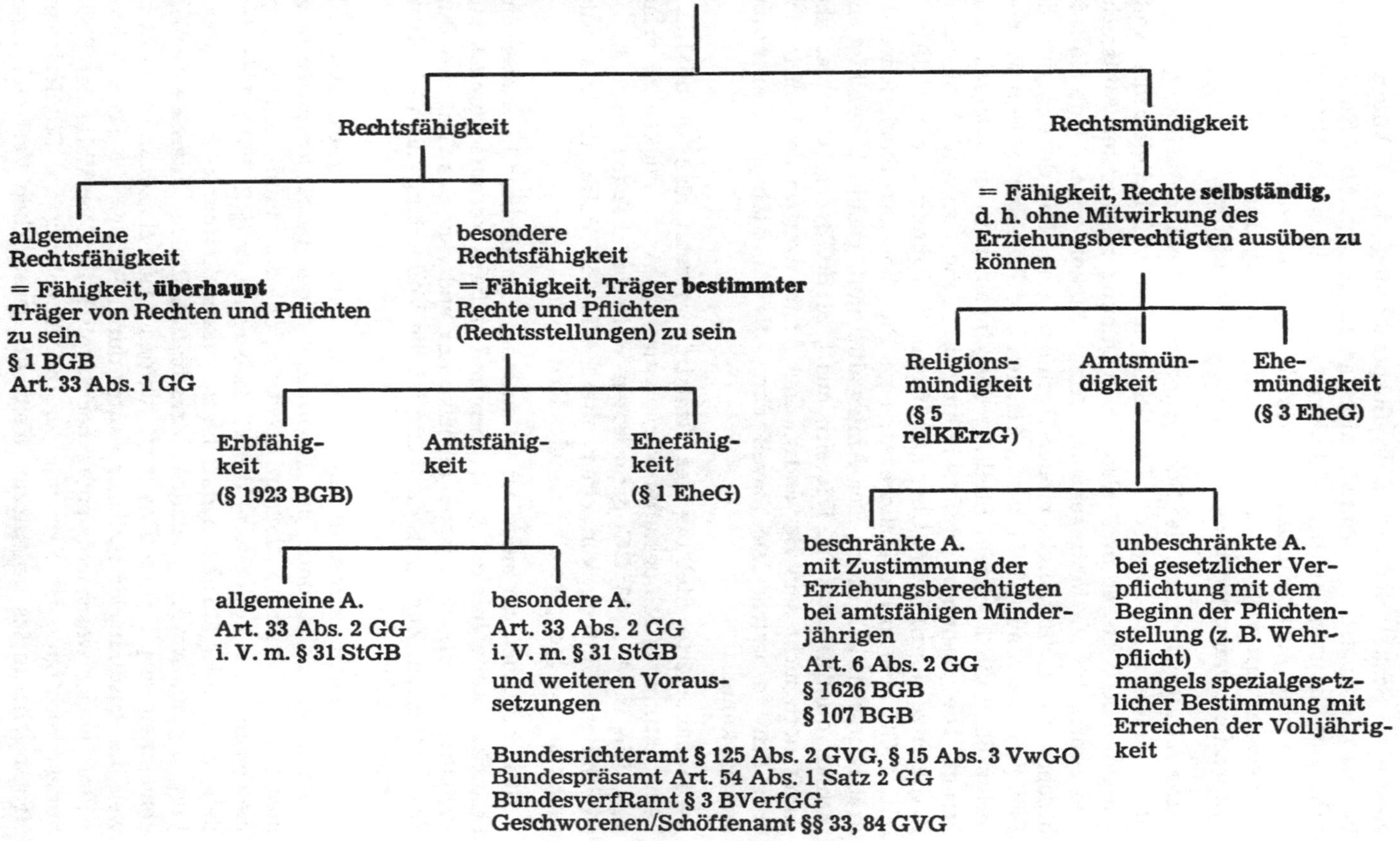

stes dem Schulverhältnis. Eine Suspendierung der Schülerpflichten ist aus pädagogischen Gründen nicht gerechtfertigt. Eine Kollision des Schulverhältnisses mit dem Schülerlotsenverhältnis entfällt. Ebenfalls scheidet eine Zuständigkeitsüberschneidung mit den Kompetenzen der Lehrkräfte aus, weil sie die Zuständigkeit aufgrund der ihnen obliegenden Letztverantwortung stets an sich ziehen können.

Die Minderjährigkeit des Schülerlotsen steht einer Ausübung öffentlicher Ämter nicht entgegen. Der Schülerlotse muß lediglich die Amtsfähigkeit besitzen, er muß also zur Ausübung bestimmter Amtsrechte und Amtspflichten fähig sein. Die Amtsfähigkeit ist ein Unterfall der besonderen Rechtsfähigkeit oder Rechtsstellung. Mit dem Beginn der Fähigkeit überhaupt Träger von Rechten und Pflichten zu sein, ist noch nichts über die konkrete Stellung des einzelnen in der Gemeinschaft gesagt. Die besondere Rechtsstellung ist daher anhand bestehender Rechtssätze zu ermitteln. Über das öffentliche Ämterwesen trifft Art. 33 Abs. 2 GG eine grundsätzliche Aussage. Für die Amtsfähigkeit werden drei Kriterien gefordert: Der Amtswalter muß geeignet, befähigt und fachlich qualifiziert sein. Wie sich aus § 31 StGB ergibt, hat es aber damit noch nicht sein Bewenden. Der Amtsbewerber darf auch nicht erheblich vorbestraft sein, weil dann die Amtsfähigkeit aberkannt werden kann.

Die exponierte Stellung des Amtsträgers setzt aber grundsätzlich kein bestimmtes Mindestalter voraus, um die Amtsfähigkeit zu erlangen. Die in Art. 33 GG geforderten Kriterien hängen zwar in beschränktem Umfang von einer altersbedingten Reife ab. Das Alter selbst ist aber lediglich ein formales Kriterium.

Aus sachlichen Gründen ist es zulässig, für bestimmte Ämter eine besondere Amtsfähigkeit zu fordern und weitere Voraussetzungen aufzustellen. Zu dieser Gruppe gehört unter anderem das Amt des Bundespräsidenten. Zur Amtsausübung ist die Vollendung des 40. Lebensjahres erforderlich.

Die Amtsmündigkeit ist die Fähigkeit, ein öffentliches Amt selbständig, das heißt ohne die Einwilligung der gesetzlichen Vertreter auszuüben. Nach bürgerlichem Recht beginnt die Mündigkeit im allgemeinen mit der Vollendung des 21. Lebensjahres (§ 2 BGB). Das Handeln des Minderjährigen bedarf bis zu diesem Zeitpunkt freilich keiner Einwilligung, soweit gesetzliche Vorschriften ihn im Interesse der Allgemeinheit verpflichten. Das trifft für den Schülerlotsendienst nicht zu, weil die Ausübung öffentlicher Ämter durch Schüler für das Schulverhältnis weder wesensnotwendig noch typisch ist. Der Wille der Erziehungsberechtigten ist aber nur für die Eingehung des Schülerlotsen-Grundverhältnisses bedeutsam. Wenn die gesetzlichen Vertreter ihrem

Kind erlauben, die Schulwegsicherung zu erledigen, dann erteilen sie konkludent ihr Einverständnis zur Übertragung eines öffentlichen Amtes.

§ 9 Schülerlotse und Gesetzesvorbehalt

I. Amtsübertragung und Ermächtigungsgrundlage

Wenn ein Amtswalter einem Dritten hoheitlich gegenübertreten will, dann bedarf er einer Doppelermächtigung. Einmal muß er legitimiert sein, bestimmte Hoheitsrechte *auszuüben*. Er erhält damit die generelle Befugnis zu Eingriffen in die Rechtssphäre der Bürger. Diese Ermächtigungsgrundlage ergibt sich aus Gesetzen und anderen Vorschriften, die jeder einzelne oder bestimmte Personengruppen befolgen müssen. Die Schüler haben beispielsweise Folgepflicht gegenüber hoheitlichen Maßnahmen, die sich aus dem Schulrecht ergeben (Gehorsamspflicht der Schüler aufgrund von Schülerlotsenerlassen). Diese Ermächtigung wurde bereits behandelt (vgl. § 7 III 2). Es ist aber einsichtig, daß nicht jeder Amtswalter und schon gar nicht jede Privatperson gegenüber Schülern Hoheitsgewalt ausüben darf. Daher muß dem einzelnen Amtswalter gesondert die Befugnis *übertragen* werden, öffentliche Gewalt wahrzunehmen. Das heißt, auch die Übertragung von Hoheitsbefugnissen im Rahmen eines Amtswalterverhältnisses bedarf einer staatlichen Legitimation.

Beide Ermächtigungsgrundlagen (Ausübung, Übertragung) können in einer gesetzlichen Vorschrift zusammenfallen. Das ist häufig bei der Beleihung der Fall. Beispielsweise überträgt § 29 Abs. 3 des Luftverkehrsgesetzes dem Luftfahrzeugführer die Befugnis, Hoheitsrechte an Bord auszuüben. Gleichzeitig werden die Fluggäste verpflichtet, Anweisungen des Kapitäns während des Fluges und der Landung zu befolgen, die er zur Aufrechterhaltung der Sicherheit und Ordnung an Bord erläßt.

Der Schülerlotse ist aber kein Beliehener. Es kann daher angemessen sein, an die Ermächtigungsgrundlage für das Amtswalterverhältnis des Schülerlotsen geringere Anforderungen zu stellen. Das wäre der Fall, wenn man die Qualität der Legitimation (Gesetz, Organisationsakt) von der Art der Amtsgeschäfte abhängig machen könnte.

Bisher wurde einhellig die Ansicht vertreten, die Einräumung hoheitlicher Befugnisse an Privatpersonen sei an besondere gesetzliche Grundlagen gebunden. Daher fordern Martens und Zuleeg eine spezielle Ermächtigungsgrundlage, wenn einem Schülerlotsen Hoheitsgewalt übertragen werden soll. Drei Argumente sollen diese These im wesentlichen stützen. Erstens wird der Gesetzesvorbehalt als unabdingbare Forderung des demokratischen und rechtsstaatlichen Prinzips bezeichnet, um eine Preisgabe der Einzigkeit der Staatsgewalt zu vermeiden. Zweitens soll die Ermächtigungsnorm die zusätzliche Aufbürdung von Pflichten auf die mit Hoheitsgewalt bedachten Privatpersonen rechtfertigen. Schließlich wird eine gesetzliche Normierung gefordert, da die Übertragung von Hoheitsbefugnissen dem Amtswalter Eingriffe in die Rechtssphäre Dritter erlaubt[1].

An dieser Auffassung werden jedoch für bestimmte hoheitliche Tätigkeiten deutliche Abstriche vorgenommen. Der Schülerlotse soll allerdings aus unterschiedlichen — hier nicht interessierenden — Gründen nicht unter diese Ausnahmegruppe fallen. Ossenbühl[2] und Zuleeg[3] wollen vor allem solche „Bagatellfälle" dem Anwendungsbereich des Gesetzesvorbehaltes entziehen, die auf einer freiwillig übernommenen unselbständig hoheitlichen Verwaltungshilfe beruhen. Zuleeg liefert für die Modifizierung des Rechtsstaatsprinzips eine plausible Erklärung. Er sieht in dem Verlangen nach einer gesetzlichen Norm zur Übertragung jeder unselbständigen Hilfstätigkeit eine schablonenhafte Anwendung des Rechtsstaatsgrundsatzes. Auf die Tätigkeit des Lehrers konkretisiert vertritt Zuleeg die Auffassung, diese Interpretation würde den Lehrer in ein starres Korsett pressen, das die pädagogische Zielsetzung der Schule beeinträchtigen könnte.

Forsthoff[4] dagegen verzichtet auf die Heranziehung des Gesetzesvorbehaltes nur, wenn es um die Verlagerung von Hilfstätigkeiten nichthoheitlicher Art auf Private geht. Im übrigen herrscht Uneinigkeit darüber, welcher Personenkreis für eine Übernahme hoheitlicher Tätigkeiten ohne gesetzliche Legitimation in Frage kommt.

Den eben zitierten Ansichten kann nur teilweise gefolgt werden. Zwar ist es vernünftig, nicht für jede unselbständige Verwaltungstätigkeit durch Private eine gesetzliche *Sonderermächtigung* zu verlangen, die es den Verwaltungsträgern erlaubt, Aufgaben an Dritte zu übertragen. Das bedeutet aber nicht, daß die Verleihung hoheitlicher Hilfszuständigkeiten an Private überhaupt jeder gesetzlichen Grundlage entbehren kann. Diese Forderung wäre in der Tat ein eklatanter Verstoß gegen das Rechtsstaats- und Demokratieprinzip. Denn jede Erledigung hoheitlicher Amtsgeschäfte muß rechtsstaatlich und demokratisch legitimiert sein, gleichgültig welche Person sie ausführt. Es

[1] *Martens*, NJW 70, 1029 f.; *Ossenbühl*, Verwaltungsaufgaben S. 168 ff.; *Zuleeg*, DÖV 70, 630 f.; vgl. auch *Bender*, Staatshaftungsrecht S. 111 f.
[2] *Ossenbühl*, Verwaltungsaufgaben S. 168 ff., 197 f.
[3] *Zuleeg*, DÖV 70, 630 f.
[4] *Forsthoff*, Verwaltungsrecht S. 405.

darf nicht dem Ermessen der Verwaltung anheimgestellt werden, irgendwelche staatliche Hilfsfunktionen ohne Ermächtigung auf Private zu verlagern.

Es kommt vielmehr darauf an, daß die Verwaltungsbehörde im Rahmen ihrer Organisation befugt ist, Privatpersonen bestimmte Hoheitsfunktionen einzuräumen. Die Schulleitung kann zum Beispiel einen Schüler nicht ermächtigen, für sie polizeiliche Kompetenzen zu erfüllen. Sie würde damit ihre Zuständigkeit überschreiten, die Bevollmächtigung wäre wegen eines offenkundigen Mangels nichtig. Daher ist auch zur hilfsweisen Übertragung hoheitlicher Befugnisse eine *allgemeine Gesetzesgrundlage* erforderlich. Die Übertragung muß *letztlich* auf ein Gesetz, eine Rechtsverordnung oder Gewohnheitsrecht zu stützen sein, sie darf nicht völlig gesetzlos erfolgen.

Eine allgemeingesetzliche Grundlage ist auch für den Schülerlotsen als Amtswalter ausreichend. Zwar übt er keine unselbständigen Bagatellfunktionen aus. Aber selbst zur Wahrnehmung selbständiger Hilfstätigkeiten bedarf es entgegen der Ansicht Zuleegs[5] und Martens[6] keiner sondergesetzlichen Norm, um Lehrerrechte zu übertragen. Eine Gegenüberstellung des Handelns im fremden Namen (Mandatar) und der Betätigung im eigenen Namen (Beliehener) soll dies verdeutlichen.

Die Forderung nach einer spezialgesetzlichen Legitimation der Beleihung folgt aus der Einräumung eigener delegierter Zuständigkeiten. Da sich die übertragende Behörde eines Stückes ihrer Zuständigkeit begibt, wird der Bürger schutzbedürftig. Denn die Schaffung, Änderung und Aufhebung von Zuständigkeiten zur Vornahme hoheitlicher Handlungen erzeugt gegenüber den Staatsbürgern rechtliche Wirkungen[7]. Daher gilt für die Beleihung zu Recht folgender Satz: Die sachliche und örtliche Zuständigkeit des Beliehenen ist durch einen Rechtssatz in Form eines formellen Gesetzes festzulegen, der in amtlichen Verkündungsblättern publiziert wird. Nur wenn das Gesetz bereits die Möglichkeit der Ermächtigung anderer Behörden oder Privatpersonen vorsieht, ist eine besondere gesetzliche Delegation entbehrlich[8].

Die Wahrnehmung des Schülerlotsendienstes begründet jedoch keine neue sachliche und örtliche Zuständigkeit. Vielmehr ist — wie erörtert wurde — die Schule infolge der Letztverantwortung für alle Schulveranstaltungen weiterhin zuständig[9]. Der Schülerlotse erhält als Mandatar keine eigene Kompetenz und der Mandant verliert kein Stück

[5] *Zuleeg*, DÖV 70, 631 ff.
[6] *Martens*, NJW 70, 1029 f.
[7] *Mennacher*, S. 124, 126.
[8] *Wolff*, II § 72 IV b S. 23.
[9] Schülerlotsenbuch S. 23.

seiner Befugnisse. Die rechtlichen Wirkungen der Schülerlotsentätigkeit treffen ausschließlich die Schule. Die Dienstleistung wird nach außen von derselben zuständigen Behörde erbracht. Sie muß nur generell zuständig sein, bestimmte Hoheitsaufgaben wahrzunehmen. Daher zieht das Argument der Preisgabe der Einzigkeit der Staatsgewalt nicht. Der Lehrer darf als staatsbehördliches Organ seine Pflichten nicht völlig auf einzelne Schüler delegieren[10]. Durch eine Ausübung der Hoheitsgewalt im fremden Namen wird die Einzigkeit der Staatsgewalt nicht tangiert, da der ursprünglich zuständige Verwaltungsträger weiterhin Träger der Verwaltungsaufgabe bleibt.

Wenn Martens eine Ermächtigungsgrundlage fordert, weil der mit Hoheitsgewalt bedachten Privatperson zusätzliche Pflichten aufgebürdet werden, so ist dieser Einwand für den Schülerlotsen nicht stichhaltig. Denn er wird, wie Martens selbst feststellt, freiwillig tätig. Werden ihm aufgrund seiner Bestellung Pflichten auferlegt, so braucht man deshalb kein Gesetz zu verlangen. Eine gesetzliche Grundlage wäre nur bei einer „lästigen Verwaltungshilfe" angebracht, bei der eine Person zur Übernahme von Verwaltungsaufgaben gezwungen wird. Sobald aber die Wahl besteht, ob man ein Amt bekleiden will oder nicht, fehlt ein Schutzbedürfnis des potentiellen Amtshelfers.

Der letzte Einwand, ein formelles Gesetz sei wegen der Eingriffsbefugnisse des Amtswalters in die Rechtssphäre Dritter notwendig, ist grundsätzlich berechtigt. Er ist aber im Rahmen der Amtswalterbeziehung nicht relevant, weil es sich um eine Frage der materiellen Ermächtigung aufgrund der Schulgesetzgebung oder der Schulerlasse handelt. Diese Ermächtigung betrifft nicht die *Übertragung* eines Amtes, sondern allein die *Ausübung* eines Amtes gegenüber Dritten. Sie wurde bereits oben erörtert (§ 7 III 2) und ergibt sich für den Schülerlotsen aus den Erlassen über die Schulwegsicherung.

Aus alledem folgt, daß eine sondergesetzliche Norm nicht der übertragenen Rechtsstellung entspricht. Sie würde den mit einem bestimmten Amt Beliehenen und den Träger eines Schülerlotsenamtes rechtlich gleichsetzen. Das wäre weder praxisnah, noch rechtsstaatlich geboten. Die Anforderungen an die Ermächtigungsgrundlage müssen geringer sein, weil das Handeln im fremden Namen gegenüber der Delegation ein Minus aufweist. Daher genügt es, wenn die Einräumung eines Schülerlotsenamtes auf der *Organisationsgewalt* eines Trägers öffentlicher Verwaltung beruht. Das beweist ein Vergleich der Schülerlotsentätigkeit mit der eines beamteten Lehrers, der ebenfalls im fremden Namen handelt. Er übt die schulische Hoheitsgewalt ohne sondergesetzliche Ermächtigung aus. Eine besondere Gesetzesgrundlage ist entbehr-

---

[10] Vgl. oben § 7 III 3.

lich, weil es nur darauf ankommt, daß dem Verwaltungsträger bei seiner Errichtung die hoheitliche Erledigung bestimmter hoheitlicher Aufgaben übertragen wurde und diese Berechtigung noch besteht. Eine Behörde kann auf zweierlei Weise gesetzlich festgelegt sein: Entweder ist ihre Struktur und Funktion Gegenstand eines Gesetzes oder einer Rechtsverordnung oder die Gesetze setzen eine Behörde als bestehend voraus, indem sie ihr Zuständigkeiten übertragen, ohne daß die Behörde gesetzlich geregelt ist[11]. Diese Ermächtigung zur Erfüllung bestimmter Zuständigkeiten entspricht in ihrem Rechtsgehalt der gesetzlichen Grundlage, die man für den Beliehenen fordert. Sie verleiht der Behörde die Erlaubnis, ihren Amtswaltern Hoheitsbefugnisse zu übertragen.

In beiden Fällen entsteht mit der Errichtung der Verwaltungsbehörde eine eigene Organisationsgewalt, die zur Ausübung öffentlicher Gewalt innerhalb der Zuständigkeit befugt[12]. Die Organ-Einrichtungskompetenz ermächtigt den Dienstvorgesetzten, die Behörde mit den zur Versehung ihrer Zuständigkeiten erforderlichen Personen auszustatten[13]. Denn Teil der Organisationsgewalt ist das Direktionsrecht des Dienstherrn[14]. Die Direktionsgewalt ist die Grundlage zur Übertragung der Hoheitsgewalt auf die Dienstnehmer[15]. Danach kann der Dienstherr kraft seiner Weisungsbefugnis verfügen, wer Hoheitsrechte im Namen des Verwaltungsträgers wahrnehmen soll. Die Amtsübertragung ist also ein Stück der innerbetrieblichen Ausgestaltung des Grundverhältnisses (oben § 6) durch das Amtswalterverhältnis (oben § 8). Sie geschieht durch Organisationsakte und Dienstanweisungen[16]. Ein Gesetz ist zur Ausübung dieses Direktionsrechtes nicht erforderlich, weil es sich nur um den Ausfluß der Rechte des hoheitlich organisierten und kraft Gesetzes eingerichteten Trägers öffentlicher Verwaltung handelt. Die Organisationsgewalt der Schulverwaltung, die zum Einsatz von Amtswaltern im Schulbereich ermächtigt, ist in den Schulverwaltungsgesetzen geregelt. Nach § 7 Abs. 2 des baden-württembergischen SchVOG ist die Schulverwaltungsbehörde mit Inbetriebnahme befugt, alle Maßnahmen zu treffen, um die Gleichwertigkeit der Behördenorganisation gegenüber anderen Schulen herzustellen und die ihr übertragenen erzieherischen Aufgaben zu erfüllen. Dazu gehört auch die Einrichtung der Schulwegsicherung. Unerheblich ist, daß der Schülerlotse als Amtshelfer kein voll eingegliederter Verwaltungsangehöriger,

---

[11] *Forsthoff*, Verwaltungsrecht S. 403.

[12] *F. Mayer*, Verwaltungsrecht S. 59.

[13] *Wolff*, II § 78 IV a S. 131; *F. Mayer*, Verwaltungsrecht S. 58.

[14] *F. Mayer*, Verwaltungsrecht S. 58.

[15] BAG RiA 65, 93 f.

[16] So im Ergebnis *Obermayer*, JZ 56, 617 ff.; *Forsthoff*, Verwaltungsrecht S. 404; BAG RiA 65, 94.

sondern nur fallweise an einen Träger öffentlicher Verwaltung angegliedert ist. Es darf keinen Unterschied machen, ob die Verwaltung im Rahmen ihrer Organisationsbefugnisse jugendliche Beamte einstellt und ihnen fremde Zuständigkeiten überträgt oder ob diese Aufgaben von Amtshelfern erfüllt werden. In beiden Fällen wird Hoheitsgewalt aufgrund des Direktionsrechtes eingeräumt.

II. Die Höchstpersönlichkeit der Amtspflichten

Den Trägern öffentlicher Verwaltung sind jedoch Schranken gesetzt. Der Behördenleiter darf nur innerhalb seines dienstlichen Weisungsrechts handeln. Die Organisationsgewalt wäre keine ausreichende Legitimation zur Übertragung von Hoheitsgewalt, wenn Unterricht, Erziehung, Fürsorge und Aufsichtspflicht höchstpersönlicher Natur wären[17]. Die Höchstpersönlichkeit einer Amtspflicht kann man hinsichtlich des Innen- und Außenverhältnisses gegenüber Dritten erörtern. Auf das Außenverhältnis kann es hier nicht ankommen. Da für die Kinder Schulpflicht besteht, haben die Eltern und die Schüler keinen Anspruch auf einen bestimmten Lehrer. Sie können nicht verlangen, daß schulische Belange ausschließlich von vorgebildetem Lehrpersonal erfüllt werden. Denn die Schule leitet ihre Erziehungsmacht nicht von den Eltern ab. Sie verfügt über ein eigenständiges, neben dem Elternrecht bestehendes Erziehungsrecht (Art. 7 GG).

Es ist daher allein auf die Ausgestaltung des Amtswalterverhältnisses zwischen dem Schulträger und dem Lehrpersonal abzustellen. Nach § 613 Abs. 1 Satz 1 BGB muß der zur Dienstleistung Verpflichtete die Dienste im Zweifel persönlich leisten. Diese Grundregel kann in besonderem Maße für Lehrkräfte zutreffen, weil Unterricht und Erziehung naturgemäß nicht von den Schülern, sondern von den Lehrern vermittelt werden. Wacke geht noch einen Schritt weiter: Alle Pflichten, die sich aus dem öffentlichen Recht ergeben, sind nach seiner Meinung höchstpersönlich ausgestaltet und nicht übertragbar[18]. Dieses Prinzip liegt auch dem schulrechtlichen Satz zugrunde, die Lehrkräfte seien für den gesamten Schulbereich verantwortlich. Sie könnten sich ihrer Verantwortung nicht entledigen, indem sie einzelne Aufgaben an Schüler delegierten[19].

Wer solche Grundsätze aufstellt, übersieht, daß die Höchstpersönlichkeit einer Amtspflicht entfällt, wenn die zuständige oberste Verwaltungsbehörde oder der Gesetzgeber etwas anderes bestimmten. Da die

[17] *Wolff*, II S. 32 für das Lehreramt.
[18] *Drews - Wacke*, Allgemeines Polizeirecht S. 209; *Wolff*, I § 35 I S. 216.
[19] *Hesse*, Nds. SchVG Anm. zu § 18 Abs. 3 S. 139; § 22 BW SchVOG.

Schulverwaltungsbehörde über den Wirkungsbereich des Lehrpersonals und die Beteiligung der Schüler entscheidet, liegt es auch in ihrer Kompetenz, ausnahmsweise Schüler mit Lehreraufgaben zu betrauen. Dies ist insbesondere für den Schülerlotsendienst geschehen. Nach den übereinstimmenden Erlassen und Dienstanweisungen der Kultusministerien sollen Lehrkräfte Aufgaben im Rahmen der Schulwegsicherung nicht selbst wahrnehmen[20]. Die schulische Kontrolle über den Schulweg soll in erster Linie den Schülerlotsen obliegen. Daher stellt die Übertragung der Aufsichts- und Fürsorgepflicht auf einzelne Schüler keine Amtspflichtverletzung des Lehrers dar. Die Übertragung kann sogar geboten sein, um sie zu vermeiden[21]. Allerdings trägt der Lehrer nach wie vor die Letztverantwortung für diese Schulveranstaltung. Er muß — wie betont — stichprobenweise Funktionskontrollen vornehmen[22].

Zur Vermeidung von Mißbräuchen bei der Ausübung der Organisationsgewalt können die oberen Verwaltungsbehörden im Wege der Fachaufsicht eingreifen. In begrenztem Maße sind die Gerichte befugt, die Ausübung der Organisationsgewalt zu kontrollieren. Die Nachprüfbarkeit hängt davon ab, daß es sich um eine rechtsverbindliche Maßnahme der Organisationsgewalt mit Außenwirkung handelt[23]. Unabhängig von der Organisationsgewalt läßt sich die Übertragung hoheitlicher Befugnisse auf Schüler auch gewohnheitsrechtlich rechtfertigen. Es gibt bereits seit Jahrzehnten Schüler, die Lehrkräfte bei ihrer hoheitlichen Tätigkeit entlasten. Der Einsatz von Aufsichtsschülern und Schülerlotsen wurde von den zuständigen Stellen stets stillschweigend anerkannt und teilweise sogar ausdrücklich gebilligt[24].

Die Schulleitung ist folglich befugt, in Einzelfällen Schüler mit Hoheitsgewalt zu betrauen. Dieses Recht kann sie fallweise auf Lehrkräfte übertragen. Das ist aus mehreren Gründen zweckmäßig. Der Lehrer ist der sachnähere Organwalter, weil er die Notwendigkeit und den Umfang eines Schülereinsatzes überblickt. Er ist der Amtsträger, von dem der Schülerlotse sein Amt ableitet. Denn der beauftragte Schüler tritt als „verlängerter Arm" des Lehrers auf. Außerdem trägt der Lehrer die unmittelbare pädagogische Verantwortung für die Erziehung und Bildung der Schüler (§ 22 Abs. 2 BW SchVOG). Soweit man den einzelnen Hilfsdiensten der Schule einen erzieherischen Effekt beimißt, ist der Lehrer der geeignete Vollmachtvermittler der Schule. Man wird daher sagen könnnen, daß es innerhalb des übertragenen Pflichten-

[20] Vgl. oben § 2 Anm. 15.

[21] *Friebe*, Haftpflicht S. 63 f.

[22] *Friebe*, Haftpflicht S. 76 ff.; *Heckel - Seipp*, Schulrechtskunde S. 430; *Perschel*, Schülermitverwaltung S. 17, 36; *Scheibe*, Schülermitverantwortung S. 112 f.

[23] *F. Mayer*, Verwaltungsrecht S. 60.

[24] OLG Köln NJW 68, 655; LG Rottweil NJW 70, 474 f.

kreises des Lehrers liegt, Schüler oder andere Personen[25] mit hoheitlichen Aufgaben zu betrauen[26].

Zusammenfassend kann man sagen, daß die Übertragung von Hoheitsbefugnissen auf Amtshelfer keiner spezialgesetzlichen Grundlage bedarf. Denn bei der Stellvertretungsfunktion des Schülerlotsen liegt im Vergleich zur Delegation (Beleihung) nur ein Minus in der Rechtsübertragung vor. Die Anforderungen an die Ermächtigungsgrundlage können daher geringer sein. Ein starres Festhalten am rechtsstaatlichen Gesetzesvorbehalt erübrigt sich. Weder der Amtshelfer noch außenstehende Dritte sind schutzbedürftig. Denn die Schule behält ihre Zuständigkeit bei. Es genügt daher, wenn sie aufgrund ihrer Organisationsgewalt befugt ist, bestimmte hoheitliche Aufgaben auf einzelne Amtswalter zu übertragen. Die Amtsübertragung ist daher ein Stück der innerbetrieblichen Ausgestaltung des Grundverhältnisses. Sie geschieht durch Organisationsakte und Dienstanweisungen aufgrund des Direktionsrechts. Da die Amtspflichten des Lehrers nicht höchstpersönlich sind, darf auch Schülern Hoheitsrechte übertragen werden. Es ist zweckmäßig, das Direktionsrecht der Schule fallweise auf das Lehrpersonal zu delegieren, das die pädagogische Verantwortung für den Schülereinsatz trägt. Außerdem ist der Schülerlotse ja Amtshelfer des Lehrers, weil er sein Amt vom Lehreramt ableitet. Eine Ermächtigung durch formellen Willensakt ist nicht geboten. Das Direktionsrecht kann sich auch in tatsächlichen Vorgängen erschöpfen[27]. Es genügt sogar eine konkludente Betrauung mit solchen Aufgaben, die im Schulbereich gewöhnlich öffentlich-rechtlich erledigt werden. Unabhängig von der Organisationsgewalt ist es der Schulbehörde gewohnheitsrechtlich gestattet, einzelne Schüler bei der Erfüllung hoheitlicher Aufgaben einzuschalten.

§ 10 Pflichten des Schülerlotsen gegenüber der Schule

I. Pflichten des Schülerlotsen

Die Bestellung als Amtshelfer und die Wahrnehmung hoheitlicher Funktionen begründen für Schule und Schülerlotsen Rechte und Pflichten. Die neue Rechtsstellung wurzelt in dem Grund- und Amtswalterverhältnis. Diese Rechtsbeziehungen stehen — wie dargelegt wurde —

[25] OLG Celle Urteil vom 4. 6. 1961 Schulrecht VI F III.

[26] OLG Stuttgart MDR 52, 490.

[27] BAG RiA 65, 94; *Soergel - Glaser*, Anm. 146 zu § 839 S. 1137; RGZ 156, 220, 236; RG HRR 1932 Nr. 1373; *Mangoldt - Klein*, Art. 34 GG Anm. III 2 d.

selbständig neben dem öffentlich-rechtlichen Schulverhältnis, weil ihre Begründung vom Schülerstatus unabhängig ist. Gleichzeitig führt dieses Rechtsverhältnis zu einer Erweiterung der Pflichtenstellung des beauftragten Schülers, weil der Schüler-Schülerlotse in doppelter Hinsicht der Schulgewalt unterfällt (vgl. oben § 8 II).

Der Schülerlotse wird aus dem Grundverhältnis verpflichtet, den ehrenamtlichen Schülerlotsendienst zu leisten. Die *Dienstausübungspflicht* folgt daneben aus dem Amtswalterverhältnis. Sie verlangt, daß der Amtshelfer bei der Schulwegsicherung hoheitlich handelt. Der Inhalt der Ehrendienstpflicht richtet sich nach den einheitlich ausgestalteten Schülerlotsenerlassen und den Dienstanweisungen der Lehrkräfte. Der Schwerpunkt liegt bei der Wahrnehmung von Aufsichts- und Fürsorgeaufgaben. Die Erfüllung dieser Pflichten besteht darin, die anvertrauten Mitschüler sicher über die Straße zu bringen und auch andere Verkehrsteilnehmer nicht zu gefährden. Deshalb muß sich der Schülerlotse pünktlich an der Einsatzstelle einfinden. Denn die Eltern und die Schule verlassen sich auf die Schulwegsicherung. An den festgelegten Übergängen müssen die Schüler gruppenweise auf dem Gehweg gesammelt werden. Die Schülerlotsen müssen abwarten, bis sich Lücken im Fahrzeugstrom bilden und den herankommenden Fahrzeugen Zeichen geben. Bei dieser Tätigkeit darf sich der einzelne Schülerlotse nicht wie ein Polizeibeamter gerieren. Er ist kein Polizeiersatz, weil er nicht regelnd in den Verkehr eingreifen darf[1].

Die Schülerlotsen müssen für andere Verkehrsteilnehmer gut erkennbar sein. Denn ihr Hinweiszeichen verpflichtet zu besonderer Rücksicht und Vorsicht[2]. Daher ist es notwendig, daß die Schülerlotsen eine einheitliche Dienstkleidung anlegen[3]. Eine Nebenpflicht aus dem Grundverhältnis verlangt, daß er der Schulleitung oder dem zuständigen Verkehrslehrer mitteilt, wenn Schüler seine Anweisungen nicht befolgen. Damit wird der Schule Gelegenheit gegeben, gegen Schüler Schulstrafen zu verhängen oder Kraftfahrer anzuzeigen.

Grundsätzlich versehen die Schülerlotsen ihren Einsatz vor Beginn und nach Beendigung des Schulunterrichts. Es ist aber teilweise üblich, Schülerlotsen auch zur Pausenaufsicht einzuteilen. Weitere Einsatzmöglichkeiten ergeben sich, wenn Schulklassen zu Schulveranstaltungen außerhalb des Schulgebäudes zu führen sind[4]. Dabei ist aber zu beachten, daß Schülerlotsen ihren Dienst nur an fixierten Straßenübergän-

[1] Schülerlotsenbuch S. 6; Handbuch der Verkehrswacht S. 11.

[2] Schülerlotsenbuch S. 6; *Floegel - Jagusch,* Straßenverkehrswacht 19. Aufl. § 36 StVO Anm. 1 und 5 S. 297 ff.

[3] Einzelheiten zur Ausrüstung der Schülerlotsen vergleiche Handbuch der Verkehrswacht S. 13.

[4] Handbuch der Verkehrswacht S. 16.

gen und zu vorgeschriebenen Zeiten ausüben dürfen. Andere Einsätze oder eine Einsatzverlängerung kann die Schule oder der zuständige Verkehrslehrer anordnen[5]. Keinesfalls sind die Schülerlotsen verpflichtet, außerhalb der Schule als allgemeine Verkehrshilfe Dienst zu leisten. Denn der Lotsendienst wurde ausschließlich für die Schulkinder eingerichtet.

Aus dem Grundverhältnis ergibt sich auch die *Gehorsamspflicht*. Sie zwingt den Schülerlotsen, den Dienstanweisungen der Schulleitung und des zuständigen Verkehrslehrers nachzukommen. Die Folgepflicht ist ein Korrelat zum Weisungsrecht der zuständigen schulischen Stellen. Sie ist also — dies soll betont werden — *nicht* Ausfluß des öffentlich-rechtlich geregelten Schulverhältnisses, das von der Unterwerfung unter die Anstaltsgewalt gekennzeichnet ist[6]. Die Gehorsamspflicht wird durch die Zumutbarkeit beschränkt. Diese Grenze ist überschritten, wenn die Verkehrsdichte stark zunimmt und die Schulwegsicherung nur unter ernsthafter Gefährdung der Gesundheit und des Körpers des Schülerlotsen möglich ist. In diesen Situationen ist der Lotse überfordert, da er nicht in den Ablauf des Straßenverkehrs eingreifen darf. Dasselbe gilt auch bei einer plötzlichen Wetterverschlechterung oder bei Sichtbehinderungen. Der Schülerlotsendienst muß dann eingestellt werden[7].

Die Natur des Schülerlotsendienstes setzt eine weitgehend selbständige Ausübung voraus. Denn der besondere Wert der praktischen Verkehrserziehung liegt darin, daß dem Lotsen ein Stück Verantwortung für seine Mitschüler und andere Verkehrsteilnehmer eingeräumt wird[8]. Daher muß die Aufsicht der Schule sinnvoll beschränkt und frei gehandhabt werden. Die Überwachung ist ausreichend, wenn sie sich auf eine Stichprobenkontrolle erstreckt[9].

II. Folgen bei Pflichtverletzungen

1. Nichtvermögensrechtliche Folgen bei Pflichtverletzungen

Verletzt der Schülerlotse Pflichten, die ihm durch das Grund- oder Amtswalterverhältnis auferlegt sind, so kann man ihn dafür auf verschiedene Weise verantwortlich machen. Neben vermögensrechtlichen Folgen kommen strafrechtliche, schulrechtliche sowie ordnungsrecht-

[5] Schülerlotsenbuch S. 23.
[6] So aber LG Rottweil NJW 70, 475.
[7] Handbuch der Verkehrswacht S. 11.
[8] *Scheibe*, Schülermitverantwortung S. 112 f.; Schülerlotsenbuch S. 15.
[9] So im Ergebnis *Heckel - Seipp*, Schulrechtskunde S. 430; *Perschel*, Schülermitverwaltung S. 41 ff.

liche Konsequenzen oder (und) der Widerruf seiner Bestellung in Betracht.

Der Schülerlotse unterfällt dem strafrechtlichen Beamtenbegriff. Deshalb kann er außer *allgemeinen strafbaren Handlungen* auch *Amtsdelikte* begehen. Denn er ist von einer zuständigen Stelle — nämlich der Schule — durch einen öffentlich-rechtlichen Akt zu Dienstleistungen berufen, die aus der Staatsgewalt abgeleitet sind[10]. Die strafrechtliche Haftung ist Ausfluß aus dem Amtswalterverhältnis. Die strafrechtliche Verantwortlichkeit entfällt jedoch, wenn der Schülerlotse zur Zeit der Tat noch nicht das 14. Lebensjahr vollendet hat (§ 1 Abs. 3 JGG). Das wird für viele Schülerlotsen zutreffen, da sie bei Dienstantritt nur 13 Jahre alt sein müssen. Wird der Schülerlotsendienst dagegen von 14jährigen Amtswaltern versehen, dann hängt die Verantwortlichkeit des Jugendlichen nach § 3 JGG von seiner Einsichtsfähigkeit ab. Es ist daher möglich, daß ein Schülerlotse wegen einer Körperverletzung nach § 3 JGG i. V. m. der beamtenrechtlichen Sondervorschrift § 340 StGB einstehen muß.

Der Schülerlotse kann *ordnungswidrig handeln*, wenn er zur Zeit der Tat 14 Jahre alt ist (§ 7 Abs. 1 OWiG). Jedoch ist auch hier § 3 JGG einschlägig, da diese Vorschrift im Ordnungswidrigkeitenrecht entsprechende Anwendung findet. Einen ordnungsrechtlichen Verstoß kann der Schülerlotse insbesondere durch die Verletzung straßenverkehrsrechtlicher Vorschriften begehen (z. B. ein Verstoß gegen § 1 StVO).

Disziplinarrechtliche Folgen treffen grundsätzlich nur Beamte, die eine Ernennungsurkunde mit dem Zusatz „... unter Berufung in das Beamtenverhältnis" erhalten haben (§ 1 BDO). Das Disziplinarrecht wird mit dem besonders engen Treueverhältnis des Amtswalters zu seinem Dienstherrn begründet. Es findet daher nur auf solche Amtsträger Anwendung, die Beamte im staatsrechtlichen Sinne sind. Hierzu zählen aber nicht die Angestellten und Arbeiter des öffentlichen Dienstes, die Beliehenen und die Amtshelfer.

Zwar liegt es aus pädagogischen Gründen nahe, dem Schülerlotsen bei Pflichtverletzungen *Schulstrafen* aufzuerlegen. Vor einer allzu voreiligen Anwendung schulrechtlicher Sanktionen ist jedoch zu warnen. Selbst wenn die Pflichten aus dem Schulverhältnis während der Dienstausübung grundsätzlich nicht ruhen, kann der Schülerlotse nicht bei jedem geringfügigen Pflichtenverstoß mit schulischen Zwangsmaßnahmen belegt werden. Denn die Amtspflichten der Schülerlotsen müssen mit den schulrechtlichen Pflichten nicht unbedingt verknüpft werden. Außerdem ist nicht einzusehen, warum der Schülerlotse gegenüber

---

[10] *Lackner - Maassen*, Kommentar zum Strafgesetzbuch, 5. Auflage § 359 Anm. 3 b.

anderen Amtshelfern nur deshalb schlechter gestellt wird, weil er zufällig Schüler ist und in dieser Eigenschaft von dem Schulverhältnis erfaßt wird. Daher ist der Einsatz schuldisziplinarischer Maßnahmen nur in solchen Ausnahmefällen zu rechtfertigen, in denen der Schülerlotse seine Machtposition willkürlich mißbraucht (vgl. auch oben § 8 II).

Der Schülerlotse übt ein verantwortungsvolles Amt aus. Daher muß es im Interesse der Verkehrsteilnehmer und der ihm anvertrauten Schüler möglich sein, ihn bei Pflichtverletzungen abzulösen. Dieses Recht folgt aus der Letztverantwortung der Schule für diese Veranstaltung. Sie ergibt sich aus der Amtswalterbeziehung. Es ist also zulässig, die Dienstausübung des Schülerlotsen nur unter *Widerruf* zu genehmigen. Die Schulleitung ist jederzeit befugt, ungeeignete Schüler aus dem Schülerlotsenamt zu entfernen.

2. Vermögensrechtliche Folgen und ihre Einschränkung

Wenn man die vermögensrechtlichen Folgen des Schülerlotsendienstes erörtert, stellt sich die Frage, inwieweit der Lotse selbst für Schäden verantwortlich ist. Grundsätzlich kann der schulische Auftraggeber bei schuldhafter Schlechterfüllung des Lotsendienstes Schadensersatz verlangen. Denn der Schülerlotse ist verpflichtet, alles zu unterlassen, was zu einer Schädigung des Schulträgers führt[11]. (Körper- oder Sachschäden, die auf Direkt- oder Rückgriffsansprüchen beruhen)

Da der Schülerlotse eine gefährliche Tätigkeit ausübt und ehrenamtliche, unentgeltliche Dienste leistet, ist sein Haftungsmaß in mehrfacher Hinsicht zu beschränken. Grundlage dieser Haftungsminderung ist vor allem die Fürsorgepflicht des Schulträgers. Die Fürsorge für den Schülerlotsen folgt aus dem Grundverhältnis, während die Direkt- und Rückgriffshaftung zu den Pflichten aus dem Amtswalterverhältnis gehört.

a) Einschränkung durch die Person des Schülerlotsen

Will man dem Schülerlotsen eine vertragliche oder gesetzliche Schadensersatzpflicht auferlegen, dann ist zu berücksichtigen, daß er als Minderjähriger vor einer Inanspruchnahme besonders geschützt ist. Nach §§ 276, 828 Abs. 2 BGB ist der 13 oder 14 Jahre alte Lotse nur dann für einen Schaden verantwortlich, wenn er bei Begehung der schädigenden Handlung über die zur Erkenntnis der Verantwortlichkeit erforderliche Einsicht verfügt. Die Einsichtsfähigkeit läßt sich bei dieser Altersgruppe nicht immer bejahen. Dies gilt vor allem für den

---

[11] *Palandt*, § 662 BGB Anm. 8 a.

Schülerlotsen, weil er eine verantwortungsvolle Aufgabe ausübt, die erhöhte Anforderungen an seine Person stellt.

Zwar wird der Schülerlotse aus vielen Bewerbern ausgewählt und für seinen Dienst theoretisch und praktisch gründlich geschult. Jedoch genügt dies allein nicht, ihn deshalb gegenüber Gleichaltrigen schlechter zu stellen. Denn der Gesetzgeber geht davon aus, daß die Zurechnungsfähigkeit an den Umständen des Einzelfalles zu prüfen ist. Dabei ist zu bedenken, daß der Schülerlotse gelegentlich in Verkehrssituationen gerät, deren Tragweite selbst eine erwachsene Person nicht übersieht. Wird bei solchen Gelegenheiten durch das unrichtige Verhalten des Lotsen ein Verkehrsunfall verursacht, dann darf man ihm dies nicht anlasten[12]. Solche Fälle überfordern den Schülerlotsen. Der Schulträger wird daher nach § 828 Abs. 2 BGB auf den Schülerlotsen nur in Ausnahmefällen persönlich zurückgreifen können.

Die Eltern des Schülerlotsen können nicht nach § 832 BGB belangt werden. Der Schülerlotsendienst fällt nicht in den Verantwortungsbereich der Erziehungsberechtigten. Er ist ausschließlich Angelegenheit der Schule, welcher die Rechtsfolgen zuzurechnen sind.

b) Einschränkung durch die Amtsstellung

Der Schülerlotse übt seine Tätigkeit hoheitlich aus, um das Lehrpersonal zu entlasten. Daher muß der Schulträger die Amtshelfer weitgehend vor Schadensersatzansprüchen schützen. Das ist für die Anspruchsverpflichtung gegenüber Dritten in Art. 34 Abs. 1 Satz 2 GG geschehen, weil ein Rückgriff auf den Amtsträger nur bei Vorsatz und grober Fahrlässigkeit zulässig ist. Dieser Grundsatz muß aber auch für Eigenschäden gelten, welche die Schule als Träger des Schülerlotsendienstes erleidet. Zwar fehlt für den Amtshelfer eine gesetzliche Regelung. Es bietet sich jedoch eine analoge Anwendung der §§ 78 Abs. 1 BBG, 46 Abs. 1 BRRG an. Die Interessenlage dieser Vorschriften entspricht dem Schülerlotsendienst, weil der Lotse ebenfalls ein öffentliches Amt ausübt. Er ist zu behandeln wie ein Beamter, weil Art. 34 GG und § 78 BBG unmißverständlich davon ausgehen, daß Hoheitsträger nur bei grob fahrlässigen oder vorsätzlichen Verfehlungen selbst verantwortlich sind[13].

In diesem Zusammenhang behauptet Zuleeg, der Schulträger könne bei dem Schülerlotsen keinen Regreß nehmen, wenn er nur deliktische

---

[12] Vgl. OLG Köln NJW 68, 655.

[13] *Zuleeg* (DÖV 70, 630) leitet diesen Gedanken auch aus der Fürsorgepflicht des Schulträgers ab.

Ansprüche besitze[14]. Die Haftung aus Amtspflichtverletzung erzeuge bei der Schule lediglich einen Vermögensschaden. Ein Schutzgesetz i. S. des § 823 Abs. 2 BGB sei ebenfalls nicht verletzt. Daher müsse ein Rückgriff entfallen, weil Vermögensschäden über § 823 Abs. 1 nicht realisiert werden könnten.

Zwar ist Zuleeg zuzustimmen, daß die Haftungsübernahme für den Dienstherrn nur ein Vermögensschaden ist. Der Staat wird durch eine Haftung gegenüber Dritten weder an der Gesundheit noch am Eigentum, sondern allenfalls an seinem Geld oder dem Vermögen geschädigt. Es wäre aber falsch hieraus den Schluß zu ziehen, der Staat könne auf seinen Amtswalter nicht zurückgreifen, weil er nur einen *Vermögensschaden* erlitten hat. Diese Argumentation würde Art. 34 Abs. 1 Satz 2 GG und sämtliche anderen Rückgriffsvorschriften praktisch außer Kraft setzen. Die verantwortliche Körperschaft könnte überhaupt nicht mehr gegen einen schädigenden Amtswalter vorgehen. Diese Rechtsfolge verbietet aber der Wortlaut des Art. 34 Abs. 1 Satz 2 GG. Der Rückgriff gegen den Amtswalter soll zwar hinsichtlich der Schuldform Fahrlässigkeit beschränkt sein, nicht aber bestimmte Schadensersatzgruppen überhaupt ausschließen. Auch der Sinn und Zweck des Art. 34 GG spricht gegen die Interpretation Zuleegs. Der Anspruch des Geschädigten wird unter anderem deshalb auf den Staat verlagert, weil der verantwortliche Haftungsträger der zahlungskräftigere Schuldner ist. Der eigentliche Schädiger soll nicht deshalb von einer Rückzahlung gänzlich befreit werden, weil sich der Anspruch aus diesem Grund nur gegen den Dienstherrn richtet.

Außerdem ist die Ansicht Zuleegs irrig, der Anspruch des Geschädigten verändere sich inhaltlich im Zeitpunkt der Zahlung nicht. Der Dienstherr macht gegen den Amtswalter keinen Anspruch aus unerlaubter Handlung geltend, sondern beruft sich auf einen Erstattungs- oder Bereicherungsanspruch wegen ersparter Aufwendungen. Eine andere Auslegung wäre unbillig, weil selbst bei willkürlichem vorsätzlichem Handeln eines Amtswalters keine vermögensrechtliche Sanktionen beständen.

c) Einschränkung durch die Natur der Dienstleistung

Eine Haftungsbeschränkung könnte sich auch aus dem Blickwinkel der schadensgeneigten Arbeit ergeben. Dieser arbeitsrechtliche Begriff besagt, daß bei bestimmten Arbeiten mit leichten Versehen zu rechnen und der Schaden ein typisches Risiko des Dienstherrn ist. Die Haftungslast ist bei leichter Fahrlässigkeit dem Auftraggeber aufzubürden, während bei normaler Fahrlässigkeit Schadensteilung erfolgt.

---

[14] *Zuleeg*, DÖV 70, 630.

Es ist jedoch zu berücksichtigen, daß das Bundesverwaltungsgericht arbeitsrechtliche Grundsätze bei hoheitlicher Tätigkeit nicht anwendet[15]. Zwar bezog sich die Entscheidung ausdrücklich nur auf das Beamtenrecht, weil auf die Rückgriffsmöglichkeit der §§ 78 Abs. 1 Satz 2 BBG, 46 Abs. 1 Satz 2 BRRG hingewiesen wurde. Es ist aber anzunehmen, daß bei hoheitlicher Tätigkeit generell nicht auf arbeitsrechtliche Institute zurückgegriffen werden soll. Das ist auch nicht notwendig. Wie bereits festgestellt wurde, ist der Gedanke der Haftungsminderung bei hoheitlichem Tun stets aus Art. 34 GG zu entnehmen. Für den Eigenschaden des Auftraggebers ist eine analoge Anwendung des § 78 Abs. 1 Satz 2 BBG einer arbeitsrechtlichen Konstruktion vorzuziehen. Diese Regelung ist für den Amtswalter günstiger, weil der Dienstherr bei normaler Fahrlässigkeit den Schaden allein tragen muß.

d) Haftungsausschluß

Nachteilige vermögensrechtliche Folgen kann man weitgehend durch einen vertraglichen Haftungsausschluß des Schulträgers vermeiden, der gegenüber dem Schülerlotsen Schutzwirkungen entfaltet. Die allgemeine Zulässigkeit eines Haftungsausschlusses ergibt sich aus § 276 Abs. 2 BGB; er kann sich auf alle Fahrlässigkeitsformen erstrecken. Darüber hinaus kann dem Schuldner sogar die Haftung für eine vorsätzliche Schädigung seines Erfüllungsgehilfen erlassen werden (§ 278 Satz 2 BGB). Fraglich ist, ob das auch für Träger öffentlicher Verwaltung gilt. Dies ist zu bejahen, sofern die Verwaltungsbehörde privatrechtlich auftritt und wie eine juristische Person des Privatrechtes zu behandeln ist. Dagegen darf man diese Haftungseinschränkung nicht unbesehen für die hoheitliche Betätigung übernehmen.

Wie Weimar am Schulbeispiel aufgezeigt hat, ist der vertragliche Ausschluß der Haftung bei hoheitlichem Handeln nicht zulässig[16]. Er begründet dies zu Recht mit der Monopolstellung des Staates im Schulwesen, einem Verstoß gegen die guten Sitten und der besonderen Pflichtigkeit des Schülers.

e) Einschränkung durch Versicherungsschutz

Bisher haben es die örtlichen Verkehrswachten übernommen, die Schülerlotsen gegen Haftpflicht- und Rückgriffsansprüche Dritter zu versichern. Bevor man den Schülerlotsendienst an einer Schule einführte, wurde regelmäßig die Versicherungsfrage geklärt, um haftungsrechtliche Schwierigkeiten zu vermeiden.

---

[15] BVerwGE 19, 43 = JuS 65, 202 Nr. 5 = NJW 65, 458.

[16] *Weimar*, RiA 70, 169 ff.

Seit dem 1. April 1971 hat sich die versicherungsrechtliche Lage erheblich geändert. Seit diesem Zeitpunkt sind alle Schüler gegen Unfall in der Reichsversicherungsordnung versichert[17]. (§ 539 Abs. 1 Nummer 14 RVO). Bei Schädigungen gegenüber Mitschülern muß daher nicht der Schulträger, sondern der Unfallversicherungsträger aufkommen (§ 636 RVO). Der Schulunternehmer ist grundsätzlich von der Eigenhaftung befreit. Als Ausgleich dafür hat der schulische Sachkostenträger den Beitrag zur Unfallversicherung allein aufzubringen. Der Schule stehen also keine Rückgriffsansprüche zu, wenn Schülerlotsen im Bereich der Schule (Pausen) oder auf dem Schulweg Mitschüler verletzen. Bei vorsätzlichem oder grob fahrlässigem Verhalten haften die Lotsen lediglich für alles, was der Träger der Sozialversicherung infolge des Arbeitsunfalls aufwenden mußte (§ 640 RVO).

§ 11 Rechte des Schülerlotsen gegenüber der Schule

I. Allgemeine Rechte des Schülerlotsen

Da sich die Rechte des Schülerlotsen weitgehend aus der bereits erörterten Pflichtenstellung ableiten lassen, soll ein kurzer Rückblick die wichtigsten Ergebnisse skizzieren. Es wurde dargelegt, daß der Schülerlotse der Dienstleistungs- und Gehorsamspflicht gegenüber der Schule unterfällt. Aufgrund seiner Bestellung zum Schülerlotsen ist er zur Erfüllung der Schulwegsicherung verpflichtet. Die Gehorsamspflicht verlangt, daß die Dienstanweisungen der Schulleitung und der Lehrkräfte befolgt werden. Eine Pflichtverletzung des Lotsen kann zum Widerruf der Bestellung führen und strafrechtliche Folgen haben. Der Schülerlotse fällt unter den strafrechtlichen Beamtenbegriff, weil er von einer zuständigen Stelle zu Dienstleistungen berufen ist, die aus der Staatsgewalt abgeleitet sind. Schulrechtliche Sanktionen entfallen grundsätzlich, da sich die Pflichten als Schülerlotse aus dem Grund- und Amtswalterverhältnis ergeben.

Vermögensrechtliche Schäden des Dienstherrn muß der Schülerlotse nicht voll ersetzen, weil mehrfache Einschränkungsmöglichkeiten bestehen. Sie ergeben sich einmal aus der Minderjährigkeit des Lotsen, dem §§ 276, 828 Abs. 2 BGB zugute kommt, wenn es an der erforderlichen Einsichtsfähigkeit fehlt. Zum anderen folgen sie aus seiner Amtswalterstellung: Der Auftraggeber darf bei Ausübung hoheitlicher Tä-

---

[17] Reichsversicherungsordnung in der Fassung vom 1. April 1971 BGBl. I S. 237.

tigkeit Ansprüche nur bei Vorliegen grober Fahrlässigkeit und Vorsatz geltend machen. Die Prinzipien der schadensgeneigten Arbeit können unberücksichtigt bleiben, da der Amtswalter durch seine hoheitliche Betätigung besser gestellt wird. Rückgriffsansprüche entfallen, wenn die Unfallversicherung Schutz bei Personenschäden gewährt.

Das Schülerlotsenamt wird unentgeltlich versehen. Entstehen dem Schülerlotsen während der Dienstausübung Aufwendungen (Instandhaltungskosten, Fortbildungskosten), dann besitzt er einen *Aufwendungsersatzanspruch* gegen den Schulträger. Das Recht auf Auslagenerstattung folgt aus dem Grundverhältnis. Die Zulässigkeit dieses Anspruchs ergibt sich aus einer analogen Anwendung vergleichbarer Regelungen für ehrenamtliche Helfer und Ehrenbeamte. Die Tätigkeit dieser Personengruppen gleicht dem Schülerlotsendienst, so daß auch die Rechtsfolgen auf ihn anzuwenden sind. Der Gesetzgeber hat beispielsweise in § 14 des Luftschutzgesetzes vorgesehen, daß den Helfern ein Erstattungsanspruch gegen den Verwaltungsträger zusteht, wenn bestimmte Voraussetzungen erfüllt sind. Ähnliche Tatbestände finden sich in den Gesetzen über den freiwilligen Polizeidienst und in den Feuerwehrgesetzen[1].

Aus der Grundbeziehung zwischen der Schule und dem Schülerlotsen ergeben sich einzelne *Fürsorgerechte*. Streitig ist, ob sie auch dem öffentlich-rechtlichen Schulverhältnis innewohnen. Der Schülerlotse könnte dann seine Ansprüche auf zwei Grundpfeiler stützen. Zuleeg bejaht zwar die generelle Anwendung eines verwaltungsrechtlichen Schuldverhältnisses mit Fürsorgecharakter im Bereich der Schule[2]. Seine Ansicht steht jedoch im Gegensatz zur Rechtsprechung des Bundesgerichtshofes, der ein öffentlich-rechtliches Fürsorgeverhältnis gegenüber den Schülern ablehnt[3].

Daher muß man sich mit der Frage auseinandersetzen, inwieweit der Fürsorgegedanke im Schulbereich beachtlich ist. Ein Fürsorgeverhältnis setzt grundsätzlich eine besonders enge Rechtsbeziehung des einzelnen zum Staat mit überwiegend fürsorglichem Charakter voraus. Dieser Charakter wird dem Schulverhältnis zu Recht abgesprochen. Die Beziehungen zwischen der öffentlichen Hand und den Gewaltunterworfenen haben ihren Grund und Zweck nicht in der Fürsorge für den Schulbenutzer. Denn Hauptaufgabe der Schule ist es, die ihr anvertrauten jungen Menschen zu erziehen und zu unterrichten. Bei der

---

[1] Vgl. § 7 des Gesetzes über den Freiwilligen Polizeidienst in Baden-Württemberg; § 16 des baden-württembergischen Feuerwehrgesetzes; § 19 der baden-württembergischen Gemeindeordnung und *Merk*, Verwaltungsrecht S. 427 ff.

[2] *Zuleeg*, DÖV 70, 629.

[3] BGH NJW 63, 1828 ff.; BGH NJW 64, 1670 ff.

Durchführung dieser Aufgabe ist die Schule freilich verpflichtet, die Schüler vor gesundheitlichen Schäden zu bewahren. Diese Pflicht ist aber nur eine Nebenpflicht. Außerdem besteht kein Bedürfnis für eine angemessene Verteilung der Verantwortlichkeit[4]. Durch die Einführung der Schülerunfallversicherung wurde die Fürsorgefrage im Schulverhältnis befriedigend gelöst (vgl. Gesetz über die Unfallversicherung für Schüler und Studenten vom 18. 3. 1971 BGBl. I S. 237). Damit ist auch die Forderung des Bundesgerichtshofes erfüllt, der einen eigenen öffentlich-rechtlichen Entschädigungsanspruch für Schüler angeregt hat[5].

Der Umfang der Fürsorgepflicht kann aber eine Modifizierung erfahren, wenn einzelne Schüler mit bestimmten Verrichtungen betraut werden. Dann wird man differenzieren müssen: Das Fürsorgeargument ist stets angebracht, wenn eine Person zum sichtbaren Vorteil einer anderen handelt und echte Entlastungsaufgaben wahrnimmt. Das kann man für den Schülerlotsen und Aufsichtsschüler bejahen, weil sie die Schulleitung vertreten und echte Mitverantwortung tragen. Daraus folgt ein Anspruch auf besondere Fürsorge, der seine Grundlage im Helferverhältnis hat. Dieser Gedanke läßt sich aber nicht auf sämtliche Schüler übertragen. Sie werden nicht alle mit besonderen für die Schule vorteilhaften Aufgaben betraut, durch die sich der Schulträger teilweise seiner Verantwortung entledigen kann. Das gilt vor allem für die Anstaltsämter (Landkarten beschaffen, Fenster öffnen), bei denen die Schüler nur Werkzeug des Lehrers sind. Soweit es am Vorteils- und Entlastungscharakter fehlt, steht nicht der Fürsorge-, sondern der Erziehungsgedanke im Vordergrund. Daran ist festzuhalten, um einer Ausuferung des Fürsorgeprinzips zu begegnen.

Daher kann man ein öffentlich-rechtliches Fürsorgeverhältnis nur zwischen dem Staat und dem Schülerlotsen als Amtshelfer annehmen. Der Schülerlotse steht in einem besonders engen Verhältnis zum Staat, das durch die Übertragung von Hoheitsbefugnissen gekennzeichnet ist. Insoweit ist der Lotse einem Beamten gleichzustellen, bei dem sich das allgemeine Fürsorgeverhältnis zum Dienstherrn aus § 79 BBG ergibt. Außerdem ist das Recht auf Fürsorge Ausdruck eines allgemeinen Prinzips, das auch bei dienstähnlichen Rechtsbeziehungen — wie dem Schülerlotsendienst — anzuwenden ist[6]. Die Sorge um die Lotsen recht-

---

[4] BGHZ 21, 214; BGH NJW 63, 1828.

[5] BGHZ 46, 37. Vergleiche auch die kritischen Stellungnahmen von *Menger*, Verwaltungsarchiv Band 56, 90 ff. und *Simons*, Leistungsstörungen verwaltungsrechtlicher Schuldverhältnisse S. 80 ff., die sich aber durch die Einführung der Schülerunfallversicherung erledigt haben. Dennoch fordert *Bender*, Staatshaftungsrecht S. 55 Anm. 204 weiterhin, das Schulbenutzungsverhältnis als Schuldverhältnis anzuerkennen.

[6] *Larenz*, Schuldrecht II S. 261 f.

fertigt sich vor allem aus der freiwilligen Amtserfüllung. Die Fürsorgepflicht des Schulträgers für die Amtshelfer ist nicht nur Nebenpflicht, sondern als Hauptpflicht der Dienstpflicht gegenüberzusetzen.

Zur allgemeinen Fürsorge gegenüber den Amtshelfern gehört es unter anderem, daß die Schule Lotsenanwärter zur Ausbildung an die Polizeibehörde abstellt. Da der Schülerlotse gegenüber seinen Mitschülern im Interesse der Verkehrssicherheit deutlich herausgehoben werden soll, muß die Schule die Lotsenausrüstung beschaffen[7].

II. Recht auf Unfallfürsorge

Die Durchführung und Aufrechterhaltung des Lotsendienstes ist von einem ausreichenden Unfallschutz der Lotsen abhängig. Da die Schulwegsicherung in den Verantwortungsbereich der Schule fällt, muß sie aufgrund ihrer Fürsorgepflicht auf eine angemessene Unfallvorsorge bedacht sein. Dem Lotsen können folgende Anspruchsmöglichkeiten zustehen: Gefährdungshaftung, Aufopferung, Aufwendungsersatz und Ansprüche gegen Unfallversicherungen.

1. Gefährdungshaftung

Eine generelle Gefährdungshaftung der Schulträger gibt es bisher nicht. Die Schulen müssen nur dann für Schädigungen aufkommen, wenn ein Verschulden vorliegt. Die Verursachung innerhalb des Schulbereichs allein genügt nicht für einen Ersatzanspruch. Diesen Zustand empfindet ein Teil des Schrifttums als besonderen Mangel. Er fordert, daß der Schulbetrieb als eine mit besonderen Gefährdungen belastete Einrichtung anerkannt und den Regeln der Gefährdungshaftung unterstellt wird[8]. Zur Begründung weist man darauf hin, daß der Schulbetrieb eine Vielzahl von Schadensfällen mit sich bringe, die sich nicht in das Schema der Verschuldenshaftung einordnen lasse. Letztlich wird die Einführung der Gefährdungshaftung an der Schule als Ausfluß des Sozialstaatsprinzips aufgefaßt[9].

Das Sozialstaatsprinzip gebietet jedoch keine Anwendung der Gefährdungshaftung in der Schule. Dieser Verfassungsgrundsatz bezweckt in erster Linie, dem einzelnen Bürger ein Minimum an sozialen Rechten einzuräumen. Diese Rechtsstellung ist auch ohne das Vorhandensein einer Gefährdungshaftung gesichert. Es ist darüber hinaus nicht

[7] Vgl. Schülerlotsenbuch S. 11 f. und Handbuch der Verkehrswacht S. 22 ff.

[8] *Heckel - Seipp*, Schulrechtskunde S. 439; *Martens*, NJW 70, 1029 f.; *Friebe*, ZBR 56, 394; *Kötz*, JZ 68, 285 ff. und neuerdings *Zuleeg*, DÖV 70, 634.

[9] *Martens*, NJW 70, 1030.

Aufgabe des Staates, das *allgemeine Lebensrisiko* seiner Bürger zu schützen und bei Unfällen zu entschädigen.

Zwar ist es richtig, daß sich eine Reihe von Schulunfällen nicht in die Verschuldenshaftung einreihen lassen und daher entschädigungslos bleiben. Deshalb darf man aber nicht unbesehen auf das Institut der Gefährdungshaftung zurückgreifen. Es ist nicht ersichtlich, warum an den Schulen anderes Recht gelten soll — das zeigen die spärlich vorhandenen gesetzlichen Regelungen — (Straßenverkehrsgesetz, Luftverkehrsgesetz, Tierhalterhaftung, Atomgesetz), die wegen ihrer geringen Anforderungen an den Schädiger die Ausnahme bleiben. Dem entspricht es, daß eine Ersatzpflicht ohne Verschulden bisher lediglich in § 7 Abs. 2 des Hamburger Schulgesetzes normiert ist. Die Vorschrift verpflichtet den Staat, für Körperschäden, bei Unfällen während der Schulzeit oder auf dem Schulweg einzustehen, wenn der Verletzte nicht auf andere Weise Ersatz erlangen kann. In anderen Bundesländern existiert eine ähnliche Regelung nicht. Es ist daher nach einer anderen Lösung zu suchen, um den Lotsen einen angemessenen Entschädigungsanspruch zu gewähren.

2. Versicherungsschutz

Es wurde bereits erwähnt, daß alle Schüler in die gesetzliche Unfallversicherung einbezogen sind[10, 11]. Sie genießen damit den gleichen Schutz wie ein Arbeitnehmer, der durch einen Unfall zu Schaden kommt. Obwohl sich die Unfallversicherung auch auf den Schulweg und alle Schulveranstaltungen erstreckt, fällt der Schülerlotse nicht in ihren Schutzbereich. Er nimmt die Schulwegsicherung nicht in seiner Eigenschaft als lernender Schüler oder Schülervertreter, sondern als Beauftragter der Schule wahr. Dem Schülerlotsen ist daher im Bereich der Schule wegen seiner Amtshelferstellung ein Sonderstatus einzuräumen. Er ist versicherungsrechtlich wie eine Lehrkraft oder ein Elternlotse zu behandeln. Dafür spricht, daß der Lotse nicht nur gegenüber Schülern, sondern anderen Verkehrsteilnehmern tätig wird. Auch für Lehrkräfte wird ein ausreichender Unfallschutz nach § 539 RVO gewährt, soweit sie nicht Beamte sind. Dann gilt § 79 BBG.

In einem Beschluß hat der Bundesgerichtshof die Ansicht vertreten, ein zum Aufpasser bestellter Schüler könne zum Personenkreis des § 539 Abs. 1 Ziffer 1 (früher § 537 Abs. 1 Ziffer 10) RVO gehören, wenn

---

[10] Bis zum Jahre 1971 sehen die Schulverwaltungsgesetze nur teilweise vor, daß Schüler gegen Unfälle zu versichern sind. Vgl. *Heckel - Seipp*, Schulrechtskunde S. 418 f.

[11] Vgl. oben § 10 Anm. 17.

für ihn eine rechtliche Verpflichtung zur Tätigkeit bestehe[12]. Da die Rechtsstellung des Aufsichtsschülers und des Lotsen identisch ist, wäre der Gedanke des Bundesgerichtshofes für ihn grundsätzlich anwendbar. Der Bundesgerichtshof geht nur von einer unrichtigen Prämisse aus. Er glaubt, der Schüler sei in seiner Eigenschaft als Schüler verpflichtet, Aufpasserdienste zu leisten. Das trifft aber — wie oben in § 5 ausführlich erörtert wurde — nicht zu.

Die freiwillige Übernahme dieses Amtes schließt aber andererseits die Heranziehung des § 539 Abs. 1 Ziffer 1 RVO keineswegs aus. Denn es ist mit dem Bundesgerichtshof davon auszugehen, daß bei der Verletzung eines Lotsen ein „Arbeitsunfall" vorliegt. Eine Bestellung durch die Schule steht dem Wortlaut der Vorschrift nicht entgegen, weil der Schülerlotse Dienstleistungen vollbringt. Die Subsumtion des Lotsen unter diese Bestimmung entspricht auch dem Normzweck des Gesetzes. Es wird nur vorausgesetzt, daß sich jemand — freiwillig — zu einer Tätigkeit verpflichtet[13]. Auch eine lediglich vorübergehende Tätigkeit ist unschädlich, wie sich aus § 539 Abs. 2 RVO ergibt. Vor allem ist die Unfallfürsorge nach § 539 Abs. 1 Ziffer 1 RVO ein Gebot der Gleichstellung des Amtshelfers mit den Lehrkräften. Soweit die Lotsen dieselben Aufgaben wie das Lehrerpersonal wahrnehmen, ist eine unterschiedliche Beurteilung der Rechtsfolgen nicht gerechtfertigt. Eine ausreichende Unfallfürsorge darf nicht deshalb scheitern, weil der Lotse weder Beamter noch Angestellter ist. Die rechtliche Einordnung in bestimmte herkömmliche Arbeitnehmer-Kategorien muß also unbeachtlich sein. Eine andere Einordnung kann auch nicht deshalb erfolgen, weil der pädagogische Effekt der Schulwegsicherung und das eigene Interesse der Lotsen an der Ausübung des Lotsenamtes im Vordergrund stehen. Der Schutz des Staates oder seiner Unfallversicherung muß stets dann eingreifen, wenn er eine Person zur Verrichtung von Amtsgeschäften einschaltet.

Eine vorbildliche Regelung enthält § 20 des baden-württembergischen Hochschulgesetzes. Er gewährt auch Angehörigen des Lehrkörpers Unfallfürsorge, die weder Beamte noch Angestellte sind. Der Bund hat sich bereiterklärt, die Kosten der Unfallversicherung für die Helfer des Technischen Hilfswerkes und die Bereitschaften des Roten Kreuzes zu übernehmen[14]. Diese Beispiele zeigen, daß die Schule ihren Lotsen auf jeden Fall Unfallversicherungsschutz gewähren muß. Denn der Lotse handelt hoheitlich im Namen der Schule, mit der er — im Unterschied zum Roten Kreuz gegenüber dem Bund — in einer rechtlichen Sonderverbindung steht.

---

[12] BDH DRiZ 65, 122 = Die Sozialversicherung 1955, 284.
[13] BGH DRiZ 65, 122.
[14] *Wolff*, II § 96 III S. 307.

Daneben kann dem Schülerlotsen auch ein Anspruch auf Unfallfürsorge aus § 539 Abs. 1 Ziffer 13 RVO (ehrenamtliche Tätigkeit) zustehen. Der Schülerlotse wird nämlich von einer Anstalt des öffentlichen Rechts bestellt und versieht seinen Dienst ehrenamtlich. Da somit eine ständige gesetzliche Aufwandsentschädigung entfällt, kann man diese Bestimmung ebenfalls zugunsten des Lotsen anwenden. Sie gewinnt vor allem dann an Bedeutung, wenn man einen Versicherungsschutz nach § 539 Abs. 1 Ziffer 1 RVO ablehnt.

Der Bundesgerichtshof hat in seinem Aufsichtsschülerbeschluß[15] die Frage aufgeworfen, ob der Aufpasser nicht auch § 539 Abs. 1 Nummer 9 RVO (bisher § 537 Ziffer 5 b RVO) unterfalle. Danach sind alle Personen unfallversichert, die bei Unglücksfällen oder zur Unterstützung bei einer Dienstleistung Hilfe leisten. Diese Ziffer eignet sich aber für den Schülerlotsen nicht, weil eine dienstrechtliche Verpflichtung nicht bestehen darf. Der Lotse ist jedoch aufgrund seiner Bestellung verpflichtet, die Schulwegsicherung wahrzunehmen. Außerdem geht eine der beiden Alternativen von der Unterstützung bei *einer* Diensthandlung aus. Der Lotse hilft dem Lehrer jedoch ständig bei seiner Arbeit. Seine Tätigkeit beschränkt sich nicht auf die einmalige Wahrnehmung der Schulwegsicherung; sie entlastet den Lehrer fortlaufend. Auch die ratio legis in Ziffer 9 verbietet eine Anwendung auf den Schülerlotsen, weil die Bestimmung nur Subsidiaritätscharakter aufweist. Sie soll nur in Ausnahmefällen eingreifen, wenn keine Rechtsbeziehungen zu einem Träger öffentlicher Verwaltung bestehen.

Die bisherige Praxis beschritt hinsichtlich des versicherungsrechtlichen Schutzes der Schülerlotsen andere Wege. Denn die Schulen zeigten sich stets zurückhaltend, wenn sie Unfallschutz gewähren sollten. Regelmäßig übernimmt — wie wir oben in § 10 II 2 e gesehen haben — die Verkehrswacht die Unfallversicherung für die Lotsen. Die Bundesverkehrswacht geht allerdings davon aus, die Lotsen seien gegen Unfall- und Haftpflichtschäden bereits versichert, da sie ein öffentliches Amt ausüben[16]. Diese Feststellung ist nur bedingt richtig. Eine Versicherung besteht nur, wenn sie gesetzlich eingeführt oder vom Schulträger abgeschlossen wird. Sie greift nicht *automatisch* ein, weil der Lotse ein öffentliches Amt ausübt. Es sei denn, man deklariert Art. 34 GG als „Versicherung". Aber selbst dann besteht nur eine Absicherung gegenüber Dritthaftpflicht- nicht aber für Unfalleigenschäden.

Der Härtefonds des Bundesverkehrsministeriums gewährt eine zusätzliche Leistung, wenn ein Lotse bei der Ausübung seines Dienstes

---

[15] BGH DRiZ 65, 122.

[16] Handbuch der Verkehrswacht S. 16.

einen schweren Unfall erleidet[17]. Der Fonds hat den Zweck, Schadensfolgen auszugleichen, welche die gesetzliche oder die Verkehrswacht-Unfallversicherung nicht abdecken[18].

3. Aufopferung

Das Landgericht Stuttgart ist der Auffassung, einem Aufsichtsschüler stehe ein Aufopferungsanspruch zu, wenn er während des Dienstes von einem Mitschüler verletzt werde[19]. Diese Ansicht ist jedoch für den Aufsichtsschüler und den Lotsen abzulehnen. Ein Aufopferungsanspruch setzt einen Körperschaden aufgrund eines Sonderopfers voraus, das durch einen hoheitlichen Eingriff verursacht wurde[20]. Der Schülerlotse wird aber nicht genötigt, seine besonderen Rechte und Vorteile dem Wohl des Gemeinwesens aufzuopfern. Er versieht seinen Dienst freiwillig. Zur Übernahme der Schulwegsicherung wird er auch nicht moralisch oder faktisch gezwungen. Es fehlt daher bereits an einem hoheitlichen Eingriff. Außerdem erbringt der Schülerlotse auch kein Sonderopfer für das allgemeine Interesse. Vielmehr verwirklichen sich bei einem Unfall im Straßenverkehr nur Gefahren, denen jeder Schüler unterworfen ist. Hier wird nur das allgemeine Lebensrisiko konkretisiert. Da jede Verletzung des Lotsen nur Folge der schulischen Beauftragung ist, kann er allenfalls aus dem Amtshelferverhältnis Ansprüche geltend machen. Die Gewährung eines Aufopferungsanspruchs würde zu einer ungerechtfertigten Privilegierung gegenüber anderen Amtsträgern führen.

4. Aufwendungsersatz

Bei der Erörterung des Grundverhältnisses wurde dargelegt, daß der Lotse durch einen mitwirkungsbedürftigen Verwaltungsakt zum Lotsendienst verpflichtet wird. Dieser Rechtsbeziehung widerspricht es nicht, wenn man dem Amtshelfer einen Aufwendungsersatzanspruch gegen den Schulträger zubilligt, wenn er einen Unfallschaden erleidet. Zwar kann man die Auftragsregeln des BGB nicht unmittelbar anwenden, weil die Rechtsbeziehung zwischen Schule und Schülerlotse einseitig ausgestaltet ist und im öffentlichen Recht wurzelt. Es wurde jedoch festgestellt, daß der Gesetzgeber bei ehrenamtlichen Rechtsverhältnissen mit dem Staat grundsätzlich Aufwendungsersatzansprüche anerkennt (oben § 11 I). Diese Auffassung wird auch durch die

---

[17] Dieser Härtefonds wurde mit Erlaß StV 1-256 Vw 59 vom 3. 12. 1959 eingeführt.

[18] Handbuch der Verkehrswacht S. 17.

[19] OLG Stuttgart MDR 52, 490.

[20] *Wolff*, I § 61 II S. 420; *Ossenbühl*, JuS 70, 276 ff.

Rechtsprechung bestätigt. Das Oberlandesgericht Stuttgart hat einem Aufsichtsschüler einen Anspruch aus § 670 BGB analog zugesprochen[21]. Zwar fallen Körperschäden nicht unter den Wortlaut des § 670 BGB, weil man unter Aufwendungen nur die freiwillige Aufopferung von Vermögenswerten versteht[22]. Es wäre jedoch unbefriedigend, würde man bei Nichtvermögensschäden einen Ersatzanspruch ablehnen. Daher ist anerkannt, daß auch Zufallsschäden — zum Beispiel Körperschäden und der Verlust des Lebens in Ausführung des Auftrages — zu den Aufwendungen rechnen, die dem Beauftragten oder seinen Erben zu ersetzen sind[23].

Eine entsprechende Anwendung der Auftragsregeln zugunsten der Schülerlotsen kommt aber aus einem anderen Grunde nicht in Betracht. Der Schulunternehmer kann sich gegenüber einem Anspruch aus § 670 BGB analog auf sein Haftungsprivileg berufen, das ihm die Reichsversicherungsordnung gewährt. Da der Schulträger die Kosten der gesetzlichen Unfallversicherung zu tragen hat, ist er grundsätzlich von der Haftung gegenüber seinem „Arbeitnehmer“ freigestellt. Die Schule als Auftraggeber des Schülerlotsendienstes haftet nur bei vorsätzlichem oder grob fahrlässigem Verhalten und selbst dann nur gegenüber dem Sozialversicherungsträger, der dem Schülerlotsen zum Schadensersatz verpflichtet ist.

Diese Regelung gilt allerdings nur für Personenschäden. Soweit bei einem Unfall Sachschäden entstehen, kommt ein Anspruch als Aufwendungsersatz für den Lotsen in Betracht (vgl. in diesem Zusammenhang auch oben, § 11 I). Voraussetzung ist nur, daß mit der Ausführung des Auftrags nach der Natur der Tätigkeit oder den besonderen Umständen unter denen er auszuführen ist, die nicht unerhebliche Gefahr eines Schadens erkennbar verbunden war[24]. Die Schulwegsicherung spielt sich ausschließlich im Straßenverkehr ab, der stets große Gefährdungen — auch für Sachen — mit sich bringt. Die Anwendung des § 670 BGB ist also geboten, weil der Lotse um der Erfüllung des Schülerlotsendienstes willen eine erkennbare Gefahr auf sich nimmt und er annehmen darf, daß die Eingehung dieses Wagnisses im Sinne des schulischen Auftraggebers ist. Es ist stets demjenigen das spezifische Schadensrisiko zuzurechnen, der die risikobehaftete Tätigkeit veranlaßt hat und in dessen Interesse sie ausgeführt wird[25]. Folglich hat die öffentliche Schule als Auftraggeber für die sich aus dem Schülerlotsendienst ergebenden Unfallsachschäden aufzukommen.

---

[21] OLG Stuttgart MDR 52, 490.
[22] *Palandt*, § 670 Anm. 3 b.
[23] *Palandt*, § 670 Anm. 3 b.
[24] *Palandt*, § 681 Anm. 4.
[25] *Larenz*, Schuldrecht II S. 261.

III. Recht auf „Haftungsübernahme“

Wer muß dafür einstehen, wenn der Lotse eine andere Person (Schulbediensteter, Mitschüler oder Verkehrsteilnehmer) verletzt? Die Haftungsverantwortlichkeit kann den Lotsen selbst oder den schulischen Hoheitsträger treffen. Hier interessiert vor allem, wie sich eine persönliche Inanspruchnahme des Schülerlotsen vermeiden läßt.

1. Eigenhaftung des Schülerlotsen[26]

Eine Haftung des Schülerlotsen gegenüber Dritten nach § 823 BGB entfällt, weil er ein öffentliches Amt im Sinne des Art. 34 GG ausübt[27]. Dadurch wird der Lotse von der Anspruchsverpflichtung freigestellt; der hoheitliche Auftraggeber trägt die Folgen seines Handelns im Wege einer Schuldübernahme. Soweit Mitschüler aufgrund eines Unfalls verletzt sind, übernimmt der Sozialversicherungsträger bei Personenschäden die Haftung nach § 637 Abs. 4 RVO. Dem Geschädigten können neben oder anstelle des Amtshaftungsanspruchs — die Voraussetzungen werden unten behandelt — weitere Ersatzmöglichkeiten zustehen, die den Lotsen entlasten.

2. Fremdhaftung für den Schülerlotsen

a) Fürsorgeverhältnis

Geschädigte können gegen die Schule einen Ersatzanspruch wegen der Verletzung des Fürsorgeverhältnisses besitzen. Diese Schadensregulierung entfällt aber für schulfremde Personen, weil es an einer vertraglichen oder sonstigen engen Beziehung zum Schulträger fehlt. Sie scheidet selbst für die Mitschüler aus, weil die Fürsorgepflicht im Schulverhältnis nur eine Nebenpflicht ist[28]. Als Ausgleich dafür steht den geschädigten Schülern ein öffentlich-rechtlicher Ersatzanspruch

---

[26] Eine Haftung der Eltern für den Schülerlotsen bei Ausübung seines Dienstes entfällt, weil der Schülerlotsendienst nicht in ihrem Einwirkungsbereich liegt. Hier kann höchstens die Schule die Verantwortung tragen, welche die Aufsicht über die Schüler und Schülerlotsen übernommen hat (vgl. auch *Friebe*, ZBR 56, 398).

[27] Vgl. oben § 7 III 2. Eine andere Meinung vertreten: *Friebe*, Haftpflicht S. 40 Anm. 6 und S. 283; *Martens*, NJW 70, 1029 f.; *Heckel - Seipp*, Schulrechtskunde bis zur 3. Auflage S. 321; *Wagner*, RWS 61, 357 ff.; *Drews - Wacke*, Allgemeines Polizeirecht S. 494; *Weimar*, RiA 67, 103; *Boge*, Der Verwaltungshelfer S. 114 ff.; *Meister*, JZ 69, 749 f. Diese Autoren bejahen eine Eigenhaftung des Schülerlotsen. Vermittelnd *Floegel - Jagusch*, Straßenverkehrsrecht 19. Aufl. § 36 StVO Anm. 5 (S. 300), welche die beauftragende Stelle nach zivilrechtlichen Grundsätzen haften lassen. Wegen der bejahenden Stimmen vgl. oben § 7 Anm. 53.

[28] BGH NJW 63, 1828 ff.; anderer Meinung *Zuleeg*, DÖV 70, 629 ff., vgl. auch oben § 11 I.

gegen den Träger der Unfallversicherung zu. Dagegen besteht ein Fürsorgeanspruch für die Schulbediensteten. Während die Beamten ihren Anspruch auf ein öffentlich-rechtliches Fürsorgeverhältnis stützen können (§ 79 BBG), kommt für die übrigen Angehörigen des öffentlichen Dienstes ein arbeitsrechtlicher Fürsorgeanspruch in Betracht. Arbeitsrechtliche Forderungen gehen als anderweitige Ansprüche einer Haftung aus Art. 34 GG vor. Ansprüche aus verwaltungsrechtlichen Leistungsstörungen stehen dagegen selbständig neben etwaigen Amtshaftungsansprüchen und sind keine anderweitigen Ansprüche i. S. des § 839 Abs. 1 Satz 2 BGB[29].

b) *Aufopferung*

Neben dem Amtshaftungsanspruch kann auch ein *Aufopferungsanspruch* gegen die Schule bestehen[30]. Er wird nach allgemeiner Auffassung gewährt, wenn ein Körperschaden aufgrund eines Sonderopfers eintritt, das durch einen hoheitlichen Eingriff verursacht wurde (vgl. auch oben § 11 II 3). Diese Entschädigungsmöglichkeit könnte vor allem den Mitschülern zugutekommen, die sich den Schülerlotsen anvertrauen. Zwar handeln die Lotsen gegenüber den Schulkindern hoheitlich, es könnte aber am Sonderopfer fehlen, an dem dieser Anspruch seine Begrenzung findet. Denn die vom Gesetzgeber allgemein geforderten und jedermann auferlegten Opfer begründen keinen Entschädigungsanspruch. Nur Nachteile, die darüber hinausgehen, sind entschädigungspflichtig. Im Impfschadensfall hat der Bundesgerichtshof zu verstehen gegeben, daß bei Schadensereignissen innerhalb des Schulverhältnisses ein Sonderopfer regelmäßig ausscheidet[31]. Seine Begründung: Bei den Gefahren, denen im Schulbetrieb jeder Schüler ausgesetzt sei, verwirkliche sich nur das allgemeine Lebensrisiko.

Dieser Grundsatz gilt besonders bei einer Verletzung durch einen Schülerlotsen. Gerade bei der Schulwegsicherung zeigt sich, daß nur das typische Lebensrisiko verwirklicht wird, weil sich der Lotsendienst im Straßenverkehr und nicht im Innenbereich der Schule abspielt. Es wäre verfehlt, hier ein Sonderopfer anzunehmen, weil der Gesetzgeber die Gefahrbelastung durch den Straßenverkehr jedermann in gleichem Maße auferlegen wollte. Außerdem ermangelt es an einem hoheitlichen Zwang gegenüber den Schülern, weil sie nicht verpflichtet sind, die Schulwegsicherung zu benutzen. Im übrigen entfällt ein Aufopferungsanspruch gegen den Schulträger, weil zu seinen Gunsten das Haftungsprivileg aus § 637 RVO eingreift (vgl. oben § 11 II 4).

---

[29] *Wolff*, I § 64 IV S. 448; BGH NJW 62, 791.

[30] *Vogel*, Der Verwaltungsrechtsfall S. 19; BGHZ 13, 88.

[31] BGHZ 9, 83.

Gegenüber Bediensteten und Verkehrsteilnehmern entfällt ein Aufopferungsanspruch schon deshalb, weil sich die hoheitlichen Maßnahmen der Lotsen nur auf die betreuten Schulkinder beschränken.

c) *Amtspflichtverletzungen*

Der Schulträger kann für Schäden vor allem nach Amtshaftungsgrundsätzen verantwortlich sein. Zwei Amtshaftungsfälle sind denkbar: Die Amtspflichtverletzung beruht auf dem unrichtigen Handeln eines Schulbediensteten gegenüber dem Lotsen (Art. 34 GG, §§ 831, 839 BGB) oder sie folgt aus einem Fehlverhalten des Lotsen gegenüber Dritten, die in den Schutzbereich seiner Amtspflichten fallen (Art. 34 GG, § 839 BGB).

Bei der Erörterung des öffentlich-rechtlichen Schulverhältnisses (oben § 5) wurde dargelegt, daß die Schule im Rahmen des allgemeinen Schulbetriebes hoheitlich handelt. Daher geschieht auch die Auswahl, Überwachung und Beaufsichtigung der Lotsen in Ausübung hoheitlicher Gewalt. Insbesondere obliegt die Beaufsichtigung des Lotsendienstes als schulische Veranstaltung der Schule. Die Aufsichtspflicht ist — mehr als alle anderen Amtspflichten — der Schule gerade deshalb auferlegt, damit Dritte nicht geschädigt werden. Denn Kinder bedürfen infolge ihres Alters der besonderen Beaufsichtigung durch ältere Personen. Wird die Aufsichtspflicht vernachlässigt, dann ist das eine Amtspflichtverletzung. Wenn daher der zuständige Verkehrslehrer gegen einen fehlerhaft handelnden Lotsen nicht einschreitet, oder den Lotsendienst falsch organisiert, verletzt er eine ihm auferlegte Amtspflicht. Die daraus entstehende Verantwortlichkeit des Lehrers aus *§§ 839, 831 BGB wird gemäß Art. 34 GG* auf den Schulträger übergeleitet[32]. Dagegen liegt eine Amtspflichtverletzung nicht schon deshalb vor, weil der Schülerlotsendienst an einer Schule eingerichtet wurde. Gegenüber einem solchen Vorwurf können sich die Lehrkräfte auf ministerielle Erlasse und die Rechtsprechung stützen.

Außerdem ist die Schule verpflichtet, die Haftung für Amtspflichtverletzungen des Lotsen zu übernehmen *(Art. 34 GG, § 839 BGB)*. Damit festgestellt werden kann in welchen Fällen die Amtshaftung eingreift, sollen die einzelnen Anspruchsvoraussetzungen kurz dargestellt werden:

---

[32] Die Haftung beamteter Lehrkräfte ist in § 839 BGB abschließend geregelt. § 832 findet daneben keine Anwendung (BGH Urteil vom 15. 3. 1954 II RZ 333/52). Ebenso wie hier: *Martens*, NJW 70, 1029 f.; *Friebe*, Haftpflicht S. 283; *Heckel - Seipp*, Schulrechtskunde S. 248 f.; *Perschel*, Schülermitverwaltung S. 38; *Hesse*, Nds SchVG S. 139; *Schmitz*, RWS 61, 44; *Weimar*, RiA 62, 249, derselbe RiA 66, 168 f.; *Leuschner*, Das Recht der Schülerzeitungen S. 126 f.

(1) Der Schülerlotse ist *„jemand"* im Sinne des Art. 34 GG, weil unter diesen Begriff alle Amtsträger fallen, die mit hoheitlichen Befugnissen ausgestattet sind[33].

(2) Der Schülerlotse bekleidet ein *öffentliches Amt,* da er bei der Schulwegsicherung hoheitliche Aufsichts- und Fürsorgeaufgaben ausübt (vgl. oben § 7 III 2).

(3) Das Lotsenamt ist dem Schülerlotsen von der zuständigen Stelle — also der Schule — *anvertraut.* Im Anschluß an die Rechtsprechung des Reichsgerichtes ist ein öffentliches Amt nach Art. 34 GG bereits dann anvertraut, wenn der Amtswalter seine Befugnisse von einer dazu berufenen Stelle herleitet, ohne daß es auf die Art, Zulässigkeit oder rechtliche Wirksamkeit der Übertragung ankommt[34]. Das Anvertrauen kann ein tatsächlicher Vorgang sein[35]. Danach ist unerheblich, ob die Schulleitung oder der Lehrer zu einer Delegation oder Substitutionsermächtigung von Hoheitsbefugnissen befugt waren. Diese Auslegung ist bei Art. 34 GG gerechtfertigt, weil sich aus dem Sinn und Zweck der Vorschrift ergibt, daß die Haftungsprivilegierung und der Schutz Dritter nicht an formellen Mängeln des Innenverhältnisses scheitern soll.

(4) Mit der Übernahme der Schulwegsicherung werden dem Lotsen *Amtspflichten auferlegt,* weil er die Kinder sicher über die Straße bringen und andere Verkehrsteilnehmer vor Schäden bewahren soll[36].

(5) Der Tatbestand der Amtshaftung ist nur erfüllt, wenn der Lotse seine Amtspflicht *in Ausübung,* das heißt im inneren Zusammenhang mit seiner Diensterledigung, verletzt. Eine Amtspflichtverletzung nur bei Gelegenheit genügt nicht[37]. Im Interesse schutzwürdiger Dritter wird der Zusammenhang mit der Amtstätigkeit stets weit interpretiert[38]. Eine innere Beziehung mit dem Lotsendienst kann man bejahen, wenn der Lotse an seinem Einsatzort Maßnahmen gegenüber den betreuten Schulkindern trifft oder anderen Verkehrsteilnehmern Zeichen gibt.

Auch der Mißbrauch der Amtsstellung zu eigensüchtigen und strafbaren Zwecken zählt zu den typischen Amtspflichtverletzungen. Es ist daher nicht erforderlich, daß sich der Lotse innerhalb seiner Befugnisse hält, damit die innere Verbundenheit mit dem Amt hergestellt ist[39]. Es

[33] Für viele: *Soergel - Glaser,* § 839 Rdn. 72.
[34] *Soergel - Glaser,* § 839 BGB Rdn. 120; 146; LG *Rottweil,* NJW 70, 475.
[35] BAG RiA 65, 91.
[36] *Palandt,* § 839 Anm. 5 c oo; *Soergel - Glaser,* § 839 Rdn. 120; *Staudinger,* § 839 Anm. 577; *Friebe,* ZBR 56, S. 391; *Weber,* DRiZ 65, 121; BGHZ 13, 25; 28, 297; 31, 148; *Heckel - Seipp,* Schulrechtskunde S. 234.
[37] *Soergel - Glaser,* § 839 Rdn. 147.
[38] BGH MDR 48, 219.
[39] *Soergel - Glaser,* § 839 Rdn. 147.

ist beispielsweise amtspflichtwidrig, wenn der Lotse einen Mitschüler bei Nichtbeachtung einer Weisung schlägt, weil er hierzu nicht befugt ist. Der Schülerlotse verletzt insbesondere dann seine Pflicht, wenn er seine Zuständigkeit überschreitet[40], indem er anderen Verkehrsteilnehmern verbindliche Weisungen erteilt[41]. Dagegen dürfte es für eine Haftungsbegründung nach Art. 34 GG nicht ausreichen, wenn der Lotse auf dem Weg zu seinem Einsatzort einen Mitschüler schädigt, da es an einer nahen örtlichen und zeitlichen Beziehung zur eigentlichen Diensterfüllung fehlt. Der Schülerlotse ist erst Amtswalter, wenn er an seiner Einsatzstelle eingetroffen ist.

Eine Haftungsübernahme entfällt auch im Falle einer aktiven Verkehrshilfe für nicht betreute Verkehrsteilnehmer. Die Amtspflicht des Lotsen gegenüber nicht betreuten Dritten beschränkt sich darauf, Schädigungen zu unterlassen. Der Schülerlotse soll nicht aktiv helfen. Begleitet er während seiner Dienstzeit eine ältere Person über die Straße, dann kann man den Schulträger für ein Fehlverhalten des Lotsen nicht verantwortlich machen. Die aktive Verkehrshilfe geht über das hinaus, was die Schule von den Lotsen erwartet. Der innere Zusammenhang mit der Schulwegsicherung fehlt. Der Lotse handelt nur bei Gelegenheit der Amtsausführung (siehe unten § 22 II 2).

Dieses Ergebnis mag auf den ersten Blick befremden. Es ist aber bei näherer Betrachtung systemkonform, wenn man einem Lehrer die Rolle des Lotsen überträgt. Hilft der Lehrer einer älteren Person bei der Überquerung der Straße, dann ist das seine Privatsache. Die Schule hat ihn nicht angestellt, um solche Dienste zu leisten. Er hat die nachteiligen Folgen seines Handelns ebenso wie der Lotse allein zu tragen.

(6) Aus der *Subsidiaritätsklausel* des § 839 Abs. 1 Satz 2 BGB folgt, daß die haftende Körperschaft nur in Anspruch genommen werden kann, wenn der Verletzte nicht auf andere Weise Schadensersatz zu erlangen vermag. Das Fehlen einer anderweitigen Ersatzmöglichkeit bildet als negatives Tatbestandsmerkmal eine zur Klagebegründung gehörende Anspruchsvoraussetzung.

Verletzt der Lotse bei seiner Tätigkeit einen Mitschüler, dann kann er gegen den Sozialversicherungsträger vorgehen, weil alle Schüler unfallversichert sind. Es wird daher nur ausnahmsweise zu einer Staatshaftung kommen, weil Versicherungsansprüche einer Schadensersatzregulierung nach Art. 34 vorgehen. Das Haftungsprivileg des Schulträgers ist berechtigt, weil er die Versicherungsprämie für die

---

[40] Vgl. *Müller*, RiA 70, 22; *Soergel - Glaser*, § 839 Rdn. 148.

[41] Schülerlotsenbuch S. 6; Handbuch der Verkehrswacht S. 11, vgl. auch unten § 22 II.

Schülerunfallversicherung zahlt und damit seiner Verantwortung genügt hat. Dagegen ist eine Bevorrechtigung des Staates unbillig, wenn schulfremde Dritte verletzt werden. Dieser Personenkreis ist entweder auf eigene Kosten oder über den Arbeitgeber gegen Unfall versichert. Trotzdem kann sich die Schulverwaltung wegen des Subsidiaritätsarguments (§ 839 BGB) ihrer eigenen Haftung entledigen[42]. Es liegt aber nahe, daß der geschädigte Dritte oder der Arbeitgeber Vorsorge nur im wohlverstandenen eigenen Interesse, nicht aber mit Rücksicht auf den Dienstherrn des Lotsen treffen wollte[43]. Kurzum, es ist nicht einzusehen, warum man bei einer Schädigung durch einen Hoheitsträger in seinen Ansprüchen schlechter steht, als bei der Verletzung durch eine Privatperson[44]. Diese Haftungsverschonung paßt nicht in das Bild eines Rechts- und Sozialstaates.

Sind Drittgeschädigte weder gesetzlich noch vertraglich unfallversichert, dann frägt sich, ob die Haftpflichtversicherung der Verkehrswacht ein anderweitiger Anspruch nach § 839 BGB ist. Das ist jedoch abzulehnen. Aus dem Wortlaut dieser Bestimmung folgt, daß der „verletzte" Dritte auf andere Weise Ersatz erlangen kann. Der Schadensersatzberechtigte besitzt aber gegen den Träger der Lotsenversicherung keine Direktansprüche. Er müßte sich die Forderung des Schädigers erst abtreten lassen. Auch nach dem Sinn und Zweck des § 839 BGB und Art. 34 GG muß nur der Geschädigte, nicht aber der Amtswalter über eine andere Ersatzmöglichkeit verfügen, um die Staatshaftung auszuschließen. Eine andere Auslegung würde den freiwillig haftpflichtversicherten Amtsträger gegenüber dem nicht versicherten Amtswalter benachteiligen. Sie widerspräche auch dem Grundgedanken der Staatshaftung, die Träger öffentlicher Ämter zu entlasten. Würde auch eine andere Ersatzmöglichkeit des schädigenden Amtswalters den Amtshaftungsanspruch verdrängen, dann wäre dies eine unbeabsichtigte finanzielle Belastung des Amtsträgers.

Damit steht fest, daß die Lotsenhaftpflichtversicherung zugunsten des Schulträgers nicht eingreift. Aus diesem Grunde ist eine besondere Haftpflichtversicherung für die Schülerlotsen an öffentlichen Schulen überflüssig. Denn die Verantwortung für das Handeln des Lotsen trifft allein den Schulträger (vgl. aber unten §§ 22 und 24). Deshalb ist es verwunderlich, daß staatliche und kommunale Einrichtungen die Lot-

---

[42] So sind zum Beispiel Leistungen, die aufgrund der Sozialversicherungsgesetze beansprucht werden können, anderweitige Ersatzansprüche, die einen Anspruchsübergang nach § 1542 RVO nicht auslösen; *Geigel*, Kapitel 20 Rdn. 77 S. 397.

[43] *Weimar*, RiA 67, 103.

[44] *Münzel*, NJW 66, 1343; *Bartlsperger*, Verkehrssicherungspflicht und öffentliche Sache S. 114 ff.

senversicherung finanzieren, indem sie die Verkehrswacht subventionieren. Damit leisten öffentlich-rechtliche Körperschaften für eine Angelegenheit Beiträge, für die sie auch ohne Unterstützung weiterhin selbst haftungsrechtlich verantwortlich bleiben.

Sinnvoll wäre dagegen eine Haftpflichtversicherung, welche die Lotsen vor Rückgriffsansprüchen des Staates bei grob fahrlässigem Handeln schützt. Der Abschluß dieser Versicherung durch die Verkehrswacht würde aber dazu führen, daß der Staat selbst die Inanspruchnahme seiner Amtswalter bei Rückgriffsansprüchen vereitelt, weil er sie durch öffentliche Leistungen finanziert.

(7) Eine Haftungsübernahme durch den Schulträger entfällt, wenn der Schülerlotse trotz rechtswidrigen und schuldhaften Handelns wegen seiner *Minderjährigkeit* für den angerichteten Schaden nicht einstehen muß (§ 828 Abs. 2 BGB). Nach dem Wortlaut des Art. 34 GG trifft die *Verantwortlichkeit* die Körperschaft, in deren Dienst der Lotse steht. Daraus folgt, daß der Schädiger selbst verantwortlich handeln muß, wenn der Staat die Schuld übernehmen soll. Art. 34 GG kommt also lediglich die Funktion zu, die Anspruchsverpflichtung auf einen Hoheitsträger zu verschieben, während die anspruchsbegründenden Voraussetzungen nach den Regeln des BGB zu beurteilen sind. Daher ist § 828 Abs. 2 BGB bei einer Amtspflichtverletzung durch Minderjährige stets zu beachten. Die mangelnde Einsichtsfähigkeit führt zum Haftungsausschluß des Schulträgers.

Eine *Billigkeitshaftung* des Staates besteht beim Vorliegen des § 828 Abs. 2 BGB bisher nicht. Das ergibt ein Umkehrschluß aus § 1 des Gesetzes über die Haftung des Reiches für seine Beamten, der ausnahmsweise im Fall des § 827 Satz 1 eine Billigkeitshaftung vorsieht[45].

Diese Konsequenz ist vermeidbar, wenn man mit Zuleeg nicht auf die Einsichtsfähigkeit des minderjährigen Schadensverursachers, sondern auf den Typ des verantwortungsbewußt handelnden Lehrers abstellt[46]. Zuleeg beruft sich in diesem Zusammenhang zu Recht auf ein Urteil des Bundesgerichtshofes. Danach kann die mangelnde Reife und

---

[45] Vgl. *Soergel - Glaser*, § 839 Rdn. 69; *Wolff*, I § 64 II S. 444. Dagegen enthält die geplante Neufassung des § 839 Abs. 2 BGB Angaben über die Haftung des Staates oder der Körperschaft für den Fall, daß der Amtswalter aufgrund § 828 Abs. 2 BGB nicht verantwortlich ist. (Die Bestimmung ist bei *Weimar*, RiA 67, 103 abgedruckt.) Nach dem Reformvorschlag, der den § 1 Abs. 1 Satz 2 des Gesetzes über die Haftung des Reiches für seine Beamten ersetzen soll, hat die Körperschaft den Schaden insoweit zu ersetzen, als die Billigkeit nach den Umständen eine Schadloshaltung erfordert. In dem Änderungsgesetz wird die Ausweitung der Billigkeitshaftung auch auf § 828 Abs. 2 BGB ausdrücklich erwähnt, weil „ausnahmsweise“ hoheitliche Gewalt auch Jugendlichen anvertraut werden kann (*Staudinger*, § 839 Anm. 486; *Weimar*, RiA 67, 104).

[46] *Zuleeg*, DÖV 70, 631 f.

Berufserfahrung eines Lehrlings den Meister nicht entlasten, weil er für die sorgfältige Durchführung der Arbeit einstehen muß[47]. Diesen Gedanken kann man für den Lotsen übernehmen, weil der Geschädigte nicht schlechter gestellt werden darf, wenn die erforderliche Einsichtsfähigkeit fehlt.

Die Schule darf — wie bereits dargelegt wurde — nur Personen mit der Schulwegsicherung betrauen, die nach ihrer Ansicht die erforderliche Einsichtsfähigkeit besitzen. Vertraut sie den Lotsendienst 13jährigen Schülern an, die trotz intensiver Schulung nicht über die Verkehrserfahrung eines durchschnittlichen erwachsenen Lehrers verfügen, dann muß darin nicht immer eine schuldhafte Amtspflichtverletzung liegen. Denn es kann vorkommen, daß sich die mangelnde Einsichtsfähigkeit erst später herausstellt. Gleichzeitig kann dieser Umstand die Schule aber nicht entlasten. Denn zur Aufsichtsführung über die Schüler sind vor allem die Lehrkräfte berufen. Sobald sie ihre Pflichten an Schüler weitergeben, muß es sich der Schulträger gefallen lassen, daß man an die Amtshelfer dieselben Anforderungen stellt, wie an einen durchschnittlichen Lehrer. Bleibt der Amtshelfer unter diesem Standard, geht dies zu Lasten der Schule. Sie kann sich folglich gegenüber einem Geschädigten nicht auf die mangelnde Einsichtsfähigkeit des Lotsen berufen, weil ein allgemeiner Einsichtsmaßstab zugrundegelegt wird.

Liegen die Voraussetzungen des § 839 BGB vor, dann übernimmt der Schulträger die Haftung für den Schülerlotsen.

Danach kann folgendes *Ergebnis* festgehalten werden: Aus dem Amtshelferverhältnis steht dem Lotsen ein Aufwendungsersatzanspruch zu. Der Schulträger ist gegenüber dem Schülerlotsen außerdem zur Fürsorge verpflichtet. Dieses Recht ergibt sich nicht aus dem Schulverhältnis, weil die Fürsorge für die Schüler nur eine Nebenpflicht ist. Die Fürsorgepflicht wurzelt vielmehr im Amtshelferverhältnis und ist als Hauptpflicht ausgestaltet. Der Schülerlotse besitzt vor allem einen Anspruch auf Unfallfürsorge bei Personenschäden aus der Reichsversicherungsordnung sowie anderen Unfallversicherungen und bei Sachschäden nach § 670 BGB. Der Schülerlotse hat ein Recht darauf, daß der Schulträger die Haftung übernimmt (Art. 34 GG). Eine Inanspruchnahme des Schülerlotsen und des Schulträgers scheidet aus, wenn sich der Lotse auf seine mangelnde Einsichtsfähigkeit nach § 828 Abs. 2 BGB berufen kann. Dagegen ist der Auftraggeber in diesen Fällen schadensersatzpflichtig, weil auf den Typ des verantwortungsvoll handelnden Lehrers abgestellt wird. Bleibt der Amtswalter unter den Durchschnittswerten anderer Amtsträger, dann geht dies zu Lasten der Schule.

---

[47] BGHZ 31, 359 (367).

IV. Rechtsschutz des Schülerlotsen

1. Prozeßfähigkeit?

Nach der Grundsatzregelung des § 51 ZPO wird ein Minderjähriger — also auch der Schülerlotse — mit dem Erreichen der Volljährigkeit prozeßfähig. Bis zu diesem Zeitpunkt muß er sich von seinen Erziehungsberechtigten vertreten lassen, wenn er wirksam Prozeßhandlungen vornehmen will. Häufig besteht ein Bedürfnis dafür, einem Minderjährigen, der das erforderliche Urteilsvermögen besitzt, auf einem beschränkten Lebensgebiet mehr Selbständigkeit einzuräumen. Diese Möglichkeit eröffnet das Gesetz in §§ 52 ZPO, 62 VwGO, wenn ein Tatbestand der §§ 112, 113 BGB vorliegt. Nach dieser erweiterten Prozeßfähigkeit sind Minderjährige befugt, in beschränktem Umfang selbständig Klage zu erheben und Prozesse durchzuführen[48].

Es erscheint fraglich, ob diese Ausnahmeregelung auch auf den Schülerlotsen übertragbar ist. Dieser Gedanke wirkt auf den ersten Blick befremdend, weil der Schülerlotse in der Regel erst 13 oder 14 Jahre alt ist. Es ist jedoch aus den oben zitierten Bestimmungen zu entnehmen, daß auch 14jährige in einem Arbeitsprozeß selbständig gegen ihren Arbeitgeber klagen können, wenn die Voraussetzungen des § 113 BGB gegeben sind. Unabhängig davon steht jedem Kinde nach der Vollendung des vierzehnten Lebensjahres die Entscheidung über das religiöse Bekenntnis zu (§ 5 des Gesetzes über die religiöse Kindererziehung). Es wird insoweit auch prozeßfähig, weil es sich durch Verträge ohne Zustimmung der Eltern an Religionsgesellschaften binden kann. Streitigkeiten können ohne Einwilligung der Erziehungsberechtigten gerichtlich ausgetragen werden. Andernfalls würde man dem Minderjährigen seine Religionsmündigkeit „auf halbem Wege" wieder nehmen. Auch das Sozialgerichtsgesetz verleiht in § 71 Abs. 2 jedem Sechzehnjährigen die Prozeßfähigkeit „für eigene Sachen". Das Alter kann also nicht entscheidend sein.

Daß der Minderjährige trotz seiner Prozeßfähigkeit regelmäßig nicht in der Lage sein wird, einen Prozeß selbständig zu führen, ist kein Grund, ihm diese Fähigkeit streitig zu machen. Auch Erwachsene sind oft nicht imstande, Gerichtsverfahren völlig ohne rechtliche Beratung durchzuführen. Die Abfassung der Klageschrift und die Vornahme der erforderlichen Prozeßhandlungen können in diesen Fällen von einem Rechtsanwalt besorgt werden. Es ist allein entscheidend, daß der 14jährige sein Rechtsbegehren artikulieren und einem Rechtskundigen mitteilen kann.

---

[48] *Thomas - Putzo*, Kommentar zur Zivilprozeßordnung, § 52 Rdn. 1 b.

Bedenken gegen eine Anwendung des § 113 BGB bestehen nur, weil der Schülerlotse nicht in einem „echten“ Arbeitsverhältnis zur Schule steht. Die Vorschrift kann daher nicht unmittelbar herangezogen werden. Es kommt aber eine analoge Anwendung in Betracht, weil es sich bei dieser Tätigkeit um eine Dauerbeschäftigung handelt, die sich über ein Jahr erstreckt. Die Ähnlichkeit mit einem Dienst- oder Arbeitsverhältnis besteht aufgrund der ständigen Weisungsbefugnis des öffentlichen Auftraggebers und in der Verantwortungs- und Pflichtenstellung, die dem Lotsen auferlegt wird. Hinzu kommt, daß der Lotse ein öffentliches Amt ausübt und amtsmündig wird, sobald die Erziehungsberechtigten der Beauftragung des Lotsen zustimmen (vgl. oben § 8 III 3). Folglich muß man dem Schülerlotsen die partielle Prozeßfähigkeit gewähren, damit er Streitigkeiten, die sich aus der Rechtsbeziehung mit der Schule ergeben, selbständig einklagen kann. Eine andere prozessuale Behandlung des Schülerlotsen wäre eine nicht gerechtfertigte Ungleichbehandlung gegenüber gleichaltrigen Arbeitnehmern.

Soweit die Ermächtigung des § 113 BGB reicht, ist der gesetzliche Vertreter nach herrschender Meinung nicht vertretungsbefugt. Die Erziehungsberechtigten können freilich die erteilte Ermächtigung jederzeit widerrufen (§ 113 Abs. 2 BGB). Diese Rücknahme kann — auch gegenüber dem Schülerlotsen — darin liegen, daß der gesetzliche Vertreter den Rechtsstreit von Anfang an führt oder ihn übernimmt[49].

2. Der Rechtsweg bei Streitigkeiten

Bei vermögensrechtlichen Streitigkeiten mit der Schule ist primär der ordentliche Rechtsweg gegeben. Dies ergibt sich bei einem Rechtsstreit über Amtshaftungs- und Rückgriffsansprüche aus Art. 34 Satz 3 GG. Will der Schülerlotse Ansprüche wegen Verletzung des öffentlichrechtlichen Grundverhältnisses geltend machen, dann verweist § 40 Abs. 2 VwGO auf die Zuständigkeit der Zivilgerichte. Soweit der Schülerlotse keine Schadensersatzansprüche, sondern Erstattungsansprüche einklagt, ist der Verwaltungsrechtsweg nach der Generalklausel des § 40 Abs. 1 VwGO einschlägig, weil sich die Rechtsfolgen aus dem öffentlichen Recht ergeben und das Gesetz keine Sonderzuweisung vorsieht. Bei Streitigkeiten über Sozialversicherungsleistungen sind die Sozialgerichte anzurufen.

Auch in nichtvermögensrechtlichen Streitfällen greift die Grundsatzregelung des § 40 VwGO ein. Da der Schülerlotse durch einen zustim-

[49] *Thomas - Putzo,* Kommentar zur Zivilprozeßordnung § 52 Rdn. 2 g; *Larenz,* Allgemeiner Teil des deutschen bürgerlichen Rechts S. 155 f.; *Palandt,* § 113 Anm. 4.

mungsbedürftigen Verwaltungsakt verpflichtet wird und Hoheitsbefugnisse ausübt, wurzelt die wahre Natur des Rechtsverhältnisses im öffentlichen Recht.

3. Strafrechtlicher Schutz des Schülerlotsen

Der Schulträger muß dafür sorgen, daß der Schülerlotse als Hoheitsträger bei der Amtsausübung vor Übergriffen Dritter geschützt wird. Daher kann es geboten sein, daß der Dienstvorgesetzte wegen Straftaten gegen den Schülerlotsen Strafantrag stellt. Dies ist vor allem im Bereich der Beleidigungs- und Körperverletzungsdelikte wichtig, weil der Schülerlotse selbst nicht strafantragsbefugt ist. Da seine Antragsmündigkeit erst mit 18 Jahren beginnt (§ 65 StGB), würde die Strafverfolgung von einem Strafantrag des gesetzlichen Vertreters abhängen. Diese Regelung entspricht aber nicht immer den Interessen des hoheitlichen Schulträgers. Deshalb eröffnen die §§ 196 und 232 Abs. 3 StGB der Schule ebenfalls die Möglichkeit, Strafantrag zu stellen. Auf diese Weise kann der antragsberechtigte Dienstvorgesetzte die Belange des Amtes wahren und sich schützend vor den Amtshelfer stellen. Das hat nicht nur ideelle, sondern wegen des Kostenrisikos bei Privatklagen auch materielle Bedeutung[50]. Soweit jedoch Körperverletzungsdelikte in Frage stehen, bedarf es in den meisten Fällen keines Strafantrages, weil die Strafverfolgungsbehörden wegen des besonderen öffentlichen Interesses an der Strafverfolgung (§ 232 Abs. 1 StGB) meistens von Amts wegen einschreiten.

B. Die Rechtsbeziehungen zwischen Schülerlotse und Dritten

§ 12 Schülerlotse und Mitschüler

I. Privat- und öffentlich-rechtliche Rechtsbeziehungen

Im schulischen Bereich gilt für die Schüler untereinander Privatrecht wie im außerschulischen Raum. Die Schule beeinflußt die Rechtsverhältnisse zwischen den Benutzern grundsätzlich nicht. Ausnahmsweise bestehen auch öffentlich-rechtliche Beziehungen zwischen den Schülern, wenn die Schule sie vermittelt. Das trifft zu, sobald die Schule ihre Hoheitsgewalt teilweise auf einzelne Schüler überträgt. Der beauf-

---

[50] *Lackner - Maassen*, Kommentar zum Strafgesetzbuch § 196 Anm. 1.

tragte Schülerlotse handelt bei der Ausübung der Schulwegsicherung ebenso hoheitlich wie eine Lehrkraft. Für die Mitschüler sind die Lotsenmaßnahmen Ausfluß aus dem einheitlich öffentlich-rechtlich ausgestalteten Schulverhältnis.

II. Folgerungen

Die Rechte und Pflichten der Schüler und Schülerlotsen wurden teilweise bereits festgestellt, als die hoheitliche Tätigkeit des Amtshelfers und seine Rechtsstellung gegenüber der Schule dargelegt wurden. Die folgenden Ausführungen können sich daher auf einen kursorischen Überblick beschränken. Lediglich einzelne Problemkreise sollen schwerpunktmäßig behandelt werden.

1. Pflichten des Schülerlotsen und Folgen bei Pflichtverletzungen

Der Schülerlotse übt vor allem die Aufsichts- und Fürsorgepflicht der Schule gegenüber den anvertrauten Schülern aus (oben § 10 I 1). Verletzt er während seines Dienstes die ihm auferlegten Pflichten, dann können ihn die Schule (oben § 10 II), sowie die geschädigten Schüler oder deren Eltern zur Verantwortung ziehen. Dabei wird ein strafrechtliches Vorgehen ausscheiden, weil der Lotse in den meisten Fällen wegen seines Alters strafrechtlich noch nicht verantwortlich ist.

Vermögensrechtliche Folgen werden generell nach § 637 RVO reguliert, weil auch der Schulweg in den Risikobereich dieser Versicherung fällt (oben § 10 II 2 e, § 11 III 1 und 2). Der Schulträger haftet nicht nach Aufopferungsgrundsätzen, weil die Schüler kein besonderes Opfer erbringen. Die Gefahren, die sich aus der Teilnahme am Straßenverkehr ergeben, sollen nach dem Willen des Gesetzgebers und der Rechtsprechung allen Personen in gleichem Maße aufgebürdet werden (oben § 11 II 3). Geschädigte Schüler können sich auch nicht auf die Entschädigungspflicht aus einem besonderen Fürsorgeverhältnis berufen. Die Anwendung dieser Rechtsfigur im Schulverhältnis beruht auf der billigenswerten Erwägung, daß die Fürsorgepflicht nur eine Nebenpflicht ist, der im Verhältnis zur Unterrichts- und Erziehungspflicht keine übergeordnete Bedeutung zukommt (oben § 11 III 2 a).

Eine Eigenhaftung des Schülerlotsen gegenüber den geschädigten Schülern entfällt, da er ein öffentliches Amt (Art. 34 GG) ausübt, (vgl. § 11 III 2 c) und außerdem nach § 539 RVO der Sozialversicherungsträger zum Ersatz verpflichtet ist (§ 11 II 2).

2. Rechtsschutz für die Schüler

Wir haben gesehen, daß der Schülerlotse seinen Mitschülern Weisungen erteilen darf. Bei Streitigkeiten über den Umfang seines Anordnungsrechtes stellt sich die Frage, ob seine Maßnahmen gerichtlich überprüfbar sind. Der betroffene Schüler (vertreten durch seinen gesetzlichen Vertreter) wird zunächst versuchen, den Streit durch eine formlose Gegenvorstellung oder *Dienstaufsichtsbeschwerde* bei dem zuständigen Verkehrslehrer oder der Schulleitung beizulegen. Wird der Beschwerde dort nicht abgeholfen, kann die Erhebung einer Klage geboten sein. Da sich die Rechtsfolgen der Schülerlotsen-Maßnahmen aus dem öffentlich-rechtlichen Schulverhältnis ergeben, ist mangels sondergesetzlicher Bestimmungen der Verwaltungsrechtsweg eröffnet[1].

Da der Lotse Amtshelfer ist, erscheint es auf den ersten Blick erörterungsbedürftig zu sein, wer Beklagter ist. Die geltende Verwaltungsgerichtsordnung rechnet nicht mit dem Phänomen privater Verwaltungshilfe. Dennoch gestattet die elastische und pragmatische Begriffsbildung des Prozeßrechtes eine Einpassung in das geltende Recht. Danach wird der Verwaltungshelfer unter Umständen als Behörde nach § 73 VwGO und als Körperschaft nach § 78 VwGO angesehen[2]. Für den Amtshelfer stellt sich dieses Problem nicht. Seine Definition verbietet es, ihn als Behörde oder Körperschaft zu bezeichnen. Er handelt in fremder Zuständigkeit und ist nur Vertreter einer Behörde. Folglich ist bei der Einschaltung eines Schülerlotsen die Schule Beklagter, da sie ihn mit der Wahrnehmung hoheitlicher Aufgaben beauftragt.

Soll eine Anfechtungs- oder Verpflichtungsklage erhoben werden, dann sind Rechtmäßigkeit und Zweckmäßigkeit des Verwaltungshandelns in einem Vorverfahren (Widerspruchsverfahren §§ 68 ff. VwGO) nachzuprüfen.

Durch Klage kann nur die Aufhebung oder der Erlaß eines Verwaltungsaktes sowie die Feststellung eines Rechtsverhältnisses begehrt werden. Es ist daher zu prüfen, welche Rechtsnatur den Lotsen-Maßnahmen zukommt. Vorab ist zu beachten, daß der Lotse seine Amtsbefugnisse von der Schule ableitet. Da er aufgrund der verlängerten Anstaltsgewalt handelt, ist der Rechtscharakter seiner Anordnungen an den schulischen Weisungen der Lehrkräfte zu messen.

Es ist anerkannt, daß die Ausübung von Hoheitsgewalt in der Schule gerichtlich nur bei einer Verletzung des Grundverhältnisses überprüf-

---

[1] Bei vermögensrechtlichen Streitigkeiten wegen Verfehlungen des Schülerlotsen ist der ordentliche Rechtsweg gegeben (§ 40 Abs. 2 VwGO).

[2] *Ossenbühl*, Verwaltungsaufgaben S. 194 f.

bar ist[3]. Ein Schüler kann folglich nur Rechtsschutz begehren, wenn es sich um Entscheidungen der Schule handelt, die seine Rechtsposition im Außenverhältnis (Versetzung, Prüfungsentscheidung) betreffen. Nur diese Maßnahmen sind nachprüfbare Verwaltungsakte. Dagegen sind Anordnungen im sogenannten Betriebsverhältnis lediglich interne Weisungen zur Durchführung und Aufrechterhaltung des Schulbetriebes. Hier wird Rechtsschutz versagt, weil keine Rechtsbeziehungen im Streit stehen. Die betrieblichen Anordnungen konkretisieren nur die Gehorsamspflicht, die sich aus der allgemeinen Schulgewalt ergibt.

Gegen diese herrschende Meinung wendet sich Lang, der die Einteilung der schulischen Maßnahmen in Verwaltungsakte und Betriebsakte nach anderen Kriterien bestimmt[4]. Für ihn sind Verwaltungsakte sämtliche Anordnungen eines Lehrers, die an den Gehorsam des Schülers appellieren und für ihn mit Zwang verbunden sind. Rechtsgestaltend sei jede Maßnahme, die den Schüler mit Anspruch auf Gehorsam daran binde, zu tun und zu lassen was er wolle. Das wesentliche Unterscheidungsmerkmal gegenüber den Betriebsakten sieht Lang also in der Verbindlichkeit, in dem „muß" für den Schüler[5].

Diese Auffassung verdient uneingeschränkte Zustimmung. Wenngleich die Meinung Langs möglicherweise zu einer starken Belastung der Verwaltungsgerichte führt, so entspricht sie doch dem Rechtsstaatsprinzip und ist die konsequente Fortentwicklung einer „Verrechtlichung" der Schule. Gleichzeitig beschneidet sie die pädagogische Freiheit des Lehrers nicht. Er muß aber wissen, daß die Gerichte seine verbindlichen Anordnungen stets auf schwerwiegende Ermessensfehler überprüfen können[6]. Diese Kontrollmöglichkeit ist erforderlich, weil sich die Schule gelegentlich auf ihren „eigengesetzlichen" Rahmen beruft und eine gewisse Durchsichtigkeit ihrer Maßnahmen vermissen läßt.

Die neugewonnene Verwaltungsakt-Formel gilt auch für den Schülerlotsendienst. Die Schüler sind rechtsschutzbedürftig, weil sie die Anordnungen des Lotsen befolgen müssen. Die gerichtliche Überprüfung seiner Anordnungen ist geboten, um die Schüler vor willkürlichen Maßnahmen zu schützen. Hinzu kommt, daß sich die Schulwegsicherung außerhalb des Schulgebäudes abspielt. Hier werden die Grenzen der Schulgewalt sichtbar, vor deren raum-zeitlicher Überschreitung die Schüler bewahrt werden müssen.

---

[3] *Ule*, Verwaltungsprozeßrecht § 42 IV 4; *Forsthoff*, Verwaltungsrecht S. 189; VGH Kassel DÖV 59, 275; BVerwGE 5, 154; *Wolff*, I § 46 VII S. 307 und *Wolff*, II § 99 IV S. 342.

[4] *Lang*, Schulverhältnis S. 36, vgl. auch *Stober*, RdJB 71, 46 ff.

[5] Im Ergebnis ebenso *Wolff*, II § 101 V S. 369; *Selb*, DÖV 65, 804 f.

[6] Einschränkend *Wolff*, II § 101 V S. 369.

3. Pflichten der Schüler und Folgen bei Pflichtverletzungen

Weder die Schülerlotsen-Erlasse noch die Dienstanweisungen sehen eine *Benutzungspflicht* der Schulwegsicherung vor. Den unverbindlichen Charakter des Lotsendienstes kann man damit rechtfertigen, daß er eine zusätzliche freiwillige Fürsorgeleistung der Schule ist[7]. Das heißt aber nicht, daß die Inanspruchnahme zusätzlicher Dienstleistungen, welche die Schule freiwillig erbringt, stets in das Belieben der Schüler gestellt werden muß. Zwar sollen die Schüler bei freiwilligen Schulveranstaltungen (z. B. Arbeitsgemeinschaftsunterricht) über eine Teilnahme grundsätzlich selbst entscheiden. Der Lotsendienst ist jedoch in mehrfacher Hinsicht ein Ausnahmefall:

Die Schulwegsicherung wurde eingeführt, um die jüngeren Schüler vor Unfällen im Straßenverkehr zu bewahren. Da ihnen die notwendige Einsicht fehlt, die Gefahren richtig einzuschätzen, ist es nicht sinnvoll, sie selbständig darüber entscheiden zu lassen, ob sie bestimmte bewachte Straßenübergänge benutzen wollen oder nicht. Diese Entscheidung, die täglich von den Kindern erwartet wird, überfordert sie. Zwar machen die Lehrer die Schüler auf den Schülerlotsendienst aufmerksam[8]. Dieser Hinweis genügt aber nicht. Die Schulwegsicherung kann ihren Zweck nur vollwertig erfüllen, wenn die betreuten Kinder diese Einrichtung benutzen müssen. Auf diese Weise kann die Schule ihre Aufsichtspflicht außerhalb des Schulgebäudes besser wahrnehmen. Die Eltern können darauf vertrauen, daß ihre Kinder tatsächlich in der Obhut der Lotsen stehen.

Vor allem dient die Benutzungspflicht der Sicherheit und Leichtigkeit des Straßenverkehrs, weil die Schüler nur an bestimmten Schwerpunkten und nur in gewissen Abständen die Straße überqueren. Ist die Teilnahme an der Schulwegsicherung dagegen unverbindlich, dann kann man Verkehrsunfällen in der Nähe von Schulhäusern nicht wirksam vorbeugen, weil Schüler ständig und an allen Straßenstellen unkontrolliert die Straße betreten. Dies widerspricht den Intentionen der neuen Straßenverkehrsordnung. Sie sieht vor, daß Fußgänger die Fahrbahn auf Fußgängerüberwegen überqueren müssen, wenn es die Verkehrslage erfordert (§ 25 Abs. 3 StVO). Auch die Schule hat dieses Gebot zu beachten. Daher kann man aus dem generellen Schweigen der Schülerlotsen-Erlasse nicht auf die Freiwilligkeit der Benutzung schließen. Vielmehr liegt die Vermutung nahe daß vor allem für die unteren Schulklassen ein Benutzungszwang besteht. Die Benutzungspflicht ist nicht unverhältnismäßig. Die Vorteile des Lotsendienstes für die Schü-

---

[7] OLG Köln NJW 68, 655.

[8] OLG Köln VersR 68, 677 (Schülerlotsenfall).

ler sind größer als die Nachteile, die sie durch eine Beschränkung der Überquerungsmöglichkeiten in Kauf nehmen.

Bei Weisungen der Lotsen besteht — wie bereits erörtert wurde — für die Schüler *Gehorsamspflicht*. Die Lotsen dürfen im Interesse der Sicherheit auf die Schulkinder durch verkehrserzieherische Maßnahmen einwirken[9]. Die Lehrkräfte zeigen die Gefahren der Zuwiderhandlung gegen die Anordnungen der Lotsen auf. Die strenge Befolgung der Lotsen-Weisungen ist erforderlich, damit die Kinder vor Schäden bewahrt werden und der Verkehr flüssig bleibt.

Verstößt ein Schüler gegen die Anordnungen der Lotsen, dann ist dies der Schulleitung oder dem zuständigen Verkehrslehrer zu melden. Das Lehrpersonal kann schuldisziplinarische Maßnahmen verhängen, weil die Nichtbefolgung der Weisungen eines Ordnungsschülers gegen die Schulordnung verstößt[10]. Die schulischen Sanktionsmöglichkeiten unterstützen die Arbeit der Lotsen auf sinnvolle Weise. Denn eine Gehorsamspflicht wäre praktisch wirkungslos, wenn ihre Verletzung keine empfindlichen Folgen nach sich ziehen würde.

Ein Schüler, der einen Lotsen bei der Ausübung seines Dienstes verletzt, ist bei rechtswidrigem und schuldhaftem Handeln nicht nach § 823 BGB zum Ersatz des Schadens verpflichtet. Diese Rechtswohltat folgt aus § 637 Abs. 4 RVO, weil die gegen Unfall versicherten Personen eines „Betriebes" untereinander keine Ansprüche besitzen. Bezogen auf die Schülerunfallversicherung wird § 637 Abs. 1 wie folgt zu interpretieren sein: Betriebsangehörige sind alle in dem Betrieb der Schule tätigen Personen. Das sind die Lernenden, die Lehrenden und andere Personen, die zum Träger der Schuleinrichtung in einem Beschäftigungsverhältnis stehen. Zweck des generellen Haftungsausschlusses dieser Betriebsangehörigen ist es, das Schulverhältnis nicht mit Ersatzforderungen zu belasten. Auch eine Haftung der Eltern entfällt, weil sich die Aufsichtspflicht der Erziehungsberechtigten nicht auf schulische Veranstaltungen erstreckt. Der geschädigte Lotse kann nach § 539 Abs. 1 Nummer 14 RVO (Schülerunfallversicherung) keinen Ersatz seines Schadens verlangen, weil er die Schulwegsicherung nicht in seiner Eigenschaft als Schüler, sondern als Schulbeauftragter erfüllt. Dagegen bestehen Ansprüche des Lotsen gegenüber seinem Dienstherrn Schule, der Verkehrswacht und dem Träger der Unfallversicherung nach § 539 Abs. 1 Nummer 1 und 13 RVO (oben § 11 II 2).

---

[9] OLG Düsseldorf VRS 1968, 32.

[10] Vgl. Schülermitverantwortungs-Erlaß von Hessen (abgedruckt bei *Hinrichs* S. 71); Schülermitverantwortungs-Erlaß von Schleswig-Holstein (abgedruckt bei *Hinrichs*, S. 112).

§ 13 Schülerlotse und Lehrkräfte

Der Lotse muß die Lehrkräfte bei ihrer Tätigkeit unterstützen und ihre Weisungen bei der Schulwegsicherung befolgen. Außerdem ist er verpflichtet, das Lehrpersonal vor Schäden der ihm anvertrauten Schüler zu bewahren.

Verletzt der Schülerlotse in Ausübung seines Dienstes eine Pflicht gegenüber dem Schulpersonal, dann kann er in mehrfacher Hinsicht zur Rechenschaft gezogen werden:

Die strafrechtliche Verantwortlichkeit des Lotsen hängt davon ab, ob er im Zeitpunkt der Tat das 14. Lebensjahr vollendet hat (oben § 10 II 2). Im übrigen verfügt die Schule aufgrund des Schul- und Amtshelferverhältnisses über mehrere Möglichkeiten, Verstöße zu sanktionieren (oben § 10 II): Vermögensrechtlich wird der Schülerlotse nicht selbst betroffen, weil er bei der Wahrnehmung der Schulwegsicherung ein öffentliches Amt bekleidet (oben § 11 III 2 c) und § 637 Abs. 4 RVO die Haftungslast auf den Sozialversicherungsträger verschiebt.

Ein Schulbediensteter, der bei der Schulwegsicherung einen Schaden erleidet, hat aus dem beamten- oder arbeitsrechtlichen Fürsorgeverhältnis einen Anspruch gegen seinen Dienstherrn. Das Fehlhandeln des Lotsen kann dem Schulträger über § 278 BGB zugerechnet werden. Unabhängig davon steht dem geschädigten Bediensteten ein Anspruch nach Art. 34 GG, § 839 BGB zu. Das in § 839 BGB normierte Subsidiaritätsprinzip gilt ausnahmsweise nicht, weil sich der Anspruch gegen den gleichen Verwaltungsträger richtet[1] (oben § 11 III 2 c). Diese Ansprüche bestehen aber nur insoweit, als die Unfallversicherung keine Leistungen aufgrund § 539 Abs. 1 Nummer 1 gewährt, weil zum Beispiel Beamten versicherungsfrei sind (§ 541 RVO).

Wie bereits dargelegt wurde, sind die Schüler nach den zur Zeit gültigen Erlassen und Dienstanweisungen nicht zur Benutzung der Lotsen-Übergänge verpflichtet. Diese Pflicht besteht erst recht nicht bei Schulbediensteten, da die Schulwegsicherung nur für die Schüler eingerichtet wurde. Die Lehrkräfte sind nicht gehalten, die Weisungen der Lotsen zu befolgen. Andererseits dürfen die Lehrer die Tätigkeit der Lotsen auch nicht behindern oder in Frage stellen.

Daher ist es problematisch, ob eine Lehrkraft nicht aus pädagogischen Gründen verpflichtet ist, sich den Weisungen der Lotsen zu unterwerfen und nicht unabhängig von dessen Zeichen die gesicherten Übergänge zu überqueren. Dadurch könnte der Lehrer einmal die wichtige verkehrserzieherische Aufgabe der Lotsen im Straßenverkehr unter-

[1] *Wolff*, I § 64 II S. 444.

streichen. Der Respekt und die Achtung der Mitschüler für die Lotsenarbeit ließe sich dadurch wirksam steigern. Zum anderen könnte man ein widersprüchliches Verhalten des Lehrers vermeiden. Er darf nicht einerseits die Schüler auf die Wichtigkeit der gesicherten Übergänge aufmerksam machen und anderseits selbst die Weisungen der Lotsen ignorieren. Damit würde er den Lotsen keinen guten Dienst erweisen. Wenn ein Lehrer die Straße allein überquert, müßten sie machtlos zusehen, wie einige betreute Schüler nachfolgen. Die Schüler könnten sich auf das schlechte Beispiel des Lehrers berufen. Es ist daher eine pädagogische Pflicht des Lehrers, die Zeichen der Schülerlotsen zu respektieren. Diese Pflicht kann aber nur dann zur Rechtspflicht erhoben werden, wenn ein Erlaß oder Dienstanweisungen den Lehrer in diesem Punkt binden.

Bei schwerwiegenden Amtspflichtverletzungen beamteter Lehrkräfte kann man erwägen, den Amtswalter nicht nur strafrechtlich, sondern auch disziplinarrechtlich zu belangen[2].

Begeht ein Lehrer eine Amtspflichtverletzung in Ausübung seines Dienstes, dann entfällt eine Eigenhaftung gegenüber dem geschädigten Schülerlotsen. Der Schulträger hat für den entstandenen Schaden einzustehen, weil er sich das fehlerhafte Verhalten des Lehrers über Art. 34 GG und § 278 BGB zurechnen lassen muß (oben § 11 II und III). Wegen der übrigen Ersatzmöglichkeiten wird auf § 11 II verwiesen.

§ 14 Schülerlotse und Verkehrswacht

Zu Beginn der Untersuchung wurde festgestellt, daß die Schulwegsicherung eine schulische Angelegenheit ist und der Lotse in einer rechtlichen Sonderverbindung zur Schule steht. Damit wurde aber noch nicht erörtert, ob auch zwischen der Verkehrswacht und dem Schülerlotsen Rechtsbeziehungen existieren. Seine Zugehörigkeit zu dieser Hilfsorganisation läßt sich vermuten, weil der Schülerlotse bei einer Dienstausübung Kennzeichen und Symbole der Verkehrswacht trägt. Oberflächlich betrachtet unterscheidet sich der Lotse nicht von einem Helfer des Roten Kreuzes oder einem Angehörigen einer anderen ehrenamtlich tätigen Organisation. Diese Helfer sind aber regelmäßig durch ein Auftragsverhältnis mit der jeweiligen Vereinigung rechtlich verbunden[1].

---

[2] Vgl. z. B. §§ 2 und 3 BDO.

[1] Vgl. H. H. *Klein*, DVBl 68, 129; *Kriebel*, DÖV 62, 766.

Daher verwundert es nicht, wenn einige Autoren den Lotsendienst ausschließlich der Verkehrswacht zuordnen und dem Lotsen Hoheitsbefugnisse absprechen. Drews - Wacke erörtert den Schülerlotsen beispielsweise nur unter verkehrsrechtlichen Gesichtspunkten, seine Funktion in der Schule wird nicht gesehen[2]. Dasselbe trifft für die Stellungnahme Boges zu, der in der Schulwegsicherung eine rein privatrechtliche Einrichtung der Verkehrswacht sieht[3]. Weimar meint, der Lotsendienst sei eine Aufgabe der Verkehrswacht mit der eigenartigen Begründung, die Lotsen trügen keine Uniform.

Weimars Auffassung ist unzutreffend, weil das Markmal „Uniform" keine zwingende Abgrenzung zwischen staatlichen und privaten Organisationen erlaubt. Selbst wenn die Lotsen eine Uniform tragen würden, könnte man sie nicht mit Sicherheit dem staatlichen Bereich zuordnen. Auch die Helfer des Roten Kreuzes sind Uniformträger. Die anderen Autoren verkennen, daß der Lotse weder in gesetzlichen, noch in vertraglichen dienst- oder auftragsrechtlichen Beziehungen zur Verkehrswacht steht. Der Lotsendienst ist wegen seines engen Zusammenhangs mit der Schule nicht mit der Tätigkeit anderer Hilfsorganisationen zu vergleichen. Die freiwilligen Wohlfahrtsverbände werden im eigenen Namen tätig. Sie arbeiten nicht ständig, wie dies beim Lotsendienst der Fall ist, rechtlich mit einem Hoheitsträger zusammen, von dem sie weitgehend abhängig sind. Der Schülerlotse ist kein Verkehrswacht-Lotse, weil er im Namen der Schule handelt und deren Befugnisse wahrnimmt. Die Lotsen sind auch keine Helfer der Verkehrswacht, die der Schule zur Verfügung gestellt werden.

Aus diesem Grund kommt der Verkehrswacht im Verhältnis zur Schule nur eine untergeordnete Bedeutung zu. Ihre Rolle erschöpft sich — wie in § 4 dargestellt wurde — in der Betreuung und Förderung der Schülerlotsen. Sie beteiligt sich daneben an der organisatorischen Aufstellung und Durchführung des Lotsendienstes. Dagegen unterhält die Verkehrswacht zu den einzelnen Schülerlotsen keine vertraglichen Beziehungen. Ihre Beratung und Unterstützung richtet sich grundsätzlich nur an die Schule und nicht an die einzelnen Lotsen.

Rechtsbeziehungen zwischen der Verkehrswacht und einzelnen Lotsen können aber bei Schenkungen der Verkehrswacht begründet werden. Die Verkehrswacht kümmert sich um das Wohl der Lotsen, weil sie an ihrer Arbeit interessiert ist. Ihre Unterstützungen sind vielgestaltig: Sie verleiht Zugehörigkeits- und Bewährungsabzeichen, veranstaltet Informationstagungen, spricht Anerkennungen aus und führt Jahrestreffen für die Lotsen durch[4]. Außerdem gibt sie die Zeitschrift

[2] *Drews - Wacke*, Allgemeines Polizeirecht S. 492 ff.
[3] *Boge*, Der Verwaltungshelfer S. 115 f.
[4] Handbuch der Verkehrswacht S. 12, 17; Schülerlotsenbuch S. 11.

„Der Schülerlotse“ heraus. Jeder Lotse erhält bei seinem Dienstantritt ein Lotsenbuch, das ihn über seine Rechte und Pflichten aufklärt und in das er besondere Vorkommnisse eintragen kann. Die Ausrüstung der Schülerlotsen wird von den Verkehrswachten beschafft. Sie wird den Schulen leihweise zur Verfügung gestellt, die sie den Schülern aushändigen.

Weit wichtiger als diese Maßnahmen ist aber die Vorsorge und der soziale Schutz, den die Verkehrswacht für die Lotsen bereithält. Bevor die Lotsen ihren Dienst aufnehmen, erklärt die örtlich zuständige Verkehrswacht die Haftungs- und Versicherungsfrage. Sie schließt — wie festgestellt wurde — eine Unfall- und Haftpflichtversicherung als Vertrag zugunsten Dritter ab, damit die Lotsen keinen persönlichen Ansprüchen Dritter ausgesetzt sind und selbst eine ausreichende Unfallfürsorge erhalten. Der Abschluß einer Haftpflicht- und Unfallversicherung der Verkehrswacht erübrigt sich für den *schulischen* Bereich, seitdem die Schüler durch die Schülerunfallversicherung ausreichenden Schutz erhalten (§ 539 Abs. 1 Nummer 14 RVO — vgl. oben § 12 II 2). Nach § 637 Abs. 4 RVO sind Ansprüche der Schüler gegenüber den Schülerlotsen ausgeschlossen, weil sie gleichfalls im Bereich der Schule tätig und selbst gegen Unfall versichert sind. Unabhängig davon hält die Verkehrswacht ein Härtefonds des Bundesverkehrsministeriums bereit, der bei schweren Eigenunfällen der Lotsen eingreift. Trotz dieser weitverzweigten Betreuungsfunktion der Verkehrswacht entstehen keine rechtlichen Beziehungen zu den Lotsen, weil sie nur freiwillige Leistungen ohne Rechtspflicht gewährt.

Wie festgestellt wurde ist die Fürsorgepflicht für die Schülerlotsen ausschließlich Angelegenheit des schulischen Hoheitsträgers. Da er die Lotsen beauftragt und die Vorteile der Schulwegsicherung in Anspruch nimmt, muß er sich auch um den Schutz der Lotsen kümmern. Es ist bedauerlich und für die öffentliche Hand beschämend, daß die Schule ihre Pflichten bisher vernachlässigt hat. Nur weil sie ihre Fürsorgeaufgabe nicht erfüllt, mußte private und staatlich geförderte Initiative eingesetzt werden, um wenigstens einen ausreichenden Versicherungsschutz für die Helfer zu erhalten.

Die Verkehrswacht handelt bei der Finanzierung des Lotsendienstes nur aus Gefälligkeit. Sie kann ihre freiwilligen Unterstützungsleistungen jederzeit unbedenklich einstellen[5]. Dies würde aber unmittelbar zu einem totalen Zusammenbruch des Lotsendienstes führen. Denn es ist unbestreitbar, daß das langjährige Bestehen und die ständige Einsatzbereitschaft des Lotsendienstes allein der großzügigen Unterstützungs-

---

[5] Inwieweit das für den außerschulischen Bereich zutrifft, ist im zweiten Hauptteil zu klären.

bereitschaft der Verkehrswacht zu verdanken ist. Die Schulen sind bisher sehr zurückhaltend, wenn es um die Fürsorge der Lotsen geht. Aus diesem Grund sollten sie sich ihrer Fürsorgepflicht gegenüber den Schülerlotsen besinnen und die soziale Betreuung nicht anderen Einrichtungen überlassen. Diese Haltung kann sich nur zum Nachteil der freiwilligen Helfer und der betreuten Schulkinder auswirken.

Da der Verkehrswacht keine Pflichten auferlegt sind, steht ihr auch nicht das Recht zu, den Schülerlotsen Anweisungen zu erteilen. Die Befolgung der Richtlinien und Schülerlotsenerlasse können nur die Lehrer durchsetzen. Auch das fehlerhafte Verhalten eines Schülerlotsen ist der Verkehrswacht nicht zuzurechnen, weil sie den Lotsen nicht zur Schulwegsicherung bestellt hat[6]. Der Lotse kann im Schadensfall lediglich aus dem Versicherungsvertrag Deckung verlangen, der zu seinen Gunsten abgeschlossen wurde.

§ 15 Schülerlotse und Verkehrspolizei

Da sich der Schülerlotsendienst im Straßenverkehr abspielt, weist er zahlreiche Berührungspunkte mit den Aufgaben und Zuständigkeiten der Verkehrspolizei auf. Deshalb wird der Lotse gelegentlich als „Kinderpolizist“ oder „Hilfspolizist“ bezeichnet. Will man diesen Bezeichnungen rechtliche Relevanz beimessen, dann müßte man klären, ob Rechtsbeziehungen mit der Polizei bestehen und ob sie seine schulische Tätigkeit beeinflussen darf.

Wie sich schon aus dem Begriff „Schülerlotsendienst“ ergibt, soll der mit der Schulwegsicherung beauftragte Schüler in erster Linie eine Aufgabe der Schule erledigen. Der Schülerlotsendienst ist kein allgemeiner Verkehrshilfsdienst, sondern nur zusätzliche Hilfe für die Schüler. Er ist nicht Polizeiersatz, sondern Lehrerersatz[1].

Zwar liegt es nahe, den Schülerlotsen als allgemeinen Verkehrshelfer der Polizei zu qualifizieren, weil er mit uniformähnlichen Kennzeichen ausgestattet ist und über eine rote Winkerkelle verfügt. Die Aufgabe der Polizei beschränkt sich jedoch bei der Schulwegsicherung auf die Ausbildung der Lotsen und die Auswahl geeigneter Übergänge. Die Schule schaltet die Polizeibehörde nur ein, weil sie in verkehrsrechtlichen Fragen nicht so erfahren ist. Daraus darf man aber keine Rechts-

[6] Vgl. § 14 Anm. 5.

[1] Handbuch der Verkehrswacht S. 11; Schülerlotsenbuch S. 6; OLG Köln NJW 68, 655 ff.; OLG Düsseldorf VRS 68, 30 ff.; AG Müllheim, Urteil vom 5. 3. 1971, Aktenzeichen II Ds 92/70.

beziehung zwischen Lotsen und Verkehrspolizei konstruieren. Die Schule stellt ihre Lotsen nur zu einem Lehrgang bei der Verkehrspolizei ab. Dort werden sie theoretisch und praktisch unterwiesen. Die Polizei leistet also der Schule und nicht den Lotsen Amtshilfe. Aber selbst wenn sie die Schülerlotsen während ihres Einsatzes betreut und berät, bedarf es keiner rechtlichen Sonderverbindung mit der Polizei. Diese Betreuungsfunktion nehmen die Polizeibeamten im Rahmen ihrer „Freund- und Helfer"-Funktion wahr.

Nach der Schülerlotsen-Entscheidung des Oberlandesgerichts Köln werden die Lotsen von den zuständigen *Stellen* bestellt[2]. Hinter dieser Formulierung könnte man vermuten, daß sich auch die Polizei an der Verleihung von Hoheitsrechten beteiligt. Diese Interpretation scheidet aber aus, weil der Schülerlotse keine polizeilichen Funktionen gegenüber den Schülern ausüben soll.

In den Erlassen und Dienstanweisungen kehrt stereotyp der Satz wieder, daß die Lotsen nicht an Stelle der Polizei tätig werden und nicht deren dienstliche Funktionen ausüben[3]. Es fehlt daher bereits am Willen der zuständigen Polizeibehörden, den Schülern polizeiliche Befugnisse einzuräumen, obwohl sie rechtlich dazu in der Lage wären. Denn die Polizei ist für die Verkehrsregelung, die Schule aber zur Aufsichtsführung über die ihr anvertrauten Schüler verantwortlich. Der Schülerlotse soll aber gerade nicht verkehrsregelnd tätig werden, sondern nur Anweisungen im Rahmen der Anstaltsgewalt der Schule erteilen, deren Einflußbereich auf die Schulwegsicherung ausgedehnt wurde.

Da zwischen der Polizeibehörde und dem Lotsen keine Rechtsbeziehungen bestehen, ist fraglich, inwieweit die Polizeibeamten in die Ausübung der Schulwegsicherung eingreifen dürfen. Ausgangspunkt ist die Tatsache, daß dem Schülerlotsen nicht die Rechte eines Polizeibeamten zustehen und ihn daher auch nicht dessen Pflichtenstellung trifft. Deshalb kann die Polizeibehörde ihm gegenüber nicht als Dienstvorgesetzter auftreten und ihn aus diesem Blickwinkel Weisungen erteilen. Der Lotse ist aber ein Verkehrsteilnehmer wie jeder andere, der nur faktisch (Kennzeichen, Funktion) aus dem Kreis der übrigen Verkehrsteilnehmer herausgehoben ist. Er hat daher die Weisungen eines Polizeibeamten in demselben Umfang wie ein Verkehrsteilnehmer zu befolgen. Das bedeutet, der Verkehrspolizist kann jederzeit aus verkehrsrechtlichen Gründen in die Schulwegsicherung eingreifen. Diese Befugnis würde Polizisten auch zustehen, wenn ein Lehrer oder ein

---

[2] OLG Köln NJW 68, 655.

[3] Schülerlotsenbuch S. 6; Handbuch der Verkehrswacht S. 11 ff.; Polizei-Praxis 1953, 106; *Engelmann*, Polizei-Praxis 1959, 109.

Vereinsvorstand die Straßensicherung einer Gruppe übernimmt. Darüber hinaus kann ein Polizeibeamter einem Lotsen lediglich Ratschläge erteilen, will er nicht in die Kompetenz der Schule eingreifen. Hier darf nur der zuständige Verkehrslehrer verbindliche Weisungen erteilen (z. B. Ablösung des Lotsen, Verhalten gegenüber Schülern), weil der Lotse Vertreter der Schule ist[4].

Die bisherige Praxis ist hingegen inkonsequent. Danach wird der Schülerlotse unter der Aufsicht und der gelegentlichen Kontrolle der Polizei eingesetzt. Ein Polizeibeamter soll sich im ersten Monat der Dienstausübung in der Nähe der Einsatzstelle aufhalten[5] und dem Lotsen Anweisungen erteilen. In beiden Fällen nehmen Polizeibeamte Zuständigkeiten der Schule wahr. Es wäre dagegen ratsamer, wenn sich Lehrkräfte zur Kontrolle an den Übergängen einfinden würden, weil nur sie die Verantwortung für den Einsatz der Lotsen tragen.

Den Polizeibehörden ist insbesondere das Recht abzusprechen, die Dienstausübung bis auf Widerruf zu gestatten[6]. Wenn ein Lotse das Ausbildungsziel nicht erreicht oder später während des Dienstes versagt, kann er nur auf Anordnung der Schule vom Lotsendienst entbunden werden. Die Schule will ihre Verantwortung nicht auf die Polizeibehörden delegieren. Daher hat die Polizeibehörde die Entscheidungen der Schule zu respektieren. Ein polizeilicher Widerruf wäre ein unzulässiger Eingriff der Polizeiverwaltung in die Hoheitsrechte der Schule. Deshalb ist auch das „Dienstbuch“ der Schülerlotsen dem diensthabenden Polizeibeamten nicht auf Verlangen vorzuzeigen[7]. Zur Einsichtnahme wegen besonderer Vorkommnisse ist nur der Verkehrsobmann der Schule befugt.

---

[4] So richtig: Die Polizei 1970, 292 und Schülerlotsenbuch S. 23.

[5] Polizei-Praxis 1953, 106; *Engelmann*, Polizei-Praxis 1959, 109; Schülerlotsenbuch S. 14 f.; Handbuch der Verkehrswacht S. 15; Verwaltungsvorschrift über den Schülerlotsendienst Berlin vom 20. 11. 1964, Amtsblatt für Berlin 1964 S. 1149 ff.

[6] Diese Praxis wird in Mannheim gehandhabt. Vgl. die Bescheinigung, die dem Schülerlotsen von der Verkehrspolizeibehörde ausgestellt wird.

[7] So aber Verwaltungsvorschrift über den Schülerlotsendienst Berlin (Nachweis vgl. Anm. 5).

Zweiter Abschnitt

Schülerlotsen im Bereich der Privatschule

Soweit ersichtlich ist der Lotsendienst an Privatschulen weder in der Literatur[1] noch in Gesetzen, Verwaltungsvorschriften oder durch die Rechtsprechung behandelt worden. In der Praxis beschützen die Schülerlotsen jedoch auch die Privatschüler auf ihrem Schulweg vor den Gefahren des Straßenverkehrs[2]. Der Grund für die Nichtbeachtung des Schülerlotsendienstes an der Privatschule mag darin liegen, daß der Lotsendienst vor allem für die 6—10jährigen Grundschüler geschaffen wurde. Wie sich aus Art. 7 Abs. 5 GG ergibt, ist die Grundschule meistens öffentlich-rechtlich ausgestaltet. Die Einsatzmöglichkeiten der Privatschul-Lotsen beschränken sich aber nicht auf private Grundschulen. In Baden-Württemberg zum Beispiel gibt es kanadische, französische und amerikanische Schulen, an denen der Lotsendienst eingerichtet ist[3]. Außerdem können auch ältere Schüler bis zum 14. Lebensjahr an einer Schulwegsicherung interessiert sein. In diesem Fall käme ein Lotsendienst an privaten Gymnasien in Betracht.

Eine allgemeine Erörterung des Schülerlotsenproblems an Privatschulen ist auch aus einem anderen Grunde gerechtfertigt: Ein Teil des Schrifttums qualifiziert den Lotsen generell als „Beliehenen" oder „Walter eines öffentlichen Amtes"[4]. Dadurch entsteht der Eindruck, daß die Schülerlotsen an öffentlichen- und Privatschulen Hoheitsträger sind.

A. Die Rechtsbeziehungen zwischen Schülerlotse und Privatschule

§ 16 Das privatrechtliche Schulverhältnis

Die Rechtsbeziehungen zwischen der Privatschule und ihren Schülern sowie deren Erziehungsberechtigten sind grundsätzlich privatrechtlicher Natur[5]. Der Beschulungsvertrag ist ein Vertrag des bürgerlichen

[1] *Zuleeg* beschränkt sich bei seinen Ausführungen ausdrücklich auf die öffentliche Schule, vgl. DÖV 70, 628 Anm. 4.

[2] Die Polizei 1970, 292.

[3] Jahrbuch der Landesverkehrswacht in Baden-Württemberg 1969 S. 12 f.

[4] Zum Beispiel *Soergel - Glaser*, § 839 Rdn. 75; *Müller*, RiA 70, 22; *Steiner*, JuS 69, 71; einschränkend *Martens*, NJW 70, 1029 f., der aber ebenfalls auf die Problematik der Privatschule nicht eingeht.

[5] *Heckel - Seipp*, Schulrechtskunde S. 175; *Weber*, DRiZ 65, 121; *Wolff*, II

Rechts. Er richtet sich nach den Regeln, die für den Dienstvertrag (§ 611 ff. BGB) gelten[6]. Der Privatschüler steht folglich nicht in einem öffentlich-rechtlich geregelten Schulverhältnis. Das Unterrichts- und Erziehungsleben an der Privatschule — insbesondere die Schulordnung und die Schulzucht — wird jedoch weniger von Normen des Privatrechts als von Normen des allgemeinen Schulrechts bestimmt. Zwar überträgt der privatrechtliche Beschulungsvertrag bei minderjährigen Schülern die Ausübung der elterlichen Erziehungsrechte auf die Schule und er unterstellt das Kind der Ordnungsgewalt der Privatschule[7]. Jedoch folgt aus der Rolle der Privatschule im Gesamtgefüge des Schulwesens und aus ihrer Organisationsform als Schule eine eigenständige Schul- und Ordnungsgewalt gegenüber den Schülern[8]. Auch die Privatschule erfüllt öffentliche Aufgaben und steht — wie sich aus Art. 7 GG ergibt — als Schuleinrichtung eigenen Gepräges gleichberechtigt neben der öffentlichen Schule[9]. Aufgrund dieser Gleichstellung darf die Privatschule alle Maßnahmen ergreifen, die in den Grenzen der allgemeinen Schulgewalt zur Durchführung und Aufrechterhaltung eines ordnungsgemäßen Schulbetriebes erforderlich sind[10].

Aus dieser exponierten Stellung der Privatschule kann man jedoch nicht ableiten, daß sie den Status eines beliehenen Unternehmers bekleidet. Das wäre nur der Fall, wenn die Ausübung öffentlicher Gewalt an Privatschulen nicht ausgeschlossen ist.

Weder die Ersatzschule, die eine öffentliche Schule ersetzen soll[11], noch die Ergänzungsschule, sind beliehene Private. Wenn die Eröffnung einer Schule genehmigt wird, müssen nicht unbedingt Hoheitsbefugnisse eingeräumt werden. Als beliehene Unternehmer sind hingegen die anerkannten Privatschulen anzusehen. Es handelt sich dabei um Schulen, denen das zuständige Kultusministerium auf Antrag die Eigenschaft einer staatlich anerkannten Privatschule verleiht[12] sofern sie bestimmte Voraussetzungen erfüllen. Mit der staatlichen Anerkennung

§ 101 VIII S. 376 ff.; *Soergel - Glaser*, § 839 Rdn. 120 S. 1128; *Heckel*, Deutsches Privatschulrecht S. 305 ff.; *Friebe*, Haftpflicht S. 206; *Campenhausen*, Erziehungsauftrag S. 79.

[6] *Weber*, DRiZ 65, 121; *Heckel*, Deutsches Privatschulrecht S. 305 ff.

[7] *Heckel*, Deutsches Privatschulrecht S. 305 ff.; *Campenhausen*, Erziehungsauftrag S. 84 ff.

[8] *Campenhausen*, Erziehungsauftrag S. 79; *Heckel - Seipp*, Schulrechtskunde S. 175; *Heckel*, Deutsches Privatschulrecht S. 305 ff.

[9] *Hochstetter*, Schulverwaltungsgesetz § 6 S. 31; *Fuß*, VVDStRL 23, 202; *Peters*, Grundrechte S. 880.

[10] *Heckel - Seipp*, Schulrechtskunde S. 175 f.; *Heckel*, Deutsches Privatschulrecht S. 305 ff.

[11] *Wolff*, II § 101 VIII S. 375.

[12] Vgl. zum Beispiel die §§ 10 und 15 des baden-württembergischen Privatschulgesetzes; *Wolff*, II § 101 S. 376.

wird der Privatschule unter anderem das Recht eingeräumt, Prüfungen abzuhalten und Zeugnisse zu erteilen. Bei den genannten Berechtigungen handelt es sich um hoheitliche Befugnisse, deren selbständige Ausübung an die privaten Schulträger mittels der staatlichen Anerkennung delegiert wurde[13]. Insoweit erlassen die Schulorgane gegenüber den von den Hoheitsmaßnahmen betroffenen Schülern Verwaltungsakte[14]. Je nach Antrag und der von den Schulaufsichtsbehörden zu beurteilenden Leistungsfähigkeit der Schüler können den einzelnen Privatschulen mehr oder weniger hoheitliche Befugnisse übertragen werden.

Nur soweit die Privatschule Beliehener ist, regeln sich die Rechtsbeziehungen zu den Schülern und deren Erziehungsberechtigten nach dem öffentlichen Recht. Der übrige Bereich unterliegt ausschließlich dem Zivilrecht[15] und dem allgemeinen Schulrecht. Dies gilt insbesondere für die Unterrichts- und Aufsichtstätigkeit der Privatschule.

Hierbei üben die Lehrkräfte kein Öffentliches Amt aus[16]. Dies folgt aus dem Sinn und Zweck der Beleihung der Privatschule. Die Privatschule soll wegen der Rechtseinheit und Chancengleichheit für die Schüler bei ihren Grundsatzentscheidungen (Versetzung, Berechtigung) mit den öffentlichen Schulen gleichgestellt werden. Davon muß aber der generelle Schulbetrieb, die Ausgestaltung des „Betriebsverhältnisses", ausgenommen werden. In diesem Bereich soll die Privatschule ihre eigenständige Schulgestaltung praktizieren[17]. Ihr darf für innerschulische Belange keine öffentliche Gewalt übertragen werden, weil dies zu einer völligen Verstaatlichung führen würde. Das wäre ein Verstoß gegen Art. 7 GG, der die Verstaatlichung von Privatschulen verbietet. Daraus folgt, daß die Aufsichtstätigkeit der Privatschule zwar staatlich legitimiert ist, weil die Bundesländer Privatschulgesetze erlassen haben. Sie erhält ihre weitere Berechtigung jedoch nicht aus staatlichem Recht, sondern aus eigenem Recht und dem der Eltern.

Die Wahrnehmung der Schulwegsicherung gehört auch an der Privatschule nicht zu den Pflichten, welche die Schüler innerhalb des Schulbetriebs erfüllen müssen. Da der Schülerlotse Aufsichts- und Fürsorgeaufgaben des Lehrpersonals wahrnehmen soll, ist eine *besondere Rechtsbeziehung* zwischen dem Schülerlotsen und der Privatschule erforderlich, die neben dem privatrechtlichen Schulverhältnis steht. Auf

---

[13] *Campenhausen,* Erziehungsauftrag S. 84 ff.; *Evers,* JuS 67, 257 ff.; BVerwGE 17, 41; *Michaelis,* Der Beliehene S. 125 f.; *Martens,* Öffentlich S. 135 f.; *Soergel - Glaser,* § 839 Rdn. 120; VG Kassel RWS 62, 246.

[14] *Wolff,* II § 101 VIII S. 375 f.

[15] *Wolff,* II § 101 VIII S. 376 f.; *Reuter,* BVBl 1959, 409 f.; *Michaelis,* Der Beliehene S. 192.

[16] *Friebe,* Haftpflicht S. 280; *Weber,* DRiZ 65, 121.

[17] *Campenhausen,* Erziehungsauftrag S. 84.

die Ausführungen über das verwaltungsrechtliche Grundverhältnis des Schülerlotsen mit der öffentlichen Schule (oben § 6) kann nicht Bezug genommen werden, da diese Rechtsbeziehung dem öffentlichen Recht angehört.

Für den Privatschullotsen ist ein privatrechtliches Rechtsverhältnis angemessen, weil die Verträge der Privatschule mit Dritten grundsätzlich im Privatrecht wurzeln. Das gilt einmal für den Beschulungsvertrag, zum anderen aber auch für den Dienstvertrag der Privatschullehrer[18]. Da die Lotsen Lehrerfunktionen ausüben, können sie ebenso privatrechtlich wie die Lehrkräfte verpflichtet werden. Im übrigen genügt eine privatrechtliche Sonderverbindung, weil die Privatschulen bei der Erfüllung des Schulbetriebs keine öffentliche Gewalt ausüben.

Welcher Vertragstyp eignet sich für das Schülerlotsenverhältnis? Ein Dienstvertrag entfällt, weil der Lotsendienst unentgeltlich geleistet wird. Ein Arbeitsvertrag mit der Schule scheidet aus, da der Schülerlotse nicht in den „Betrieb“ Privatschule als Arbeitnehmer eingegliedert ist. Dagegen bietet sich ein Auftragsverhältnis nach § 662 ff. BGB an. Mit der Annahme des Auftrages verpflichtet sich der Lotse, die Schulwegsicherung für die Privatschule zu besorgen. Der Vertrag ist wirksam, wenn die Erziehungsberechtigten zustimmen (Art. 6 Abs. 2 GG), weil er dem Schülerlotsen Rechtspflichten auferlegt (§ 107 BGB).

§ 17 Die Übertragung eigenständiger Ordnungsgewalt

Da der Staat zur Wahrnehmung von Aufsichts- und Fürsorgeaufgaben auf die Privatschulträger keine hoheitlichen Befugnisse delegiert, besitzt die Privatschule nicht die Rechtsmacht, dem Lotsen hoheitliche Zuständigkeiten zu verleihen. Dennoch soll die Schulwegsicherung an Privatschulen von Schülern und nicht durch Lehrkräfte erledigt werden. Die Mitschüler sollen auch an Privatschulen die Anordnungen der Lotsen befolgen. Den Privatschul-Lotsen muß gegenüber ihren Mitschülern also dieselbe Rechtsstellung eingeräumt werden, welche die Schülerlotsen an öffentlichen Schulen einnehmen. Wie bereits erwähnt verfügt die Privatschule über eine eigene Schul- und Ordnungsgewalt. Mit Hilfe dieser Erziehungsgewalt verwirklichen die Lehrkräfte die Schulordnung und üben Aufsichts- sowie Fürsorgeaufgaben aus. Diese Lehrerrechte dürfen — ebenso wie an der öffentlichen Schule — im Rahmen der Selbstorganisation der Privatschule und der pädago-

[18] *Wolff*, II § 101 VIII S. 376 f.

gischen Erfordernisse einzelnen Schülern fallweise übertragen werden. Die beauftragten Schüler erhalten damit die Erlaubnis, als Vertreter der Privatschule einzelne Schulzuständigkeiten zu erfüllen.

Im Gegensatz zur öffentlichen Schule bestehen bei der Privatschule keine Bedenken gegen eine freiere Gestaltung des Schulbetriebes, damit sie dem Schulleben ein eigenes Gepräge geben kann. Sie ist ein ideales Experimentierfeld für die Beteiligung von Schülern und außenstehenden Dritten an ihrer Schularbeit, da sie nicht so sehr den öffentlich-rechtlichen und schulbehördlichen Bindungen der öffentlichen Schule unterliegt.

§ 18 Pflichtenstellung des Schülerlotsen gegenüber der Privatschule

I. Die Pflichten des Schülerlotsen aus dem Auftragsverhältnis

Auf Grund des Dauerauftrages mit der Schule unterliegt der Privatschul-Lotse den gleichen Pflichten wie der Lotse an der öffentlichen Schule (Dienst- und Gehorsamspflicht). Er muß die Schulwege sichern und untersteht den Weisungen der Lehrkräfte, die seine Tätigkeit überwachen (oben § 10 I).

II. Folgen bei Pflichtverletzungen

1. Nichtvermögensrechtliche Folgen

Ein Fehlverhalten des Schülerlotsen kann auf verschiedene Weise geahndet werden: Bei groben Verstößen des Lotsen (ernsthafte Körperverletzung eines Mitschülers) ist eine strafrechtliche Ahndung der Pflichtverletzung zu erwägen. Sie setzt jedoch voraus, daß der Lotse nach § 1 Abs. 2 JGG strafrechtlich verantwortlich ist (oben § 10 II 1). Der Schülerlotse an Privatschulen kann jedoch keine Amtsdelikte begehen, da er kein Träger von Hoheitsrechten ist. Eine schuldisziplinarische Verfolgung von Verfehlungen kommt nur in Ausnahmefällen in Betracht (oben § 10 II 1). Der Privatschule steht jederzeit die Möglichkeit offen, den Schülerlotsen bei Pflichtverletzungen von seinem Dienst zu suspendieren. Dieses Recht ist Bestandteil des privatrechtlichen Auftrages. Es ergibt sich außerdem aus der Letztverantwortung der Privatschule für alle Schulveranstaltungen.

2. Vermögensrechtliche Folgen und ihre Einschränkung

Entsteht der Schule durch das Verhalten des Schülerlotsen ein Schaden, dann ist der Schülerlotse grundsätzlich zum vollen Schadensersatz verpflichtet. Die haftungsrechtliche Verantwortlichkeit des Lotsen könnte jedoch eine Modifizierung erfahren, weil der Schülerlotse ehrenamtlich und unentgeltlich und zum Vorteil der Schule tätig wird. Keine Haftungsbeschränkung ergibt sich aus dem privatrechtlichen Auftragsverhältnis. Obwohl der Auftrag ein Gefälligkeitsvertrag ist, hat der Gesetzgeber im Gegensatz zu anderen Vertragstypen dieser Gattung das Haftungsmaß nicht gemindert. Die Rechtsordnung hält mehrere Einschränkungsmöglichkeiten bereit, die den Lotsen vor einer Inanspruchnahme seines Auftraggebers bei Direkt- oder Rückgriffansprüchen schützen können. Anknüpfungspunkt für Haftungserleichterungen ist die Fürsorgepflicht des Privatschulträgers und die Gleichstellung mit dem Lotsen an öffentlichen Schulen.

Die haftungsrechtliche Verantwortlichkeit des Lotsen entfällt, wenn er bei Begehung der schädigenden Handlung nicht über die erforderliche *Einsichtsfähigkeit* verfügt (§§ 276, 828 Abs. 2 BGB). In solchen Fällen kann der Lotse nicht in Anspruch genommen werden, selbst wenn er rechtswidrig und schuldhaft gehandelt hat (oben § 10 II 2).

Nachteilige Haftungsfolgen kann man auch mit einem vertraglichen *Haftungsausschluß* vermeiden. Nur die Haftung wegen Vorsatzes darf dem Schuldner nicht im voraus erlassen werden (§ 276 Abs. 2 BGB, vgl. aber § 278 Satz 2 BGB). Für einen Haftungsausschluß kommen zwei Vertragsgestaltungen in Betracht: Der Haftungsausschluß kann einmal auf einer Vereinbarung zwischen dem Schulträger, dem Lotsen und dessen Eltern beruhen. Zum anderen kann der Schulträger seine Haftung gegenüber den Erziehungsberechtigten ausschließen, deren Kinder vom Lotsendienst betroffen sind[1].

Bei der zweiten Vertragskonstellation kann auch eine Abrede über einen Haftungsausschluß zugunsten Dritter — nämlich des Schülerlotsen — getroffen werden (Gegenstück zum Vertrag mit Schutzwirkung für Dritte). Ein Haftungsausschluß mit Drittwirkung liegt vor, wenn der Schulträger die Bediensteten und die mit besonderen Aufgaben betrauten Schüler in den Schutz der Freizeichnung einbezieht. Diese Konstruktion beruht auf der Erwägung, daß dem Lotsen die Verletzung einer Rechtspflicht nur deshalb vorwerfbar ist, weil er im Pflichtenkreis des Vertragsschuldners tätig wurde. Es wäre daher unbillig ihn schärfer haften zu lassen, als den Schulträger selbst[2].

---

[1] Vgl. *Weimar*, RiA 70, 169 ff.

[2] Vgl. *Larenz*, Schuldrecht I S. 129.

Der Bundesgerichtshof hat den Haftungsausschluß zugunsten Dritter bei einem Rechtsstreit gegen eine Bewachungsgesellschaft für das Wachpersonal anerkannt[3]. Es bestehen keine stichhaltigen Bedenken, diese Lösung auch auf die Privatschule anzuwenden. Im Gegensatz zur öffentlichen Schule weist sie keinen Monopolcharakter auf, der eine Haftungsbeschränkung verbietet[4]. Außerdem liegt dem Schulverhältnis ein privatrechtlicher Vertrag zugrunde, dessen Ausgestaltung grundsätzlich den Parteien überlassen bleiben muß. Die Erziehungsberechtigten können selbst darüber entscheiden, ob sie ihr Kind einer Privatschule anvertrauen, die einen Haftungsausschluß vorsieht.

Schließlich ist zu bedenken, daß die Einführung der Schulwegsicherung eine freiwillige zusätzliche Fürsorgeleistung der Privatschule ist, die auch im Interesse der Eltern erbracht wird. Daher ist ein Haftungsausschluß für die Ordnungsschüler und Schülerlotsen gerechtfertigt. Könnte sich die Privatschule nicht gegen Ansprüche absichern, dann würde sie den Lotsendienst wegen des Schadensrisikos möglicherweise nicht einrichten. Diese Folge wäre aber im Vergleich zum Haftungsausschluß für fahrlässiges Verhalten ein ungleich größerer Nachteil für die Schulkinder.

Eine Haftungsbeschränkung zum Vorteil des Lotsen kann dagegen nicht über eine *analoge Anwendung des Art. 34 Satz 2 GG* erfolgen. Diese Vorschrift wird gelegentlich herangezogen, um eine Haftungsminderung bei Tätigkeiten zu erreichen, die mit der Ausübung eines öffentlichen Amtes in Art. 34 GG zwar identisch sind, jedoch aus bestimmten Gründen nicht öffentlich-rechtlich erfüllt werden[5]. Eine Privatschule kann aber haftungsrechtlich nicht so behandelt werden wie eine öffentliche Schule. Die Haftungsprivilegierung des Amtswalters soll nach Ansicht der Rechtsprechung und der ganz herrschenden Meinung in der Literatur zu Recht nur bei der Ausübung hoheitlicher Befugnisse eingreifen.

Eine Haftungseinschränkung könnte sich auch ergeben, wenn die Schülerlotsentätigkeit eine *schadensgeneigte Arbeit* wäre. Dieser arbeitsrechtliche Begriff besagt, daß bei der Ausführung bestimmter Arbeiten erfahrungsgemäß mit leichten Versehen zu rechnen ist und der Schaden ein typisches Risiko des Dienstherrn darstellt. Es erscheint aber zweifelhaft, ob dieser arbeitsrechtliche Grundsatz im Schulbereich überhaupt Anwendung finden kann. Bedenken bestehen, weil das Schul- und Schülerlotsenverhältnis kein Arbeitsverhältnis ist.

---

[3] BGH JZ 62, 570.

[4] Vgl. oben § 10 II 2.

[5] *Denecke*, RdA 52, 209; *Isele*, NJW 64, 1443.

Zuleeg will die von der Rechtsprechung entwickelte Konstruktion zugunsten *aller* Schüler in das Schulverhältnis einbauen[6]. Zwar beschränkt sich seine Darstellung lediglich auf die Haftungsregelung an öffentlichen Schulen. Jedoch gelten seine Ausführungen über die privatrechtlichen Verrichtungen der Schüler auch für die Privatschule, weil sie sich insofern nicht von der öffentlichen Schule unterscheidet.

Zuleeg begründet die Gleichsetzung von Schul- und Arbeitsverhältnis damit, die Zusammenarbeit in der Schule dürfe nicht durch die Gefahr von Haftungsansprüchen belastet sein. Die Funktionsfähigkeit der Schule müsse auch bei hoher Schadensgefahr erhalten bleiben. Nur bei vorsätzlichem Handeln würden die Schüler den Boden der Zusammenarbeit verlassen und verdienten keinen haftungsrechtlichen Schutz. Im übrigen besäßen die Schüler nicht die erforderliche Einsichtsfähigkeit und das nötige Verantwortungsbewußtsein, so daß die Heranziehung dieser arbeitsrechtlichen Prinzipien gerechtfertigt sei.

Gegen die vorbehaltlose Anwendung dieses Instituts im Schulverhältnis bestehen jedoch erhebliche Bedenken. Die Idee der Haftungsreduktion gegenüber dem Arbeitgeber beruht auf der *Fürsorgepflicht* und dem *Betriebsrisiko* des Dienstherrn[7]. Wer die Vorteile eines Unternehmens für sich beansprucht, soll auch für die Nachteile einstehen, die sich aus der Tätigkeit ergeben. Die Nachteile sollen nicht deshalb entfallen, weil die Arbeitsleistung nicht von dem Unternehmer selbst, sondern von seinem Erfüllungsgehilfen erbracht wurde. Nur deshalb kann der Unternehmer bei Eigen- und Rückgriffsansprüchen nicht stets den vollen Ersatz verlangen. Die Fürsorgepflicht im Schulverhältnis ist aber nur eine Nebenpflicht, weil sich die Hauptziele der Schule aus Unterricht und Erziehung, also dem Bildungsauftrag, ergeben. Daher darf man arbeitsrechtliche Konstruktionen nur dann auf die Schule übertragen, wenn eine gewisse Vergleichbarkeit besteht. Das ist im Schulverhältnis nicht der Fall. Die Haftungsbeschränkung ist Ausfluß der Fürsorgepflicht des Arbeitgebers, die als Korrelat zur Arbeit- und Weisungspflicht als *Haupt*pflicht ausgestaltet ist. Selbst „Enge" Rechtsbeziehungen rechtfertigen keine analoge Anwendung dieser arbeitsrechtlichen Erscheinung. Daß das Merkmal „eng" kein Maßstab für den Umfang der Fürsorgepflicht ist, zeigt sich am Gefangenenverhältnis. Es ist zweifellos ein sehr enges besonderes Gewaltverhältnis und trotzdem steht die Fürsorge für den Häftling nicht im Vordergrund.

Außerdem greifen die Prinzipien der gefahrengeneigten Arbeit nur ein, wenn eine Arbeitsleistung vorliegt. Der Schulbetrieb ist aber nicht

---

[6] *Zuleeg*, DÖV 70, 632 ff.

[7] *Larenz*, Schuldrecht II S. 213; *Palandt*, § 611 Anm. 2 aa.

durch das Erbringen von Arbeitsleistungen gekennzeichnet, sondern er weist vornehmlich Erziehungscharakter auf. Das bedeutet: Der Schüler arbeitet und lernt nicht zum Vorteil und zum Nutzen der Schule, sondern für sich. Er stellt seine Arbeitskraft nicht der Schule zur Verfügung, damit sie Leistungen erbringen kann. Kleinere Verrichtungen, (Kreide holen, Landkarten beschaffen), zu denen man allerdings nicht mehr die Aufsichtsführung und den Lotsendienst zählen kann, sind pädagogisch gerechtfertigte Maßnahmen, aber keine Arbeitsleistungen. Wesentliches Erfordernis für eine analoge Anwendung der Grundsätze der schadensgeneigten Arbeit ist aber gerade der Vorteilscharakter der Leistung für den Arbeitgeber, der nur deshalb auch Schadensnachteile tragen soll[8]. Unabhängig davon ist der normale Schulbetrieb nur die Verwirklichung des allgemeinen Lebensrisikos, das keinem besonderen Personenkreis aufgebürdet werden kann, sondern von jedem selbst zu tragen ist. Daher kommt eine generelle Anwendung dieses Instituts für die Schule nicht in Betracht.

Dagegen könnte der Gedanke der schadensgeneigten Arbeit für den Schülerlotsen fruchtbar gemacht werden. Er handelt, wie wir gesehen haben, zum Vorteil der Schule und entlastet die Lehrer, weil er ihnen Verantwortung abnimmt. Die Fürsorge für den Aufsichtsschüler ist stärker ausgeprägt als für andere Schüler, weil er in einer Sonderverbindung mit der Schule steht. Die Lotsentätigkeit ist auch eine schadensgeneigte Beschäftigung, denn bei einer Dienstausübung im Straßenverkehr ist stets mit leichter Unaufmerksamkeit zu rechnen. Dem Lotsen kann es vor allem passieren, daß er eine Verkehrssituation falsch bewertet[9] und dadurch Schäden entstehen.

Es ist allerdings umstritten, ob *arbeitsrechtliche Grundsätze* auch *im Auftragsrecht* berücksichtigt werden dürfen. Die Auftragsregeln sprechen dagegen, weil sie trotz ihres fehlenden pekuniären Charakters keine Haftungsverkürzung im Gefolge haben. Es gilt vielmehr der in § 276 BGB niedergelegte Haftungsgrundsatz, wonach der Beauftragte auch für leichte Fahrlässigkeit bei der Erfüllung seiner Tätigkeit einzustehen hat. Weiter kann man anführen, daß sich das Institut der gefahrgeneigten Arbeit nur auf typische Arbeitsverhältnisse erstrecken soll, die eine Eingliederung des Arbeitnehmers und einen entgeltlichen Charakter aufweisen.

Neumann-Duesberg hat aber überzeugend dargelegt, daß die arbeitsrechtliche Haftungsbeschränkung auch außerhalb typischer Arbeitsverhältnisse, insbesondere bei Beauftragungen, in Betracht kommen

---

[8] *Larenz,* Schuldrecht II S. 213.

[9] *Händel,* RdJ 69, 271.

kann[10]. An einer Eingliederung als Arbeitnehmer kann es fehlen, weil eine Verpflichtung zur Arbeitsleistung ausreicht. Wie im Arbeitsrecht ist nach Neumann-Duesberg auch im Auftragsrecht der Fürsorgegedanke Anknüpfungspunkt für den innerbetrieblichen Schadensausgleich. Zwar ist dem Auftrag kein allgemeines Treue- und Fürsorgeprinzip eigen, jedoch gibt es Aufträge, die sich nicht in einem bloßen Austauschcharakter erschöpfen, sondern einen vertieften Inhalt fürsorgerischen Charakters aufweisen. Neumann-Duesberg wendet die in § 617 ff. BGB festgelegten besonderen Fürsorgepflichten auf den Auftrag an, da er gewisse personenrechtliche Züge aufweist. Er befindet sich damit in Übereinstimmung mit dem Bundesgerichtshof und Larenz[11]. Sie bejahen ebenfalls eine entsprechende Anwendung dieser Fürsorgebestimmungen, wenn der Beauftragte Dienste verrichtet, die sonst von einem Dienstverpflichteten geleistet werden müssen[12].

Bei einem Auftragsverhältnis ergibt sich das Einstehenmüssen des Auftraggebers für gewisse Risiken, die mit der Erfüllung des Auftrags zusammenhängen, auch aus einer analogen Anwendung des § 670 BGB. Denn der Geschäftsherr hat für Schäden aufzukommen, die für ihn als unvermeidbar mit der Ausführung des Auftrages erscheinen. Larenz spricht von einem gefahrbehafteten Auftrag, dessen Ausführung in den Risikobereich des Auftraggebers fällt[13].

Die eben gewonnenen Ansätze sind auch für den Lotsen an einer Privatschule verwertbar. Die Haftungsbeschränkung ergibt sich als Ausfluß der Fürsorgepflicht des Privatschulträgers, weil der Lotse Dienste leistet, die sonst von einem Lehrer verrichtet werden müßten. Denn typischerweise obliegt es den Lehrern, Aufsichts- und Fürsorgeaufgaben zu erledigen. Besonders bei den Vertretungsämtern für die Schule gilt, daß die Rechtsfigur der schadensgeneigten Arbeit Anwendung finden muß. Arbeitsverhältnis und Auftrag sind, sowohl was den Inhalt der Verpflichtung als auch die Gefahrbehaftung der Tätigkeit betrifft, gleichwertig. Man darf Lehrern an Privatschulen nicht die Haftungsbeschränkung zubilligen, dem Lotsen aber verweigern, weil er dieselbe Aufgabe erfüllt. Vor allem wird die unentgeltliche Dienstausübung berücksichtigt, wenn die Lotsen an dieser Haftungsprivilegierung teilhaben. Denn die Lohnhöhe und die Gewährung von Risikozulagen wurde bei schadensgeneigter Tätigkeit stets berücksichtigt[14]. Eine Anrechnung muß erst recht erfolgen, wenn trotz gefährlicher Tätigkeit überhaupt kein Entgelt bezogen wird. Schließlich ist haftungsmildernd

---

[10] *Neumann - Duesberg,* JZ 64, 433 ff.

[11] BGHZ 16, 265; *Larenz,* Schuldrecht II S. 262.

[12] BGHZ 16, 265.

[13] *Larenz,* Schuldrecht II S. 261.

[14] *Neumann - Duesberg,* JZ 64, 439.

zu beachten, daß der Lotse die Schulwegsicherung nur „nebenberuflich“ betreibt. Bereits das Reichsarbeitsgericht hatte den nebenberuflichen Charakter einer schadensgeneigten Tätigkeit zugunsten des Arbeitnehmers gewertet[15]. Endlich hat der Bundesgerichtshof zu verstehen gegeben, daß bei der Verletzung eines Aufsichtsschülers ein Arbeitsunfall vorliegen kann[16]. Der Träger der Unfallversicherung hat das auch anerkannt.

Die Beauftragung eines Lotsen läßt sich daher in die Kategorie der Rechtsverhältnisse einreihen, bei denen die Prinzipien der schadensgeneigten Arbeit anwendbar sind. Damit ist eine Gleichstellung der Lotsen an Privatschulen und öffentlichen Schulen erreicht. Bei einem Unfall können gegen ihn nur beschränkt Ansprüche geltend gemacht werden. Bei leichtester Fahrlässigkeit entfällt die Haftung. Bei normaler Fahrlässigkeit muß die Schule die Schadensfolgen teilweise tragen. Außerdem muß sie den Lotsen von Ansprüchen Dritter freistellen. Eine volle Haftung des Lotsen greift nur bei Vorsatz und grober Fahrlässigkeit ein.

Eine Reduzierung der Haftung des Privatschul-Lotsen bei Pflichtverletzungen ergibt sich aus der gesetzlichen *Unfallversicherung für Schüler*. Der Anwendungsbereich dieser Versicherung erstreckt sich auch auf die Privatschule. Sie schützt Schüler und Lehrkräfte (§ 539 Abs. 1 Nummer 14, § 655 Abs. 2 Nummer 4 ff. RVO). Sobald der Versicherungsträger für den Schaden einsteht, entfallen Eigen- und Rückgriffsansprüche des Privatschulträgers (oben § 10 II 2). Bei Vorsatz und grober Fahrlässigkeit besteht lediglich ein Forderungsrecht der Unfallversicherung nach § 541 RVO.

§ 19 Rechte des Schülerlotsen gegenüber der Privatschule

I. Rechte des Schülerlotsen aus dem Auftragsverhältnis

1. Recht auf allgemeine Fürsorge

Die Fürsorgerechte des Lotsen gegenüber der Schule ergeben sich vor allem aus dem Auftragsverhältnis. Denn bei Abschluß des Schulvertrages steht die Erfüllung des Bildungsauftrages der Schule im Vordergrund; die Fürsorgepflicht ist nur eine Nebenpflicht. Sie wird jedoch zur Hauptpflicht erhoben, wenn ein Schüler mit der Schulwegsicherung

[15] RAG Arbeitsrechtssammlung 46, 136.
[16] *Weber*, DRiZ 65, 121 ff.

beauftragt wird. Denn neuerdings wendet die Rechtsprechung zum Schutz des Beauftragten die §§ 618 f. BGB entsprechend an. Sie bejaht eine Fürsorgepflicht des Auftraggebers, wenn der Beauftragte Dienste leistet, die sonst von einem Dienstverpflichteten verrichtet werden müßten[1]. Der Umfang der Fürsorgerechte ist unbestimmt, weil er sich erst aus der praktischen Schularbeit ergibt. Als Orientierungshilfe dient die Generalklausel des § 242 BGB. Wegen der Ausgestaltung einzelner Fürsorgerechte wird auf die Ausführungen für die öffentliche Schule verwiesen (oben § 11 I).

2. Fürsorgerechte bei Unfall

Der Schülerlotse an der Privatschule ist nach § 539 RVO gegen Unfall versichert: Einmal findet § 539 Abs. 1 Ziffer 1 RVO Anwendung, da der Lotse in einem Dauerauftrag zur Schule steht und eine Dienstleistung erbringt, die sonst Gegenstand eines Arbeitsverhältnisses ist. Außerdem kann man Ziffer 7 heranziehen, wenn man den Unfallverhütungsdienst als Teil der „Wohlfahrtspflege“ ansieht. Nach § 655 RVO hat das Land die Versicherungsbeiträge für die Privatschulen aufzubringen. Verneint man das Eingreifen der gesetzlichen Unfallversicherung, dann muß die Schule den Schaden aufgrund einer analogen Anwendung des § 670 BGB ersetzen (oben § 11 II 4).

Unabhängig davon steht die Verkehrswacht-Versicherung und der zusätzliche Härtefonds des Bundesverkehrsministeriums auch den Lotsen an Privatschulen zur Verfügung.

3. Recht auf Haftungsübernahme

a) Eigenhaftung des Schülerlotsen

Eine Eigenhaftung des Schülerlotsen kommt vor allem gegenüber schulfremden Personen (Verkehrsteilnehmer) in Betracht. Denn der Schülerlotse übt kein öffentliches Amt im Sinne des Art. 34 GG aus, so daß er aus diesem Rechtsgrund nicht von einer persönlichen Inanspruchnahme freigestellt ist. Der Lotse genießt aber den Vorteil des Haftungsausschlusses der „Betriebsangehörigen“ untereinander, weil Privatschüler und Privatlehrer der gesetzlichen Unfallversicherung unterfallen (§§ 539, 636, 637, 655 RVO). Dieser Personenkreis kann Ersatzansprüche wegen Personenschäden nur unmittelbar an den Sozialversicherungsträger stellen. Der schulische Bereich bleibt von Schadensersatzansprüchen einzelner Versicherungsnehmer unbelastet. Eine Eigenhaftung des Schülerlotsen kommt nur insoweit in Betracht, als der

---

[1] BGHZ 16, 265; *Larenz*, II S. 262.

Unfallversicherer gegen den Lotsen wegen grob fahrlässigem oder vorsätzlichem Verhalten Rückgriff nimmt.

Im übrigen — also bei Sachschäden gegenüber Schülern und Lehrern und bei Personen- und Sachschäden schulfremder Dritter — ist der Schülerlotse grundsätzlich zum vollen Schadensersatz verpflichtet, wenn er schuldhaft eine unerlaubte Handlung begeht. Schadensersatzansprüche aus §§ 823 Abs. 1, 823 Abs. 2, 1 StVO sind unmittelbar an ihn zu richten[2].

Als weiterer Haftungsgrund kommt § 832 Abs. 2 BGB in Betracht. Danach muß für die schuldhafte Verursachung eines Schadens einstehen, wer die Aufsicht über eine Person kraft Vertrages übernimmt. Der Schülerlotse hat die Aufsicht über die Schüler übernommen, weil die Aufsichtspflicht des Lehrers durch die Beauftragung auf ihn übertragen wurde. Er ist neben dem Schulträger zum Ersatz des entstandenen Schadens verpflichtet. Die Ersatzpflicht entfällt nur dann, wenn er seiner Aufsichtspflicht genügt, oder wenn der Schaden auch bei gehöriger Aufsichtsführung entstanden wäre (§ 832 BGB). Im übrigen ist auch bei dieser Bestimmung § 828 Abs. 2 BGB anwendbar, der die Verantwortlichkeit bei fehlender Einsichtsfähigkeit ausschließt.

Trotz Verschuldens ist der Lotse nicht haftbar, wenn die Schule einen vertraglichen Haftungsausschluß vereinbart, der auch die deliktischen Ansprüche umfaßt. Diese Haftungsbeschränkung kommt auch dem Lotsen zugute (oben § 18 II 2).

b) Fremdhaftung für den Schülerlotsen

Ist der Lotse gegen Schadensersatzansprüche schulfremder Dritter *haftpflichtversichert*[3], dann muß die Versicherungsgesellschaft aufgrund des Versicherungsvertrages den Schaden ersetzen. Die Anspruchsverpflichtung des Schülerlotsen gegenüber dem Dritten bleibt jedoch davon unberührt. Denn der Geschädigte kann den Lotsen unabhängig von dessen Innenrechtsbeziehung zur Versicherungsgesellschaft persönlich in Anspruch nehmen.

Die Schüler können aus dem privatrechtlichen Schulverhältnis — im Gegensatz zum öffentlich-rechtlichen Schulverhältnis — auch *vertragliche Ansprüche* gegen den Schulträger herleiten. Da die Fürsorge für die Schüler eine Nebenpflicht des Beschulungsvertrages ist, haftet der Schulträger bei einer Pflichtverletzung nach Vertrag und kraft Gesetzes. Das gilt für Handlungen, die bei der öffentlichen Schule als privatrechtliche Verrichtungen gekennzeichnet sind und für Vorgänge,

---

[2] *Heckel - Seipp*, Schulrechtskunde S. 175.

[3] Zum Beispiel durch die Verkehrswacht.

die dort zur „Ausübung öffentlicher Gewalt" gehören[4]. Da der Schulträger den Schülerlotsen in den Schulbetrieb einschaltet, muß er sich das Verschulden seines Erfüllungsgehilfen nach § 278 BGB zurechnen lassen. Er kann sich nicht — wie bei § 831 BGB — darauf berufen, daß er bei der Auswahl des Schülerlotsen die erforderliche Sorgfalt beachtet hat, sondern bleibt für das schuldhafte Verhalten des Lotsen voll verantwortlich. Daher können die Eltern auf den Schulträger zurückgreifen, wenn ihre Kinder von einem Lotsen geschädigt wurden. Diese Haftung ist das Gegenstück zur Verantwortlichkeit der öffentlichen Schule für ihre Bediensteten nach Art. 34 GG. Da Schule und Lotse parallel haften, verfügt der Geschädigte grundsätzlich über einen guten Schuldner.

Die Bediensteten an der Privatschule werden — wie erwähnt — durch Dienstverträge angestellt. Die Verträge verpflichten den Schulträger, alles zu unterlassen, was den ordnungsgemäßen Dienstablauf stört. Fügt ein Lotse einem Schulbediensteten Schaden zu, dann hat das Privatschulunternehmen nach § 278 BGB dafür einzustehen. Die eben erwähnte Haftungszurechnung gilt aber nur soweit, als Ansprüche gegen den Privatschulträger wegen des Haftungsprivilegs aus § 636 RVO nicht ausgeschlossen sind. Vor allem bei Personenschäden wird dieselbe Vorschrift zugunsten des Schulunternehmens eingreifen und ihn von jeder vertraglichen oder gesetzlichen Haftung freistellen. Für die geschädigten Mitschüler oder Schulbediensteten ergibt sich stets die Möglichkeit, entweder über § 278 BGB zu einer Haftung der Privatschule oder nach § 539 RVO zu einem Anspruch gegen die Unfallversicherung zu gelangen. Diese Lösung ist aber für schulfremde Dritte (Verkehrsteilnehmer) versperrt, weil sie mit der Schule keine vertraglichen Beziehungen unterhalten. Deshalb kann sich dieser Personenkreis bei Schädigungen scheinbar nur an den Lotsen selbst halten.

Diese Folgerung würde aber verkennen, daß der Schülerlotse eine *gefahrgeneigte Tätigkeit* ausübt und die Grundsätze über eine Haftungsminderung zu seinen Gunsten eingreifen. Soll diese Haftungsreduzierung für den Lotsen sinnvoll sein, dann darf sie sich nicht nur auf einen innerbetrieblichen Schadensausgleich beschränken: Sie muß im Außenverhältnis wirken. Dieses Ergebnis kann man über einen Freistellungsanspruch erreichen, der dem Schülerlotsen wegen seiner schadensgeneigten Dienstleistung gegenüber dem Privatschulträger zusteht. Der Lotse ist berechtigt, von seinen Verpflichtungen gegenüber Dritten freigestellt zu werden[5].

---

[4] *Friebe*, Haftpflicht S. 205 ff., 221 f.; *Weber*, DRiZ 65, 121 ff.; *Heckel - Seipp*, Schulrechtskunde S. 175; *Heckel*, Deutsches Privatschulrecht S. 305 ff.; *Campenhausen*, Erziehungsauftrag S. 79; *Wolff*, II § 101 VIII S. 376 f.

[5] Wegen des Anspruchs vergleiche *Larenz*, Schuldrecht II S. 214.

Unbeschadet dieses Anspruchs gegen seinen Auftraggeber bleibt der Lotse dem Geschädigten persönlich verpflichtet; es findet keine befreiende Schuldübernahme statt. Jedoch hat der Privatschulträger den Schülerlotsen vor einer Inanspruchnahme durch Dritte zu schützen, indem er dessen Gläubiger befriedigt. Diese haftungsrechtliche Konstruktion lehnt sich an die Erfüllungsübernahme des § 329 BGB an. Danach erwirbt der Gläubiger nicht unmittelbar das Recht, Befriedigung vom Versprechenden zu fordern; der Auftraggeber ist aber verpflichtet, die Haftungslast des Lotsen zu übernehmen.

Eine echte Haftungsüberwälzung auf den Schulträger ermöglicht nur eine privative Schuldübernahme nach § 414 f. BGB. Im Gegensatz zu Art. 34 GG findet der Schuldneraustausch nicht kraft Gesetzes statt, sondern der Gläubiger muß zustimmen. Er wird jedoch regelmäßig mit der Schuldübernahme des Schulträgers einverstanden sein, weil die Schule der zahlungskräftigere Schuldner ist. Die Schule ist zum Abschluß dieses Schuldübernahmevertrages verpflichtet, weil sich der Freistellungsanspruch des Lotsen nur auf diese Weise praktisch verwirklichen läßt.

Damit ist das gewünschte Ergebnis erreicht: Der Schülerlotse an der Privatschule wird haftungsrechtlich wie ein Lotse an einer öffentlichen Schule gestellt. Eine persönliche Inanspruchnahme entfällt, weil die Anspruchsverpflichtung kraft Gesetzes (Art. 34 GG) oder Vertrages (§ 415 BGB) auf den Schulträger überwälzt wird. Fraglich ist nur, ob man der Privatschule diese zusätzliche Haftungsbelastung aufbürden kann. Das ist zu bejahen, weil sich die Privatschule ihre Erziehungsarbeit von den Eltern bezahlen läßt. Außerdem darf die Privatschule in ihren Einrichtungen und in der rechtlichen Stellung und Sicherung der Lehrkräfte nicht hinter der öffentlichen Schule zurückstehen (§§ 5 und 6 des baden-württembergischen Privatschulgesetzes). Dieser Grundsatz muß auch für die Lotsen gelten, da sie Lehreraufgaben wahrnehmen. Schließlich ist die Haftungsbelastung der Privatschule nicht außergewöhnlich, weil sie gegenüber ihren Vertragspartnern grundsätzlich nach § 278 BGB haftet und durch die Versicherungsleistungen der Unfallversicherung für Schüler und Lehrer weitgehend entlastet ist.

Mitschüler, Schulbedienstete und schulfremde Dritte können gegenüber dem Schulträger auch *gesetzliche Schadensersatzansprüche* besitzen. Eine Zurechnung kann über §§ 831, 832 BGB erfolgen, weil der Lotse ein weisungsabhängiger Verrichtungsgehilfe der Privatschule ist. Die Privatschule ist zum Ersatz des Schadens verpflichtet, den der Schülerlotse einem Dritten in Ausführung seiner Verrichtung oder anläßlich seiner Aufsichtsführung über die Mitschüler zufügt. Ein rechtswidriges Handeln des Schülerlotsen genügt, weil die Anspruchsverpflichtung auf dem vermuteten eigenen Verschulden des Auftraggebers beruht. Die Ersatzpflicht der Schule entfällt, wenn der Lotse die im Verkehr erforderliche Sorgfalt beachtet oder seiner Aufsichtspflicht genügt hat. Sie scheidet ferner aus, wenn der Schaden auch bei Anwendung dieser Sorgfalt oder bei gehöriger Aufsichtsführung entstanden wäre (§ 831 Abs. 1 Satz 2 und § 832 Abs. 1 Satz 2 BGB). Schließlich ist die Ersatzpflicht ausgeschlossen, wenn es sich um einen Personenschaden handelt, den die Unfallversicherung ersetzt.

II. Ansprüche aus Fürsorgepflichtverletzung

Die schuldhafte Verletzung der Fürsorgepflicht verpflichtet die Privatschule zum Schadensersatz. Die §§ 618, 619 BGB sind entsprechend anzuwenden, da der Bundesgerichtshof eine Fürsorgepflicht bei Auftragsverhältnissen bejaht, wenn der Beauftragte Dienste verrichtet, die sonst von einem Dienstverpflichteten geleistet werden müssen[6] (oben § 18 II 2). Neben diesen Vorschriften sind die Regeln über die positive Vertragsverletzung ergänzend heranzuziehen.

III. Rechtsschutz des Schülerlotsen

Bei Streitigkeiten aus dem Auftragsverhältnis ist stets der ordentliche Rechtsweg gegeben. Der Schülerlotse ist nach § 113 BGB, § 52 ZPO prozeßfähig[7], wenn die Erziehungsberechtigten seinem Einsatz zugestimmt haben (vgl. oben § 11 IV 1). Bei Klagen gegen die Träger der Unfallversicherung gewähren die Sozialgerichte Rechtsschutz.

Zusammenfassend kann man sagen: Die Rechtsbeziehungen zwischen der Privatschule und den Schülern wurzeln in dem privatrechtlichen Beschulungsvertrag. Daneben kann zwischen der Schule und einzelnen Schülern ein privatrechtlicher Auftrag abgeschlossen werden, der die beauftragten Schüler zur Erledigung bestimmter, der Schule obliegender Aufgaben (Schülerlotsendienst) verpflichtet. Da die Aufsichts- und Fürsorgeaufgaben der Privatschule im Beschulungsvertrag und dem eigenen Recht der Privatschule wurzeln, hat sie keine Rechtsmacht, dem Lotsen hoheitliche Kompetenzen einzuräumen. Sie überträgt ihm dagegen einen Teil ihrer eigenständigen Ordnungsgewalt. Die Mitschüler sind dann ebenfalls verpflichtet, die Weisungen der Lotsen zu befolgen.

---

[6] BGHZ 16, 265.
[7] *Thomas - Putzo*, Kommentar zur Zivilprozeßordnung § 52 Rdn. 16.

Aus der privatrechtlichen Ausübung des Lotsendienstes an der Privatschule ergeben sich für den Lotsen weitreichende haftungsrechtliche Folgen, weil er selbst teilweise Anspruchsverpflichteter ist. Seine Verantwortlichkeit kann man jedoch gegenüber seinem Auftraggeber auf mehrfache Weise einschränken: Soweit die Vorschriften der Unfallversicherung eingreifen, ist der Sozialversicherungsträger zur Leistung verpflichtet. Eigen- oder Rückgriffsansprüche der Schule entfallen. Im übrigen besteht kein Anspruch, wenn der Lotse bei der Begehung der schädigenden Handlung nicht die erforderliche Einsichtsfähigkeit besitzt (§ 828 Abs. 2 BGB). Nachteilige Folgen werden auch durch einen vertraglichen Haftungsausschluß vermieden, der zwischen der Schule und den Lotsen oder zwischen der Schule und Dritten mit Schutzwirkung für den Lotsen vereinbart wird. Daneben kann eine Haftungsbeschränkung aufgrund des arbeitsrechtlichen Instituts der schadensgeneigten Arbeit erfolgen.

Der Fürsorgegedanke ist — wie im Arbeitsrecht — auch bei dem Schülerlotsen-Auftrag Anknüpfungspunkt für den „innerbetrieblichen Schadensausgleich", weil der Lotse Dienste leistet, die sonst von einem Dienstverpflichteten erfüllt werden müßten.

Dem Lotsen stehen darüber hinaus weitere Fürsorgerechte zu. Sie haben ihren Schwerpunkt im Unfallschutz und der Haftungsübernahme gegenüber Dritten, die nicht in den Schutzbereich der Schülerunfallversicherung fallen. Erleidet der Lotse einen Unfall, so ist der Schulträger nach § 670 BGB analog verpflichtet, den entstandenen Sachschaden zu ersetzen. Im übrigen ist der Lotse nach § 539 Abs. 1 Ziffer 1 RVO gegen Personenunfallschäden abgesichert. Haftungsrechtlich ist der Lotse Dritten nach § 823 Abs. 1 und 2 BGB sowie § 832 Abs. 2 BGB verantwortlich, soweit nicht § 828 Abs. 2 BGB oder die Unfallversicherung (§ 539 RVO) eingreift. Aus dem Beschulungsvertrag stehen den Schülern vertragliche Ansprüche gegen die Privatschule zu. Die Schule muß sich das Fehlverhalten des Lotsen über § 278 BGB zurechnen lassen, wenn eine Inanspruchnahme nicht ausgeschlossen ist, weil die Unfallversicherung Leistungen gewährt (§ 636 RVO). Diese Zugriffsmöglichkeit ist für schulfremde Dritte versperrt, da sie mit der Schule keine vertraglichen Beziehungen unterhalten. Der Privatschulträger muß daher Schadensersatzforderungen im Wege der Schuldübernahme nach § 414 f. BGB selbst übernehmen. Für Streitigkeiten aus der Beauftragung ist der ordentliche Rechtsweg, bei Klagen gegen die Unfallversicherung der Sozialrechtsweg einschlägig.

B. Die Rechtsbeziehungen zwischen Schülerlotse und Dritten

§ 20 Schülerlotse und Mitschüler

Eine eingehende Darstellung der Rechte- und Pflichtenstellung zwischen Schüler und Mitschüler ist entbehrlich, weil die Ausführungen für die öffentliche Schule auf die Privatschule übertragbar sind (vgl. oben § 12): In diesem Abschnitt sollen lediglich Besonderheiten erwähnt werden, die für den Lotsendienst an Privatschulen charakteristisch sind. Da der Lotse keine öffentliche Gewalt ausübt, ist er bei der Schädigung seiner Mitkameraden nach § 823 Abs. 1 und 2 BGB i. V. m. § 1 StVO und § 832 Abs. 2 BGB bei Sachschaden selbst anspruchsverpflichtet (Ausnahme § 828 Abs. 2 BGB). Bei Personenschäden gewährt die Unfallversicherung nach § 539 RVO Ersatzleistungen und schließt die persönliche Inanspruchnahme des Lotsen aus. Der ersatzberechtigte Schüler hat jedoch daneben die Möglichkeit, die Privatschule wegen Verletzung des Beschulungsvertrages über die Zurechnungsnorm des § 278 BGB in Anspruch zu nehmen, es sei denn, daß § 636 RVO eingreift. Es wurde festgestellt, daß der Lotse eine gefahrgeneigte Arbeit verrichtet. Daher ist der Privatschulträger verpflichtet, eine Haftpflichtversicherung abzuschließen oder ihn im Wege der Schuldübernahme von der Haftung gegenüber Dritten freizustellen, die nicht dem gesetzlichen Schutz der Unfallversicherung unterfallen (oben § 19 I 3).

Da die Rechtsbeziehungen zwischen der Privatschule und den Schülern auf einem Dienstvertrag beruhen, ist bei Rechtsstreitigkeiten der ordentliche Rechtsweg gegeben. Alle Maßnahmen des Schülerlotsen, die für die Schüler verbindlich sind und bei Nichtbefolgung schulrechtliche Strafen auslösen können, sind gerichtlich überprüfbar[1]. Es handelt sich dabei um Weisungen, die als im Streit befindliche „Rechtsbeziehungen" einstufbar sind (oben § 12 II 2).

Wird ein Schülerlotse während seines Dienstes verletzt, dann ist neben dem Schädiger die Privatschule aufgrund ihrer Fürsorgepflicht zum Schadensersatz verpflichtet, wenn keine andere Ersatzmöglichkeit eingreift.

---

[1] Vgl. *Lang*, Schulverhältnis S. 36 für die öffentliche Schule.

§ 21 Schülerlotse und Lehrkräfte

Erleidet eine Lehrkraft einen Sachschaden, der auf dem schuldhaften Verhalten eines Schülerlotsen beruht, dann ist der Lotse grundsätzlich selbst zum Ersatz des Schadens nach § 823 BGB verpflichtet. Der Lotse besitzt aber gegenüber dem Privatschulträger einen Freistellungsanspruch, so daß er die Verantwortung auf den Auftraggeber abwälzen kann. Andererseits ist der geschädigte Lehrer gegenüber seinem Dienstherrn anspruchsberechtigt, da Pflichtverletzungen des Schülerlotsen dem Privatschulträger nach § 278 BGB zuzurechnen sind. Außerdem kann sich der verletzte Lehrer auf § 831 BGB berufen, sofern sich der Dienstherr nicht exculpieren kann. Bei Personenschäden gelten die Vorschriften der Reichsversicherungsordnung, so daß allein der Sozialversicherungsträger anspruchsverpflichtet ist. Die nichtvermögensrechtlichen Folgen bei Pflichtverletzungen lassen sich aus § 13 (oben) ableiten.

Verletzt ein Lehrer seine Dienstpflicht, dann gilt folgendes: Da das Lehrpersonal an der Privatschule keine öffentliche Gewalt ausübt, haftet der Lehrer dem Schülerlotsen bei Sachschäden persönlich nach § 823 BGB. Daneben hat der Schülerlotse einen Anspruch aus Fürsorgepflichtverletzung gegenüber seinem Auftraggeber, weil er für Verfehlungen seiner Bediensteten einstehen muß (§ 278 BGB). Bei Personenschäden gewährt die Sozialversicherung Ersatzleistungen. Die Pflichten des Lehrers gegenüber den Schülerlotsen ergeben sich aus § 13 (oben).

ZWEITER HAUPTTEIL

Schülerlotsen und außerschulischer Bereich

Große Rechtsunsicherheit besteht über den Status des Schülerlotsen im außerschulischen Bereich. Einmal wird behauptet, der Schülerlotse sei generell als Beliehener zu qualifizieren, der auch gegenüber anderen Verkehrsteilnehmern Hoheitsbefugnisse ausübe[1]. Zum anderen wird versucht, diese vermeintliche Rechtsstellung mit dem Argument zu entkräften, der Schülerlotse trage keine Uniform, sondern lediglich Kennzeichen[2]. Einige Autoren betrachten den Schülerlotsen nur unter verkehrspolizeilichen Gesichtspunkten[3].

Diese unterschiedliche Beurteilung des Schülerlotsen beruht darauf, daß bislang keine scharfe Trennung zwischen der schulischen- und der außerschulischen Tätigkeit des Schülerlotsen vorgenommen wurde (vgl. auch oben § 7 III 2). Eine differenzierende Betrachtungsweise ist jedoch dringend erforderlich, weil der Lotsendienst im Gegensatz zu anderen Aufgaben, die Schülern übertragen werden, nicht auf den eigentlichen Lebensbereich der Schule beschränkt bleibt. Da sich das Wirkungsfeld des Lotsen auf den Straßenverkehr erstreckt, sind auch Probleme zu erörtern, die sich aus dieser Doppelstellung ergeben.

Die folgende Untersuchung konzentriert sich auf zwei Fragen, die stets im Zusammenhang mit der Schulwegsicherung auftauchen: Ist der Schülerlotse befugt, gegenüber allen Verkehrsteilnehmern Weisungen hoheitlicher Natur zu erteilen?, und: Welche Rechtsfolgen ergeben sich aus dem Verhalten des Schülerlotsen im Straßenverkehr?

---

[1] *Soergel - Glaser*, § 839 Rdn. 75; *Müller*, RiA 70, 22; *Steiner*, JuS 69, 71 ff. und DÖV 70, 526 ff.; *Bender*, Staatshaftungsrecht S. 110 ff.

[2] *Weimar*, RiA 67, 103 f.

[3] *Drews - Wacke*, Allgemeines Polizeirecht S. 494; *Boge*, Der Verwaltungshelfer S. 112 ff.

§ 22 Außerschulische Tätigkeit im Bereich der öffentlichen Schule

I. Die Übertragung von Hoheitsgewalt

Der Schülerlotse erteilt nicht nur den Mitschülern Weisungen, sondern er gibt auch den übrigen Verkehrsteilnehmern Zeichen. Es ist fraglich, ob der Lotse auch gegenüber Passanten und Kraftfahrern hoheitlich handeln kann, weil seine Anordnungsbefugnis auf die Schüler beschränkt sein könnte.

Zwar ist die öffentliche Schule als Hoheitsträger befugt, einen Teil der Hoheitsgewalt auf einzelne Schüler zur Ausübung zu übertragen. Die öffentliche Schule kann dem Schülerlotsen aber nur die Rechtsmacht einräumen, zu deren Wahrnehmung sie selbst zuständig ist. Der hoheitliche Wirkungskreis der Schule ist entsprechend ihrer Aufgabenstellung und ihrem Zweck beschränkt. Die Eingrenzung ihrer Zuständigkeit ergibt sich aus dem Schulverhältnis, in dem die Schüler zur Schule stehen. Nur soweit eine Person der Anstaltsgewalt der Schule unterworfen ist, kann die Schule zu hoheitlichen Maßnahmen greifen[1]. Ihre Hoheitsgewalt wirkt sich in erster Linie gegenüber den Benutzern aus. Umstritten ist, ob sich die Schulgewalt auch gegen außenstehende Dritte richtet.

Nach Wolff unterliegen der Anstaltsgewalt nicht nur die Benutzer, sondern alle Personen, welche als Außenstehende den Anstaltsbetrieb stören[2]. Bei Störungen kann die „Anstaltspolizei" einschreiten, weil die von der Schule als öffentliche Anstalt ausgeübte öffentliche Verwaltung rechtlich notwendig ist.

Nach herrschender Meinung unterfällt nur der Anstaltsbenutzer der Anstaltsgewalt[3]. Gegenüber schulfremden Dritten verfügt die öffentliche Anstalt nur über Hoheitsbefugnisse, wenn sie ihr aufgrund gesetzlicher Ermächtigung verliehen sind. Das folgt aus dem Prinzip des Gesetzesvorbehaltes, weil es Hoheitsbefugnisse aus dem Wesen oder der Natur der Sache in einem Rechtsstaat nicht gibt. Die öffentliche Schule darf daher nur im Rahmen des Schulverhältnisses gegenüber den Benutzern hoheitlich handeln. Unabhängig davon würde eine Anstaltspolizei hier nicht weiterhelfen, weil die Verkehrsteilnehmer keine Störer sind. Sie halten sich außerhalb des Anstaltsbereiches auf und

---

[1] *Forsthoff*, Verwaltungsrecht S. 469.

[2] *Wolff*, II bis zur 2. Auflage § 99 II S. 315 f. (jetzt anderer Meinung S. 336); *Fleiner*, Institutionen S. 330 ff.; *O. Mayer*, Verwaltungsrecht Band 2 S. 284 f.

[3] *Jellinek*, Verwaltungsrecht S. 51; *Forsthoff*, Verwaltungsrecht S. 469. Eine gesetzliche Ausnahme bildet die Bahnpolizei.

behindern den Schulbetrieb nicht. Die Schule könnte also noch nicht einmal ihr Hausrecht anwenden. Man wird eher sagen können, daß die Schüler den Straßenverkehr behindern, wenn sie sich gruppenweise auf dem Gehweg versammeln. Warum der Lotse gegenüber Verkehrsteilnehmern nicht hoheitlich handelt, leuchtet ein, wenn man seine Rolle mit der eines Lehrers vertauscht, der den gleichen Dienst versieht. Die Schulbehörde hat ihm nur Hoheitsrechte gegenüber den Schülern eingeräumt. Sie sind auch außerhalb des Schulgebäudes an seine Weisungen gebunden, wenn es sich um eine schulische Veranstaltung handelt. Es ist aber offensichtlich, daß der Lehrer aufgrund *seiner* Hoheitsgewalt keine Fahrzeuge oder Passanten anhalten darf. Die Hinweise des Lehrers realisieren nur die Verkehrssicherungspflicht der Schule. Zur Erfüllung dieser Pflicht werden ihr keine Befugnisse gegenüber Dritten zugestanden[4].

Keinesfalls stellen sich die Gebote des Schülerlotsen — wie Zuleeg meint[5] — als einmalige Rechtsakte gegenüber den Verkehrsteilnehmern dar, die der Schülerlotse aus eigener Verantwortung erläßt. Der Lotse handelt nicht aus eigener Verantwortung, weil die Verantwortlichkeit für sein Handeln die Schule trifft, in deren Rahmen er tätig wird. Aber selbst wenn der Schülerlotse die Schulwegsicherung aus eigener Verantwortung betreiben würde, wäre eine Beleihung des Lotsen mit Hoheitsgewalt — wie sie Zuleeg fordert[6] — mit Rücksicht auf betroffene Dritte nicht erforderlich. Denn die Verkehrsteilnehmer werden durch das Handeln des Lotsen nur *tatsächlich, nicht rechtlich betroffen*. Sie sind nicht schutzbedürftig, weil sie nicht die Weisungen des Lotsen, sondern allein die Straßenverkehrsordnung befolgen müssen.

II. Folgerungen für den Schülerlotsendienst und die Verkehrsteilnehmer

1. Pflichten der Verkehrsteilnehmer und Folgen bei Pflichtverletzungen

Weder Fußgänger noch Kraftfahrer sind gehalten, die Weisungen des Lotsen zu beachten[7]. Seine Hoheitsgewalt ermächtigt ihn nicht, durch Weisungen oder Zeichen in die Abwicklung des Verkehrs einzu-

[4] So ebenfalls für Bauunternehmer bei Erfüllung der Verkehrssicherungspflichten aus § 3 Abs. 3 a alte STVO, BVerwG NJW 70, 2075 ff.

[5] *Zuleeg*, DÖV 70, 628.

[6] *Zuleeg*, DÖV 70, 628 f.

[7] OLG Köln NJW 68, 655 ff.; OLG Düsseldorf VRS 68, 30 ff.; *Drews - Wacke*, Allgemeines Polizeirecht S. 495; Handbuch der Verkehrswacht S. 11; *Floegel - Jagusch*, Straßenverkehrsrecht 19. Aufl. § 36 StVO Anm. 1 (S. 297).

greifen, ihn zu regeln. Die „Anordnungen" der Lotsen sind als rechtliches Nullum zu qualifizieren oder als freundliches Handzeichen eines Verkehrsteilnehmers zu werten, der sein Verkehrsverhalten deutlich zeigt.

Ist die Tätigkeit des Lotsen im außerschulischen Bereich auch nicht mit der Hoheitsgewalt der Schule ausgestattet, so sind seine Zeichen dennoch nicht völlig unbeachtlich. Lotsen und Schüler sind immerhin *Fußgänger*. Die Schülerlotsen können sich daher auf Rechtsnormen berufen, die den Fußgänger schützen und seinen Zeichen rechtliches Gewicht verleihen. Wenn sich die Verkehrsteilnehmer nach den „Weisungen" des Schülerlotsen oder des Lehrers richten, dann entsprechen sie meistens einer aus § 1 StVO konkretisierten Pflicht. Der Fahrer, der den Warnungen des Schülerlotsen keine Aufmerksamkeit schenkt, kann wegen Verletzung dieser Grundregel nach § 24 StVG ordnungsrechtlich belangt werden[8].

Außerdem wird die Schulwegsicherung meistens an gekennzeichneten Fußgängerüberwegen durchgeführt. Auf diesen Zebrastreifen haben die Fußgänger Vorrang vor Kraftfahrzeugen (mit Ausnahme von Straßenbahnen). Sie müssen deutlich zu erkennen geben, daß sie die Straße überqueren wollen (§ 26 Abs. 1 StVO). Das praktizieren die Schülerlotsen, da sie ihre Winkerkelle benutzen, um herannahende Fahrzeugführer zu warnen. Autofahrer dürfen nur mit mäßiger Geschwindigkeit an die Übergänge heranfahren und sind verpflichtet anzuhalten, wenn dies erforderlich ist (§ 26 Abs. 1 StVO). Solange die Schüler oder Schülerlotsen gefährdet sind, darf man an diesen Überwegen auch nicht überholen oder an anderen Fahrzeugen vorbeifahren (§ 26 Abs. 3 StVO). Verstöße gegen das Vorgehrecht sind als Ordnungswidrigkeit nach § 49 StVO, § 24 StVG verfolgbar[9].

Regelmäßig werden zum Schutz der Schulkinder in unmittelbarer Nähe des Schulgebäudes Gefahrzeichen mit dem Symbol „Kinder" angebracht[10]. In solchen Fällen kommt auch ein Verstoß gegen § 40 StVO in Betracht, weil auch der Fahrzeugführer dieses Verkehrszeichen befolgen und sich auf die angekündigte Gefahr einrichten muß. Dagegen bietet das Verkehrszeichen „Schülerlotsen"[11] sowie das Hinweisschild „Schule" dem Schülerlotsen keinen verkehrsrechtlichen Schutz bei der Schulwegsicherung. Es handelt sich nur um Richtzei-

---

[8] Vgl. Verwaltungsvorschrift für den Schülerlotsendienst in Berlin Amtsblatt 1964 Nr. 57, S. 1194.

[9] OLG Düsseldorf VRS 68, 30 f.; OLG NJW 68, 655 ff.

[10] Zeichen 140 bei § 40 StVO.

[11] Zeichen 356 bei § 42 StVO.

chen[12]. Zwar können gelegentlich auch Richtzeichen Anordnungen enthalten (vgl. § 42 StVO). Das Schülerlotsenzeichen ist aber in der Straßenverkehrsordnung lediglich als Hinweiszeichen aufgeführt (vgl. § 42 Abs. 7 StVO). Es verpflichtet die Kraftfahrer nur zu erhöhter Aufmerksamkeit und Bremsbereitschaft[13].

Nach der Rechtsprechung sind Auftreten und Zeichen eines Schülerlotsen im Straßenverkehr als Warnung dahin zu verstehen, daß mit verkehrsunreifen Kindern und ihrem Verhalten auf dem Schulweg zu rechnen ist[14]. Danach hat der Fahrzeugführer seine Fahrweise einzurichten. Er darf sich nicht auf die Beobachtung des Schülerlotsen beschränken, sondern muß auch die betreuten Kinder beachten. Der Vertrauensgrundsatz, den die Rechtsprechung für Kraftfahrer im Verhältnis zu Kindern in Begleitung Erwachsener entwickelt hat, ist nicht uneingeschränkt im Verhältnis zu Kindergruppen, die von einem Schülerlotsen betreut werden, anzuwenden. Das ist gerechtfertigt, weil ein 13jähriger Schülerlotse nicht über die Autorität einer erwachsenen Person verfügt. Die Rechtsprechung billigt dem Interesse eines wirksamen Schutzes der im Verkehr unerfahrenen und gefährdeten Schuljugend den Vorrang vor dem Bedürfnis nach einem fließenden Verkehr zu[15]. Daher sind die Gerichte bereit, bei groben Verstößen gegenüber Schülerlotsen an Fußgängerüberwegen die Kraftfahrzeugführer wegen einer Verletzung des § 315 c StGB zu verurteilen[16].

Einen erhöhten strafrechtlichen Schutz genießt der Schülerlotse selbst. Begeht ein Verkehrsteilnehmer gegenüber einem Schülerlotsen eine Körperverletzung, dann tritt die Verfolgung dieser Tat regelmäßig auch ohne Strafantrag ein, weil ein besonderes öffentliches Interesse an der Strafverfolgung besteht (§ 232 StGB)[17]. Wie erwähnt unterfällt der Schülerlotse als Amtsträger der Schule auch dem strafrechtlichen Beamtenbegriff des § 359 StGB. Er kann daher in seiner Amtseigenschaft auch beleidigt werden. Soll die Staatsanwaltschaft diese Tat verfolgen, dann ist ein Strafantrag und das Vorliegen eines öffentlichen Interesses erforderlich. Da der minderjährige Schülerlotse nicht strafantragsbefugt ist (§ 65 StGB), kann die Strafverfolgung nur durch die Erzie-

---

[12] *Floegel - Hartung*, 15. Aufl. S. 112 für das frühere Hinweiszeichen. Ebenso OLG Düsseldorf VRS 68, 30 ff.

[13] BGH VRS 64, 32 f.

[14] OLG Düsseldorf VRS 68, 30 ff.; vgl. auch *Müller*, Straßenverkehrsrecht 21. Aufl. S. 760 Anm. 3 und *Floegel - Jagusch*, Straßenverkehrsrecht 19. Aufl. § 36 StVO Anm. 15 (S. 297).

[15] OLG Düsseldorf VRS 68, 33.

[16] Vgl. aber AG Müllheim, Urteil vom 5. 3. 71, Aktenzeichen II Ds 92/70 in einem Schülerlotsenfall.

[17] Tgl. AG Müllheim, Urteil vom 5. 3. 71, Aktenzeichen II Ds 92/70 in einem Schülerlotsenfall.

hungsberechtigten oder durch das Antragsrecht der Schulbehörde nach § 196 StGB ausgelöst werden. Die Schule kann Strafantrag stellen, weil bei strafbaren Handlungen nicht nur in die geschützte Sphäre des Amtswalters eingegriffen wird, sondern auch ihr Interesse am ordnungsgemäßen Funktionieren des Schülerlotsendienstes verletzt ist. Die Ahndung von Amtsverletzungen liegt außerdem stets im öffentlichen Interesse. Daher darf die Staatsanwaltschaft die Antragsberechtigten nicht auf den Privatklageweg (§ 374 StPO) verweisen.

Bei einer Verletzung der Straßenverkehrsvorschriften hat der Schädiger für erlittene Einbußen selbst aufzukommen. Der Sozialversicherungsträger muß dem Schülerlotsen, der in Ausübung seines Dienstes einen Unfall erleidet, Unfallfürsorge leisten, da ihm ein Anspruch aus der gesetzlichen Unfallversicherung (§ 539 RVO) zusteht. Wegen der übrigen Ersatzleistungen vgl. oben § 11.

2. Pflichten des Schülerlotsen und Folgen bei Pflichtverletzungen

Aus einem Mangel an Eingriffsrechten des Schülerlotsen gegenüber den Verkehrsteilnehmern könnte man auch auf einen Mangel an Pflichten gegenüber diesem Personenkreis schließen. Aber selbst wenn nur Schüler an die Anordnungen des Lotsen gebunden sind, bedeutet das nicht, daß dem Lotsen keine Amtspflichten gegenüber schulfremden Dritten auferlegt sind. Die Amtsrechte müssen nicht notwendig mit den Amtspflichten identisch sein. Ein Amtswalter kann beispielsweise befugt sein, gegenüber bestimmten Personen hoheitlich zu handeln, während er gegenüber einem weit größeren Personenkreis nur Amtspflichten besitzt. Auch der Lehrer und der Schülerlotse haben mehr Amtspflichten als Amtsrechte[18]. Wie bereits erwähnt soll die Aufsichtstätigkeit die Schüler selbst vor Schäden bewahren, aber auch verhindern, daß andere Personen einen Schaden erleiden. Aus dem gleichen Grund besteht die Schulwegversicherung. Sie wurde eingeführt, um vor allem die Schüler vor den Gefahren des Straßenverkehrs zu schützen. Mit der Übernahme des Lotsendienstes ist aber gleichzeitig die Pflicht verbunden, andere Verkehrsteilnehmer vor Schäden verkehrsunreifer Kinder zu bewahren. Deshalb bedürfen die Schulkinder nicht nur um ihres eigenen Schutzes willen der Aufsicht und Fürsorge, sondern auch wegen der Kraftfahrer und Fußgänger, mit denen sie auf dem Schulweg in Berührung kommen. Dieser Personenkreis soll in den Schutzbereich der Amtspflicht einbezogen werden.

---

[18] BGHZ 13, 25; 28, 297; 31, 148; 44, 103; *Soergel - Glaser*, § 839 Rdn. 120; *Weber*, DRiZ 65, 121; *Heckel - Seipp*, Schulrechtskunde S. 234, 243; *Wolff*, § 64 I S. 441 f.

Verletzt der Schülerlotse eine Amtspflicht, die ihm gegenüber einem Dritten obliegt, dann muß der schulische Hoheitsträger für den Schaden nach Art. 34 GG, § 839 BGB aufkommen. Eine Eigenhaftung des Lotsen entfällt, weil die Schädigung des Dritten in Ausübung eines öffentlichen Amtes (gegenüber den Schülern) erfolgte. Folglich greifen die Grundsätze der Amtshaftung nicht nur zugunsten der Schüler, sondern auch zum Vorteil der Verkehrsteilnehmer ein, obwohl der Lotse ihnen gegenüber kein öffentliches Amt wahrnimmt (vgl. oben § 11 III 2 c).

Eine andere Beurteilung ist nur erforderlich, wenn der Lotse während seines Dienstes alten und gebrechtlichen Personen über die Straße hilft. Diese Hilfeleistung geht — wie festgestellt wurde — über die bloße Amtspflicht, Schädigungen zu unterlassen, hinaus, weil sie auf eine aktive Hilfe gerichtet ist. Im Lotsenbuch wird mehrfach darauf hingewiesen, daß der Lotse auch diesen Personenkreis gelegentlich unterstützen soll[19]. Dann gelten für den Schülerlotsen die Maßstäbe, welche die Rechtsprechung für die „Verkehrshilfe" aufgestellt hat. Danach ist der Lotse als Verkehrshelfer verpflichtet, seine Hilfe mit der notwendigen Sorgfalt zu leisten[20]. Denn die älteren Menschen ordnen sich gewöhnlich dem Willen des Helfers unter und folgen ihm im Vertrauen auf seine Führung über die Fahrbahn. Der Helfer ist daher nicht bloßer Mitläufer, sondern er übernimmt durch die körperliche und psychische Willensbeeinflussung die Führung der älteren Person[21]. Verletzt er diese Verkehrshelferpflicht, dann geschieht dies nicht in Ausübung der Schulwegsicherung, weil sich sein Dienst nur auf die Betreuung der Schulkinder erstreckt. Da der innere Zusammenhang mit seiner amtlichen Tätigkeit fehlt, ist die Schule für die Verfehlung nicht verantwortlich. Man darf den Lotsen insoweit nicht besser stellen als jede andere Verkehrshilfe, die für ältere Menschen geleistet wird. Da eine Anwendung des § 839 BGB entfällt, muß der Lotse für sein Handeln selbst einstehen.

Das ist ein unerwünschtes, jedoch unvermeidbares Ergebnis, weil man die Pflichten des Lotsen im außerschulischen Bereich in Amtspflichten gegenüber Dritten und persönliche Pflichten einteilen muß. Um eine persönliche Inanspruchnahme des Lotsen zu vermeiden, ist es zweckmäßig, wenn die Verkehrswacht eine Haftpflichtversicherung zugunsten der Lotsen abschließt. Sie — und nicht die Schule — fordert den Lotsen auf, älteren Menschen behilflich zu sein. Folglich muß sie auch die Nachteile tragen, die sich aus dieser Aufforderung ergeben (vgl. unten § 25).

[19] Lotsenbuch S. 5, 9.
[20] OLG Hamm Die Polizei 1957, 120.
[21] OLG Hamm Die Polizei 1957, 120.

§ 23 Außerschulische Tätigkeit im Bereich der Privatschule

Es wurde bereits festgestellt, daß die Privatschule bei der Durchführung des Schulbetriebes, insbesondere bei der Erfüllung von Aufsichts- und Fürsorgeaufgaben, keine hoheitliche Gewalt ausübt. Sie kann daher dem Schülerlotsen keine öffentlich-rechtlichen Befugnisse gegenüber den Verkehrsteilnehmern einräumen, weil er bei der Schulwegsicherung nur die Erziehungsgewalt der Privatschule ausübt. Sie erfaßt nur Schulbesucher und nicht Außenstehende. Damit beschränkt sich die Weisungsbefugnis des Schülerlotsen — wie bei der öffentlichen Schule — auf die betreuten Schüler.

Die Pflichten des Lotsen gegenüber den Verkehrsteilnehmern ergeben sich aus § 832 Abs. 2 BGB, weil er kraft Vertrages mit der Privatschule zur Schulwegsicherung verpflichtet ist. Er übernimmt die Aufsicht über Schüler, die wegen ihres Alters im Straßenverkehr der Aufsicht bedürfen. Die Aufsichtspflicht ist derjenige Teil der Sorgepflicht, die vornehmlich dem Interesse Dritter gegenüber Schädigungen durch die Aufsichtsbedürftigen dient[1]. Aus diesem Grunde hat der Schülerlotse bei der Ausübung seines Dienstes — wie der Lotse an öffentlichen Schulen — die Pflicht, Passanten und andere Verkehrsteilnehmer vor Schädigungen durch Schüler zu bewahren.

Die unterschiedliche rechtliche Qualifizierung beginnt bei den Rechtsfolgen, die sich aus einem fehlerhaften Handeln des Schülerlotsen ergeben. Während bei einer Pflichtverletzung an der öffentlichen Schule zugunsten des Lotsen grundsätzlich Amtshaftung eingreift, muß sich eine Person, die von einem Privatschullotsen geschädigt wird, mit der Haftung des Schulträgers aus § 831 und § 832 BGB begnügen. Da erfahrungsgemäß in vielen Fällen der Entlastungsbeweis zugunsten des Dienstherrn gelingt, kann der Auftraggeber meistens nicht in Anspruch genommen werden. Daher ist es zu begrüßen, wenn die Verkehrswacht für die Lotsen an Privatschulen eine Haftpflichtversicherung abschließt. Sie kann zwar den Lotsen nicht von der Anspruchsverpflichtung freistellen, aber wenigstens die Schadensdeckung übernehmen (vgl. oben § 3 II).

Hilfsweise ist der Privatschulträger verpflichtet, den Schülerlotsen wegen seiner gefahrgeneigten Tätigkeit von der Haftung gegenüber Dritten freizustellen (oben § 18 II 2). Andernfalls wäre eine Inanspruchnahme des Schülerlotsen aus § 823 Abs. 1 und 2 sowie aus § 832 Abs. 2 BGB unvermeidbar (oben § 19 I 3). Begleitet der Lotse ältere Menschen über die Straße, dann gelten die Grundsätze über die Verkehrshilfe

[1] *Palandt*, § 832 Anm. 4.

(oben § 22 II 2 und unten § 25). Den Verkehrsteilnehmern sind gegenüber der Privatschule dieselben Pflichten auferlegt wie gegenüber Schülerlotsen, die ihren Dienst an einer öffentlichen Schule versehen (oben § 22 II 1).

§ 24 Schülerlotse und Verkehrspolizei im außerschulischen Bereich

I. Die Übertragung von Hoheitsgewalt

Bisher wurde lediglich dargelegt, daß die *Schulträger* nicht die Rechtsmacht besitzen, den Schülerlotsen mit Hoheitsgewalt auszustatten, die von allen Verkehrsteilnehmern zu beachten ist. Damit ist aber noch nicht gesagt, ob der Schülerlotse an der *hoheitlichen Verkehrsregelung* der Polizeibehörden partizipiert.

Zwar weisen die zuständigen Stellen seit der Einführung der Schulwegsicherung nachdrücklich darauf hin, daß Lotsen keine polizeilichen Befugnisse haben[1]. Sonderrechte könnten sich jedoch aus der Straßenverkehrsordnung ergeben. Aus § 36 StVO (Zeichen und Weisungen der Polizeibeamten) ist eine Ermächtigung allerdings nicht abzuleiten, weil die Schülerlotsen weder Polizeibeamte, noch dort ausdrücklich benannt sind. Auch § 27 StVO (Verbände) kommt als gesetzliche Grundlage nicht in Betracht, weil sich die Vorschrift nur mit marschierenden Abteilungen befaßt, die sich ständig im Straßenraum bewegen. Selbst eine gewohnheitsrechtliche Ermächtigung verhilft dem Lotsen nicht zu hoheitlichen Befugnissen. Zwar kann der Lotsendienst auf eine langjährige ununterbrochene Tätigkeit im Bundesgebiet verweisen. Es fehlt jedoch an einer allgemeinen Rechtsüberzeugung von der Verkehrsregelungsbefugnis des Schülerlotsen. Die große Neigung in Bevölkerungskreisen, die Weisungen der Schülerlotsen als rechtsverbindlich anzuerkennen, reicht hierzu nicht aus. Bei der Bildung von Gewohnheitsrecht ist auch der gegenteilige Standpunkt der Behörden und der Rechtsprechung zu berücksichtigen[2], die eine außerschulische hoheitliche Betätigung des Lotsen verneinen.

Auch wenn der Schülerlotse eine Verkehrsampel mit Handschaltung bedient, nimmt er keine öffentliche Gewalt wahr. Zwar besteht für die Verkehrsteilnehmer gemäß § 37 StVO eine Folgepflicht gegenüber den Zeichen dieser Ampel. Der Schülerlotse wird dabei aber nicht als eine

---

[1] Oben § 3 II.

[2] *Forsthoff*, Verwaltungsrecht S. 139; *Wolff*, I S. 113.

mit Hoheitsgewalt ausgestattete Privatperson, sondern lediglich als Ausführungsorgan der Behörde tätig. Sie hat durch die Aufstellung der Ampel und ihrer Inbetriebnahme alles getan, um eine entsprechende Anordnung zu erlassen. Dem Schülerlotsen bleibt lediglich die technische Abschlußhandlung vorbehalten[3]. Er vertritt die Verkehrspolizeibehörde nicht in der Willensbildung, sondern nur in der Erklärung[4]. Außerdem richten sich viele Handampeln nicht allein nach dem Knopfdruck des Lotsen; sie berücksichtigen den gesamten Verkehrsstrom mit.

Die Zeichen der Lotsen haben daher nur die Bedeutung von „Haltezeichen" eines Beifahrers oder einer Hilfsperson, die ein Kraftfahrzeug einweist (§ 10 StVO). Dieser Hinweis ist ebensowenig wie das Zeigen einer „Halteflagge" an einer Baustelle (§ 43 Abs. 3 StVO) eine hoheitliche Maßnahme. Ihre Nichtbeachtung hat keinen Verstoß gegen § 36 StVO zur Folge, weil solche Weisungen für Verkehrsteilnehmer keine verbindliche Kraft entfalten[5]. Fährt ein Kraftfahrer ohne Beachtung dieses Zeichens weiter, so hat er — wie wir gesehen haben — lediglich eine Ordnungswidrigkeit nach § 1 StVO begangen. Daraus folgt:

Der Schülerlotse darf den Verkehr nicht anhalten, der Verkehr muß aber anhalten, wenn Schüler und Schülerlotsen die Straße überqueren wollen (oben § 22 II 1).

II. Die „Verkehrsregelung" durch Schülerlotsen

Wenngleich dem Schülerlotsen jede Rechtsmacht für eine hoheitliche Verkehrsregelung fehlt, könnte er durch sein Verkehrsverhalten dennoch den *Rechtsschein* erwecken, er sei zu Eingriffen in den Verkehrsablauf befugt. Man darf nicht vergessen, daß die Verkehrsteilnehmer über die Rechtsstellung dieser „Amtsträger" nur unzureichend informiert sind. Der Verordnungsgeber selbst hat in der Straßenverkehrsordnung nur das Schülerlotsen-Zeichen erwähnt.

Sicher ist, daß der Schülerlotse in den fließenden Verkehr eingreift, wenn er seine Winkerkelle hochhebt oder seitlich auf die Straße hält. Denn die Kraftfahrer müssen tatsächlich anhalten, der Verkehr kommt während der Schülerpassage zum völligen Stillstand. Es ist aber fraglich, ob der nahende Kraftfahrer das Zeigen des Warnstabes als Verkehrsregelung auffaßt oder ob er die Zeichen anders beurteilt. Die Lösung dieser Frage ergibt sich aus der Straßenverkehrsordnung.

---

[3] *Hohenester*, NJW 65, 2106.

[4] *Hohenester*, BB 62, 238.

[5] *Hohenester*, BB 62, 238; BVerwG NJW 70, 2075 ff.

Nach § 26 StVO sollen die Fußgänger am Zebrastreifen deutlich zu erkennen geben, ob sie die Straße überqueren wollen. Sie können die herankommenden Kraftfahrzeuge auf sich aufmerksam machen, indem sie beispielsweise ein Handzeichen geben und dann die Straße betreten. Das Handzeichen dürfen sie während des Überquerens beibehalten. Das ist keine Verkehrsregelung der Fußgänger, weil sie den näherkommenden Fahrzeugen keine Weisungen erteilen, sondern lediglich auf die mögliche Gefährdung ihrer Person hinweisen. Die Autofahrer halten in solchen Fällen nicht an, weil sie hinter dem Handzeichen eine polizeiliche Anordnung vermuten, sondern um ihrer Wartepflicht nach § 26 StVO zu genügen.

Die Kelle des Schülerlotsen soll nach Ansicht der zuständigen Stellen ebenso die Funktion eines Handzeichens erfüllen[6]. Das Auftreten des Schülerlotsen im Straßenverkehr ist aber anders zu bewerten. Im Gegensatz zum „Normalfußgänger" greift er in den Verkehrsablauf ein, weil er durch seine Zeichengebung den Rechtsschein erweckt, zur Verkehrsregelung befugt zu sein. Den Beweis für diese These liefert § 36 StVO. Nach dieser Vorschrift sind die Zeichen und Weisungen der Polizeibeamten zu befolgen. Der Schülerlotse benutzt, um sich gegenüber den Fahrzeugführern bemerkbar zu machen, dieselben Zeichen, die der Verkehrspolizeibeamte zur Verkehrsregelung verwendet.

Streckt der Polizeibeamte seinen Arm seitlich quer zur Fahrtrichtung aus, dann gibt er ein Haltzeichen. Wenn der Schülerlotse seine rote Winkerkelle an einem Fußgängerüberweg seitlich auf die Fahrbahn hebt, dann kann dies für einen verständigen Autofahrer nur bedeuten, daß er anhalten und sich den Weisungen der Lotsen unterwerfen muß. Dieser Eindruck verstärkt sich, weil die Zeichen und Weisungen der Polizeibeamten nicht nur an Straßenkreuzungen, sondern auch an Fußgängerüberwegen gelten (§ 36 Abs. 4 StVO).

Daher ist die Aufforderung der Verkehrswacht an den Schülerlotsen, die Winkerkelle nicht senkrecht in die Höhe, sondern seitwärts zu halten[7], nicht ausreichend, um den erzeugten amtlichen Rechtsschein zu beseitigen. Denn Polizeibeamte benutzen zur Verkehrsregelung beide Zeichen. Außerdem können diese Zeichen nach § 36 Abs. 3 StVO durch Weisungen ergänzt oder geändert werden. Folglich sind die Hinweiszeichen der Lotsen nicht lediglich freundliche Hand- oder Warnzeichen, sondern eher amtliche Symbole eines Verkehrspolizisten. Zuleeg spricht daher nicht ganz zu Unrecht von der „Weisungsbefugnis" und den „Geboten" des Schülerlotsen[8].

---

[6] Schülerlotsenbuch S. 6.

[7] Schülerlotsenbuch S. 6.

[8] *Zuleeg*, DÖV 70, 628.

Der vermeintliche verkehrsregelnde Charakter der Schülerlotsentätigkeit wird besonders offensichtlich, wenn er sich mit weiteren Lotsen in der Straßenmitte postiert und dort in der Haltung eines Polizeibeamten bleibt[9]. Durch dieses Verhalten unterscheidet sich der Schülerlotse erheblich von dem „Normalfußgänger", der auf die Straße tritt und auf die andere Straßenseite *geht*. Seine Position im Straßenverkehr ist auch nicht mit der eines Vereinsvorstandes vergleichbar, der seine Mitglieder über die Straße bringt und während dieses Vorganges auf der Straße wartet. Zwar heben sich Schülerlotse und Vereinsvorstand faktisch von den übrigen Fußgängern ab, weil sie in der Straßenmitte stehenbleiben und eine Gruppe nach außen vertreten. Im Unterschied zum Vereinsvorstand darf der Schülerlotse aber seine Stellung auch dann auf der Straße beibehalten, wenn sich zufällig kein Schüler im Straßenraum oder am Fußgängerüberweg befindet. Denn der Lotse soll sich dem Verkehrsstrom anpassen. Es kann daher bei Schulschluß durchaus zweckmäßig sein, den Straßenverkehr für längere Zeit zu sperren, wenn sich ganze Schulklassen dem Überweg nähern. Der Lotse ist also in der Lage, den Straßenverkehr vorübergehend zu blockieren.

Unabhängig davon, fehlt es bei dem Schülerlotsen nicht schon deshalb an einer „Verkehrsregelung", weil er erst eingreifen soll, wenn sich eine Verkehrslücke bildet. Diese Pflicht, den Verkehrsfluß zu beobachten, ist auch dem Polizeibeamten auferlegt. Für einen Verkehrsteilnehmer wird der Verkehr auch dann noch geregelt, wenn er sich nur langsam dem Verkehrsposten nähert und der Polizeibeamte seinen Arm bereits seitlich quer zur Verkehrsrichtung ausstreckt[10]. Das gilt auch für den Schülerlotsen. Soll er im außerschulischen Bereich nur die Rechte besitzen, die jedem Fußgänger zustehen, dann ist sein Verhalten nicht von der Straßenverkehrsordnung gedeckt. Nach § 25 Abs. 3 StVO haben die Fußgänger die Fahrbahn zügig und auf dem kürzesten Wege zu überschreiten. Sie dürfen sich nicht auf der Straße aufhalten und dort Zeichen geben, insbesondere dann nicht, wenn sich keine anderen Fußgänger auf der Straße befinden.

Das Stehenbleiben in der Straßenmitte und die Zeichengebung sind im Grunde genommen gar nicht fragwürdig. Es kommt jedoch hinzu, daß die Verkehrsteilnehmer durch die besonderen Kennzeichen (Koppel mit weißem Schulterriemen, weißer Mantel, Schirmmütze, Kelle und Schülerlotsen-Verkehrszeichen) irritiert werden, welche die Lotsen bei ihrem Dienst benutzen. Bei einem Vereinsvorstand weiß man, daß er keine verkehrspolizeilichen Befugnisse hat. Er ist als Zivilperson zu erkennen. Bei einem Schülerlotsen ist man wegen seiner Kleidung und

---

[9] Vgl. Schülerlotsen-Hinweisschild.

[10] Vgl. § 36 StVO.

seinem Verhalten unsicher, ob seine Zeichen zu befolgen sind. Das beweisen Zivil- und Strafurteile über den Schülerlotsendienst und die folgende Anfrage eines Berliner Abgeordneten an den Berliner Senat: „Sind Kraftfahrer verpflichtet, auf Stoppzeichen von Schülerlotsen zu halten[11].“ Denn die „Uniform“ und die Kelle sollen den Lotsen bewußt gegenüber anderen Fußgängern hervorheben. Außerdem wurden die Kennzeichen besonders gewählt, um den Lotsen selbst eine Freude zu bereiten. Man trug dabei dem Gedanken Rechnung, daß Kinder gerne die Rolle eines Polizisten spielen. Dieses Entgegenkommen gegenüber den Schülerlotsen hat aber zu erheblichen Mißverständnissen wegen seiner Stellung im Straßenverkehr geführt. Der durchschnittliche, nicht genau prüfende Beurteiler ist überfordert, wenn er den Schülerlotsen von einer Person unterscheiden soll, die mit polizeilichen Befugnissen ausgestattet ist.

Vor allem entsteht aufgrund der polizeilichen Ausbildung des Schülerlotsen und der ständigen Überwachung der Schulwegsicherung durch Polizeibeamte der Eindruck, der Lotse nehme den Status eines Hilfspolizeibeamten ein. Dieser Eindruck wird vertieft, wenn sich Polizeibeamte unmittelbar an den Übergängen aufhalten und Schülerlotsen einweisen.

Der innere Zusammenhang des Lotsendienstes mit der Schule geht völlig verloren, sobald der Schülerlotse zu außerschulischen Zwecken (Betreuung älterer Bürger zu Hauptverkehrszeiten in der Innenstadt) eingesetzt wird. Wer dann von Maßnahmen der Lotsen betroffen wird, muß erst recht der irrigen Meinung sein, er müsse die Weisungen der Lotsen befolgen.

Obwohl der Schülerlotse keine polizeilichen Hoheitsrechte ausübt, geriert er sich wie eine Person, der die Hoheitsrechte aus § 36 StVO zustehen. Der Rechtsschein, der durch sein Gesamtverhalten im Straßenverkehr erweckt wird, läßt sich deshalb nicht hinweg diskutieren, weil er nach dem Willen der zuständigen Stellen keine Uniform, sondern nur Kennzeichen trägt. Man kann auch nicht sagen, er habe keine polizeilichen Befugnisse, wenn er dennoch dieselben Zeichen setzen darf, die ein Verkehrspolizeibeamter benutzt. Diese feinen sprachlichen Nuancierungen können den Rechtsschein nicht zerstören, weil die Anforderungen an den Durchschnitts-Verkehrsteilnehmer nicht überspannt werden dürfen.

Die Hervorrufung und Aufrechterhaltung eines amtlichen Rechtsscheines ist nach § 33 Abs. 2 StVO verboten. Danach dürfen Einrichtun-

[11] Vgl. OLG Köln NJW 68, 655 ff.; OLG Düsseldorf VRS 12, 30 ff.; AG Müllheim (Baden) Urteil vom 5. 3. 71, Aktenzeichen II Ds 92/70. Kleine Anfrage des Erwin Scheil vom 29. 9. 1969 an den Berliner Senat.

gen, die zu Verwechslungen mit Zeichen oder Verkehrseinrichtungen Anlaß geben, an öffentlichen Straßen nicht angebracht oder sonst verwendet werden, wenn sie sich auf den Verkehr auswirken können. Im Gegensatz zur alten Straßenverkehrsordnung, bei der sich das Rechtsscheinverbot nur auf Verkehrszeichen und Verkehrseinrichtungen bezog, umfaßt § 33 Abs. 2 auch Einrichtungen, die den Zeichen nach § 36 StVO (Zeichen und Weisungen der Polizeibeamten) gleichen. Der Rechtsgedanke dieser Vorschrift, die allein der Sicherheit und Leichtigkeit des Straßenverkehrs dient, gilt auch für den Schülerlotsendienst und seine Zeichen.

Allein wegen des erzeugten Rechtsscheins muß man den Schülerlotsendienst allerdings nicht von der Straße verbannen. Es ist lediglich der amtliche Charakter dieser Selbsthilfeeinrichtung zu beseitigen. Dies kann geschehen, indem man die rote Kelle des Lotsen durch einen gelben Stab ersetzt. Die beiden Schülerlotsen, die an jedem Übergang stehen, sollten bei dem Überführungsvorgang nicht auf der Straßenmitte postiert sein, sondern mit den Schülern auf die andere Straßenseite gehen (österreichische Regelung). Statt des Koppels mit Schulterriemen sollten die Lotsen mit einer gelben oder rot-weißen Jacke ausgestattet werden, damit die Fahrzeugführer auf sie aufmerksam werden, ohne hinter ihnen eine Person zu vermuten, die mit verkehrspolizeilichen Befugnissen versehen ist. Diese Maßnahmen könnten den Rechtsschein wirksam beseitigen, ohne daß die Lotsen den Respekt und den Achtungserfolg der Kraftfahrer verlieren. Den Kennzeichen der Lotsen käme die Funktion einer Schutz- oder Warnkleidung und nicht die einer amtlichen Uniform zu. Der Lotse wäre selbst für einen durchschnittlichen Betrachter nach den Regeln zu beurteilen, die für alle Fußgänger gelten.

Es entspricht auch den Intentionen der Straßenverkehrsordnung, wenn man den Lotsen die erwähnte Schutzkleidung zur Verfügung stellt. Nach § 35 Abs. 6 StVO müssen alle Personen, die bei dem Bau oder der Unterhaltung von Straßen eingesetzt werden, bei ihrer Arbeit eine auffällige Warnkleidung tragen. Der Verordnungsgeber wollte mit dieser Regelung erreichen, daß Personen, die sich berufsbedingt im Verkehr aufhalten, für den Kraftfahrzeugführer erkennbar sind. Die Farbe „gelb“ ist für den Lotsendienst geeignet, weil nach § 38 Abs. 3 StVO gelbes Blinklicht allgemein vor Gefahren warnen soll. Daher dürfen auch Schulbusführer gelbe Leuchtzeichen geben, solange Kinder ein- und aussteigen (§ 16 Abs. 2 Nr. 2 StVO). Außerdem haben sich die Kraftfahrer an die Farbe „gelb“ gewöhnt, weil die Verkehrswacht sie als Sicherheitsfarbe für die Schulkinder empfohlen hat. Die Erstklässler tragen gelbe Schulmützen, sie besitzen teilweise gelbe Schulranzen und ziehen gelbe Schutzmäntel über. Eine gelbe Bekleidung des

Lotsen genügt daher, um sie mit ihrer Gruppe gegenüber den übrigen Verkehrsteilnehmern hervorzuheben.

Wer trägt die haftungsrechtlichen Folgen, wenn aufgrund des erzeugten Rechtsscheins ein Unfall verursacht wird? Das Schadensrisiko könnte dem Schülerlotsen, der Schule oder der Verkehrspolizeibehörde angelastet werden. Eine prozentuale Risikoverteilung nach dem Umfang des hervorgerufenen Rechtsscheins läßt sich schlecht durchführen, weil die Verkehrspolizeibehörde als Ausbilder und die Schule als Träger des Lotsendienstes den Rechtsschein gemeinsam gesetzt haben, während er von dem Lotsen in die Praxis umgesetzt wurde. Der Schülerlotse selbst ist jedoch nicht verantwortlich, da er als 13jähriger Schüler nur die Vorschriften beachtet, deren Befolgung man ihm auferlegt. Ihn trifft kein Verschulden, wenn Verkehrswacht und Polizei ihm amtlichen Rechtsschein verleihen. Eine Verteilung des Risikos kann nur auf die Polizeibehörde oder die Schule erfolgen. Dabei ist aber zu bedenken, daß die Schule den Schülerlotsen mit der Wahrnehmung der Schulwegsicherung beauftragt hat. Die Verkehrspolizei spielt nur eine untergeordnete Rolle, weil sie für die Schule nur die Ausbildung der Schülerlotsen übernimmt.

Daher hat die *öffentliche Schule* für den Schülerlotsen nach Art. 34 GG, § 839 BGB auch dann einzustehen, wenn dieser seine Zuständigkeiten überschreitet. Das ist der Fall, wenn er sich im Straßenverkehr als „Kinderpolizist“ geriert. Die Einhaltung der Zuständigkeit ist Amtspflicht, ihre Vorspiegelung eine Amtspflichtverletzung[12]. Eine unbewußte Überschreitung der Zuständigkeit beseitigt die erforderliche innere Beziehung zu den amtlichen Befugnissen nur dann, wenn die Handlung ihrer Art nach ganz außerhalb des allgemeinen Rahmens des Amtsbereichs liegt, der außeramtliche Charakter gewissermaßen auf der Stirn geschrieben steht und der Geschädigte nach den Umständen eine Amtshandlung nicht mehr annehmen kann[13]. Das trifft für den Schülerlotsendienst nicht zu, da die „Verkehrsregelung“ in unmittelbarer Verbindung mit der Schulwegsicherung steht und Außenstehende bei oberflächlicher Betrachtung durchaus davon ausgehen können, daß der Schülerlotse verkehrsregelnd tätig werden darf.

Bei der Privatschule hingegen greift § 831 zum Schutz der Geschädigten ein. Man wird jedoch eine Exculpation des Geschäftsherrn ausschließen müssen, weil der erweckte Rechtsschein besonders auf dem Zeigen der Kelle und der Schülerlotsen-Kennzeichen beruht. Das sind „Geräte“, deren Beschaffung der Schule als Träger der Schulwegsiche-

[12] *Soergel - Glaser*, § 839 Anm. 148.

[13] *Soergel - Glaser*, § 839 Anm. 148 mit weiteren Nachweisen. *Müller*, RiA 70, 22; *Geigel*, Kapitel 20, S. 487 ff. Rdn. 41 ff.

rung obliegt und die zur Durchführung des Schülerlotsendienstes erforderlich sind. Diese Ausrüstung ist nicht mit der erforderlichen Sorgfalt ausgewählt worden, weil sie den Anschein hervorruft, der Schülerlotse sei ein Hilfspolizist. Treten infolge dieses Beschaffungsfehlers Schäden auf, so sind sie dem Schulträger zuzurechnen.

§ 25 Schülerlotse und Verkehrswacht im außerschulischen Bereich

Die örtlichen Verkehrswachten sind im außerschulischen Bereich für den Lotsen von großer Bedeutung, da der Schülerlotse — wie festgestellt wurde — auch älteren Personen bei Gelegenheit der Schulwegsicherung Verkehrshilfe leistet[1]. Außerdem wird er teilweise als allgemeiner Verkehrshilfsdienst in den Hauptverkehrszeiten eingesetzt[2]. Wer ist in diesen Fällen für Schädigungen des Lotsen verantwortlich?

Die Verkehrswacht wird vorbeugend im Straßenverkehr zur Verbesserung der Sicherheit und Ordnung tätig. Sie schaltet den Lotsen als Helfer zur Erledigung der ihr gestellten öffentlichen Aufgaben ein. Der Lotse wird folglich von der Verkehrswacht zur Wahrnehmung von Verkehrshilfsdiensten beauftragt. Aufgrund der Beauftragung übernimmt die Verkehrswacht die Pflicht, für den Lotsen eine Unfall- und Haftpflichtversicherung abzuschließen. In diesem Tätigkeitsfeld des Schülerlotsen ist eine Verkehrswachtversicherung sinnvoll, weil sie den meist vermögenslosen Lotsen vor allzu großen finanziellen Belastungen schützt. Im übrigen hat die Verkehrswacht ihrer vertraglichen Fürsorgepflicht Genüge getan, weil sie wegen der besonderen Gefährlichkeit dieses Verkehrshilfsdienstes selbst einem Aufwendungsersatzanspruch des Lotsen ausgesetzt wäre[3].

Der Schülerlotse ist folglich im außerschulischen Bereich wie ein ehrenamtlicher Helfer einer Hilfsorganisation (Rotes Kreuz) zu behandeln, weil er im Auftrag der Verkehrswacht tätig wird. Dagegen entfällt bei den obengenannten Einsätzen die Verantwortlichkeit der Schule, weil diese Einsätze von der Verkehrswacht angeordnet oder gewünscht werden und nicht zum schulischen Wirkungskreis gehören.

---

[1] Schülerlotsenbuch S. 5, 9.

[2] Polizei-Praxis 51. Jahrgang S. 30; Polizei-Praxis 1964, 159.

[3] *Larenz*, Schuldrecht II S. 261 f.

Zusammenfassung und Ergebnisse

I.

Die Schulwegsicherung ist eine schulische Angelegenheit, obwohl schulfremde Kreise an der Vorbereitung und Organisation des Schülerlotsendienstes beteiligt sind (Polizeibehörde, Verkehrswacht). Die Schule ist Trägerin des Schülerlotsendienstes, weil sie ihre Aufsichts- und Fürsorgepflicht zulässigerweise freiwillig erweitert hat. Sie besitzt die Letztverantwortung für diese Veranstaltung, da sie im Zusammenhang mit dem Schulbetrieb durchgeführt wird.

II.

Der Schülerlotsendienst ist gesetzlich nicht geregelt. Seine Einführung an den Schulen beruht auf Erlassen der Kultus- und Wirtschaftsministerien der Länder. Die Ausgestaltung erfolgt durch Dienstanweisungen. Die Aufstellung eines Schülerlotsendienstes ist jeder Schule freigestellt.

III.

Der Schülerlotse steht in zwei Rechtsbeziehungen zur öffentlichen Schule: Als Schüler ist er vom öffentlich-rechtlichen Schulverhältnis umgeben. Zur Schulwegsicherung wird der Schülerlotse durch einen mitwirkungsbedürftigen Verwaltungsakt mit der öffentlichen Schule verpflichtet. Denn der Schülerlotsendienst ist keine Aufgabe, die im Rahmen des Schulbetriebes dem Schüler zwangsweise auferlegt werden kann. Die Sonderverbindung ist erforderlich, weil dem Schülerlotsen teilweise die Rechte- und Pflichtenstellung eines Lehrers eingeräumt werden soll. Zur Wirksamkeit des Verwaltungsaktes ist die Zustimmung der Erziehungsberechtigten erforderlich.

IV.

Die Wahrnehmung der Schulwegsicherung an der öffentlichen Schule ist eine hoheitliche Aufgabe, weil sie Bestandteil der hoheitlich ausgestalteten Fürsorge- und Aufsichtstätigkeit der Schule ist. Die Zuordnung dieser Agende in das öffentliche Recht erfährt keine Änderung, wenn sie anstatt von einem Lehrer von einer anderen Person gegenüber den Schülern ausgeübt wird. Entscheidend ist, daß der Schülerlotsendienst öffentlich-rechtlich geregelt ist. Daher ergeben sich auch die Rechtsfolgen bei Pflichtverletzungen der Schüler aus dem öffentlichen Recht.

V.

Der Schülerlotsendienst ist kein Teil der Schülermitverantwortung. Die Schülermitverantwortung ist ihrem Sinne entsprechend und nach gesetzlicher Änderung ihres Aufgabeninhaltes die Interessenvertretung der Schüler. Sie kann insoweit den Personal- und Studentenvertretungen gleichgestellt werden. Der Schülerlotse vertritt hingegen ausschließlich die Belange der Schule und hat deren Weisungen im Rahmen des Schülerlotsenverhältnisses zu befolgen.

VI.

Der Schülerlotse ist kein Angehöriger des öffentlichen Dienstes, weil er nicht als Arbeitnehmer dienstrechtlich eingegliedert ist. Er beteiligt sich als Privater an Hoheitsaufgaben. Der Schülerlotse ist kein Beliehener, weil er im Namen der Schule tätig wird. Sein Handeln ist der Schule zuzurechnen. Eine Delegation von Zuständigkeiten erfolgt nicht. Es besteht kein Recht auf Selbstverwaltung.

VII.

Der Schülerlotse nimmt den öffentlich-rechtlichen Status eines Amtshelfers ein. Das ist eine Privatperson, die von einem Amtsträger mit der Wahrnehmung bestimmter hoheitlicher Aufgaben auf freiwilliger Basis beauftragt wird und als Hilfsorgan im fremden Namen unter Angliederung an einen Träger der öffentlichen Verwaltung selbständig tätig wird. Diese Rechtsfigur hat ihren Standort zwischen der Beleihung und dem öffentlichen Dienst.

VIII.

Der Schülerlotse kann trotz seiner Minderjährigkeit die besondere Rechtsfähigkeit besitzen, Träger von Amtsrechten und Amtspflichten zu sein. Er kann ein öffentliches Amt bekleiden, wenn er die Voraussetzungen des Art. 33 Abs. 2 GG in seiner Person erfüllt. Auf die Erreichung eines bestimmten Mindestalters kommt es nicht an, weil die Qualifikation nicht vom Alter abhängt. Die Amtsmündigkeit erlangt der Minderjährige grundsätzlich mit 21 Jahren, weil in diesem Zeitpunkt das Fremdbestimungsrecht der Eltern entfällt. Bei den Schülerlotsen fällt die Amtsfähigkeit mit der Amtsmündigkeit zusammen, wenn die Erziehungsberechtigten der Bestellung ihres Kindes zur Schulwegsicherung zustimmen.

IX.

Die Lehrer können den Schülerlotsen Hoheitsgewalt übertragen, weil ihre Amtspflichten nicht ausschließlich höchstpersönlicher Natur sind. Das öffentlich-rechtliche Schulverhältnis steht einer hoheitlichen Betätigung der Schülerlotsen nicht entgegen da auch in anderen Rechtsbereichen solche Parallelbeziehungen zulässig und wünschenswert sind (Tutor).

X.

Die Übertragung von Hoheitsgewalt auf Schülerlotsen bedarf keiner besonderen gesetzlichen Ermächtigungsgrundlage, da eine vollständige Zuständigkeitsverschiebung auf den Schülerlotsen ausscheidet. Die Schule als eine kraft Gesetzes errichtete Behörde kann innerhalb ihres Wirkungskreises aufgrund der ihr zustehenden Organisationsgewalt Amtswalter mit der Erledigung hoheitlicher Aufgaben betrauen. Ausnahmsweise darf diese Hoheitsgewalt auch auf Schüler zur Ausübung im fremden Namen übertragen werden. Das Lehrpersonal ist dazu im Rahmen der pädagogischen Freiheit und gewohnheitsrechtlich ermächtigt.

XI.

Der Schülerlotse an der öffentlichen Schule ist haftungsrechtlich und strafrechtlich als „Beamter“ zu qualifizieren. Aus der Grund- und Amtswalterbeziehung zum Staat stehen ihm besondere Fürsorgerechte zu, die ihren Schwerpunkt in der Haftungsübernahme und der Unfallfürsorge haben. Der Schülerlotse kann bei Erleiden eines Unfalls Ansprüche nach § 539 RVO (Personenschaden) und § 670 BGB (Sachschaden) geltend machen. Bei einer Verletzung Dritter hat der Schulträger für das Verhalten des Schülerlotsen grundsätzlich nach Art. 34 GG einzustehen, wenn nicht Leistungen im Rahmen der Schülerunfallversicherung anfallen. In Innenverhältnis zur Schule sind die Rückgriffsansprüche und Direktansprüche analog der beamtenrechtlichen Regelung auf Vorsatz und grobe Fahrlässigkeit beschränkt. Sie sind ausgeschlossen, wenn der Sozialversicherungsträger Leistungen gewährt. Bei Streitigkeiten aus dem Grund- und Amtswalterverhältnis ist der Schülerlotse prozeßfähig. Es ist grundsätzlich der Verwaltungsrechtsweg gegeben, da die Rechtsbeziehungen im öffentlichen Recht wurzeln. Soweit vermögensrechtliche Ansprüche im Streit stehen, können die ordentlichen Gerichte angerufen werden. Bei Streitigkeiten über Leistungen der Unfallversicherung steht der Sozialrechtsweg offen.

XII.

Der Schülerlotse nimmt gegenüber den ihm anvertrauten Schülern Fürsorge- und Aufsichtspflichten wahr. Die Schüler sind nicht gehalten, einen Übergang zu benutzen, der von Schülerlotsen gesichert ist. Es besteht aber Gehorsamspflicht, wenn Schüler die Straße an einem Schülerlotsenübergang passieren wollen. Ein Verstoß gegen die Anweisungen der Schülerlotsen ist eine Verletzung der Schulordnung, die mit schuldisziplinarischen Maßnahmen geahndet werden kann.

XIII.

Es gibt keine Zuständigkeitskollision zwischen Lehrer und Schülerlotsen, weil das Lehrpersonal aufgrund der Letztverantwortung das Mandat entziehen und die Schulwegsicherung selbst ausüben kann. Die Folgepflicht gegenüber den Anordnungen der Schülerlotsen erstreckt sich nicht auf die Lehrkräfte. Das Lehrpersonal ist aber aus pädagogischen Gründen gehalten, die Zeichen zu befolgen, weil es sonst die Schüler gefährdet.

XIV.

Die Verkehrswacht nimmt bei der Schulwegsicherung eine praktisch bedeutsame Rolle ein. Der Schülerlotse steht aber nur mit der Schule in vertraglichen Beziehungen. Die Betreuungsfunktion der Verkehrswacht, insbesondere der Abschluß von Unfall- und Haftpflichtversicherungen sowie die Beschaffung der Ausrüstung für den Schülerlotsen geschieht ohne rechtliche Verpflichtung und kann jederzeit eingestellt werden.

XV.

Die Polizeibehörden leisten der Schule Amtshilfe, indem sie die Schülerlotsen verkehrstheoretisch und praktisch auf ihren Dienst vorbereiten. Der Schülerlotse übt aber keine polizeilichen Funktionen aus. Er hat nicht das Recht in den Verkehrsablauf einzugreifen. Seine Zeichen sind vom Kraftfahrer nur als Warnung dahin zu verstehen, daß mit verkehrsunreifen Kindern zu rechnen ist. Die Zeichengebung, der Gebrauch der Kelle und das gesamte Auftreten der Schülerlotsen im Straßenverkehr erweckt gelegentlich den Rechtsschein, der Schüler nehme polizeiliche Aufgaben wahr.

XVI.

Der Schülerlotse darf den Verkehr nicht anhalten, der Verkehr muß aber anhalten, wenn eine Gruppe mit einem Schülerlotsen die Straße überqueren will. Diese Wartepflicht der Fahrzeugführer ergibt sich aus Regelungen, die für alle Fußgänger gelten. Bei Zuwiderhandlungen können Kraftfahrer ordnungsrechtlich belangt werden (§§ 1, 26, 49 StVO i. V. m. § 24 StVG). Dem Schülerlotsen obliegt die Amtspflicht, auch Dritte — insbesondere die vom Schülerlotsendienst betroffenen Verkehrsteilnehmer — vor Schäden zu bewahren. Bei Schädigungen greift Amtshaftung ein.

XVII.

Der Schülerlotse an Privatschulen übt kein öffentliches Amt aus, weil die Wahrnehmung von Aufsichts- und Fürsorgeaufgaben auf der eigenständigen Ordnungs- und Erziehungsgewalt der Privatschule beruht. Sie wird dem Schülerlotsen übertragen. Bei einer Schädigung der Schule oder Dritter kann der Schülerlotse haftungsrechtlich nur beschränkt in Anspruch genommen werden. Seine Haftung kann nach § 828 Abs. 2 BGB, einen vertraglichen Haftungsausschluß oder nach den Grundsätzen über die gefahrgeneigte Arbeit eingeschränkt sein. Bei der Anwendung arbeitsrechtlicher Grundsätze ist der innerbetriebliche Schadensausgleich mit dem Freistellungsanspruch des Dienstnehmens auf das Außenverhältnis auszudehnen, wobei der Schulträger zu einer Haftungsübernahme nach § 414 BGB verpflichtet ist, um den freiwillig und unentgeltlich handelnden Schülerlotsen zu entlasten. Im Gegensatz zur öffentlichen Schule stehen den geschädigten Mitschülern auch vertragliche Ansprüche gegen den Schulträger wegen Verletzung des Beschulungsvertrages zu. Bei Personenschäden von Schülern und Lehrkräften besteht nur ein Ersatzanspruch gegenüber der Unfallversicherung (§§ 539, 636, 637 RVO).

ANHANG

Gesetzesvorschläge

I. Vorbemerkung

Die rechtliche Stellung des Schülerlotsen ist auch nach Inkrafttreten der neuen Straßenverkehrsordnung und einiger Schulerlasse unverändert geblieben. Es erscheint daher angebracht, Vorschläge zu unterbreiten, die zu einer Verbesserung des Schülerlotsen-Problems beitragen.

Die Schüler sind im Straßenverkehr wegen der wachsenden Motorisierung ständig neuen Gefahren ausgesetzt. Aus diesem Grunde gewinnt eine gut organisierte Schulwegsicherung immer mehr an Bedeutung. Der gute Wille der beteiligten Stellen und ihre Einsatzbereitschaft für diesen Hilfsdienst genügen aber auf die Dauer nicht zur wirksamen und erfolgreichen Durchführung des Schülerlotsendienstes. Der Gesetzgeber muß vielmehr aufgefordert werden, für den Schülerlotsendienst eine angemessene Regelung zu schaffen. Denn die rechtliche Stellung des Schülerlotsen wurde bisher nur ungenügend fixiert. Das gilt für den schulischen und für den außerschulischen Bereich. Der Schülerlotsendienst kann nicht nur auf Erlasse der Kultusministerien gestützt werden. Die Rechtssicherheit erfordert es, die Zuständigkeiten des Schülerlotsen, seine Rechte und Pflichten im Innen- und Außenverhältnis sowie die Haftungs- und Fürsorgefolgen eindeutig zu normieren. Eine gesetzliche Regelung läge auch im Interesse der 70 000 aktiven Schülerlotsen, die alltäglich in einer ungesicherten Rechtsstellung ihren Dienst versehen.

Eine befriedigende Lösung des Schülerlotsen-Status ist möglich, wenn folgende Komplexe berücksichtigt werden:

1. Gleichstellung der Schülerlotsen an öffentlichen und Privatschulen (Problem der Amtshaftung — gefahrgeneigte Arbeit).
2. Einheitliche Beurteilung der Schülerlotsen und der Erwachsenen-Lotsen, die infolge der Aufgliederung der Volksschule in die Grund- und Hauptschule teilweise die Schulwegsicherung wahrnehmen[1]. (Wesentlich auch für Kindergärtnerinnen-Lotsen[2].)

---

[1] Handbuch der Verkehrswacht S. 18 f.

[2] Vgl. Jahresbericht der Landesverkehrswacht Baden-Württemberg 1969 S. 12 f.

3. Klärung der Ermächtigungsgrundlage für das hoheitliche Einschreiten des Schülerlotsen (Frage des Gesetzesvorbehalts zur Übertragung und Ausübung öffentlicher Gewalt).
4. Einführung der Benutzungspflicht für Schüler und andere Fußgänger. (Im Interesse der Verkehrssicherheit.)
5. Weisungsbefugnis gegenüber Schülern und anderen Fußgängern. (Im Interesse der Verkehrssicherheit.)
6. Abgrenzung der Schülerlotsen-Befugnisse von Hoheitsrechten des Polizeivollzugsdienstes. (Aus Gründen der Rechtssicherheit.)
7. Einheitliche Zuständigkeit für den Schülerlotsendienst (Problem der sachnäheren Behörde).
8. Normierung einer Unfallfürsorge für den Schülerlotsen.

II. Zuständigkeitsfragen

Wer soll für die Schulwegsicherung zuständig sein?

Die Beantwortung dieser Frage ist schwierig, weil die Schulwegsicherung einerseits im schulischen Raum angesiedelt ist, die Schülerlotsen aber andererseits zwangsläufig in den Verkehrsablauf eingreifen müssen. Will man die oben angeführten Komplexe in einem einheitlichen Gesetz verwirklichen, dann kommt man nicht umhin, den Schülerlotsendienst aus dem *schulischen Verantwortungsbereich* und der Zuständigkeit der Schule *herauszulösen*. Das bereitet keine Schwierigkeiten, weil der Schülerlotsendienst bisher nicht völlig in den schulischen Aufgabenbereich integriert war. An der Ausbildung, Betreuung und der Durchführung des Schülerlotsendienstes haben sich ständig schulfremde Kreise (vor allem die Verkehrswacht und die Polizei) beteiligt.

Überdies erscheint eine Abtrennung des Schülerlotsendienstes von der Schule angebracht, da die Verkehrspolizeibehörde die sachnähere Behörde für die Schulwegsicherung ist. Der Schwerpunkt der Schülerlotsen-Tätigkeit liegt nun einmal im Straßenverkehr und nicht im Schulgebäude. Zwar soll der Schülerlotse nach der bisherigen Regelung vornehmlich „Lehrerersatz" und kein „Polizeiersatz" sein. Es ist aber fraglich, ob man an dieser Einstellung im Interesse der Verkehrssicherheit festhalten kann.

Nach der bisher geübten Praxis werden die Schülerlotsen eingesetzt, um verkehrsunreife Kinder und ältere, gebrechliche Personen vor den Gefahren des Straßenverkehrs zu bewahren. Diese Schutzfunktion kann aber nur wirksam vorgenommen werden, wenn man die Schülerlotsen aus dem schulischen Bereich herausnimmt und ihre Tätigkeit rechtlich in einen breiteren Raum stellt. Der Schülerlotsendienst muß in einem Gesetz geregelt werden, das sich nicht nur gegen die Schulbenutzer wendet, sondern auch die Verkehrsteilnehmer anspricht. Das ist allein Sinn und Zweck der Schulwegsicherung, weil die übrigen Verkehrsteilnehmer den Schülerlotsendienst respektieren und beachten sollen. Das kann aber nur geschehen, wenn sie die Handlungen und das Verhalten der Schülerlotsen als verkehrsrechtliche Regelungsmaßnahmen erkennen oder als unbeachtliche Hinweise werten können.

Aus diesem Grund sollte man die Straßenverkehrsordnung um eine Grundsatzvorschrift erweitern, die über die Befugnisse des Schülerlotsen gegenüber Dritten Auskunft gibt. Im übrigen wäre die gesetzliche Ausgestaltung der Rechtsstellung des Schülerlotsen Angelegenheit der Bundesländer. Eine Mehrfachzuständigkeit könnte man vermeiden, wenn man die Ausbildung, Betreuung und Beaufsichtigung der Schülerlotsen einheitlich den Polizeibehörden zuweist. Die Schulen ordnen die Schüler zur Ausbildung und zum Einsatz an die Polizeibehörden ab. Auf diese Weise könnten die oben angeführten Vereinheitlichungs- und Gleichbehandlungsvorschläge realisiert werden.

III. Gesetzesvorschläge

1. Ergänzung der StVO durch Anfügung des § 36 a StVO (Einsatz von Schülerlotsen)

I. Den Weisungen und Zeichen der Schülerlotsen, die zur Schulwegsicherung an Straßenübergängen in der Nähe von Schulen eingesetzt sind, haben auch andere Fußgänger als die betreuten Schulkinder Folge zu leisten. Sie dürfen nur den Schülerlotsen-Übergang benutzen, wenn sie die Straße in einem Abstand von 30 Metern rechts und links des Übergangs überqueren wollen.

II. Die Schülerlotsen sind nicht befugt, Fahrzeuge anzuhalten. Befindet sich ein Schülerlotse auf der Fahrbahn, so haben die herannahenden Fahrzeuge in einem Abstand vor dem Schülerlotsen anzuhalten, der das sichere Überqueren der Fahrbahn ermöglicht.

III. Die Zeichen der Schülerlotsen bedeuten:

Seitliches Ausstrecken der Winkerkelle quer zur Fahrbahnrichtung:
    für Fahrzeuge — Achtung Fußgänger betreten die Straße
    für Fußgänger — Gehen
in der Fahrbahnrichtung:
    für Fahrzeuge — Straße frei
    für Fußgänger — Warten

Begründung:

Systematisch ist die Verkehrsregelung durch Schülerlotsen in unmittelbarer Nähe des § 36 StVO einzuordnen. Die Kraftfahrer und die übrigen Verkehrsteilnehmer sollen wissen, welche Befugnisse dem Schülerlotsen im Gegensatz zum Polizeibeamten zustehen, und wie sie sich gegenüber seinen Zeichen verhalten müssen.

Die Benutzungspflicht des Lotsendienstes und die Weisungsbefugnis der Schülerlotsen ist auch gegenüber anderen Fußgängern auszudehnen, weil viele Erwachsene unabhängig von der Zeichengebung der Schülerlotsen am Lotsenübergang oder in unmittelbarer Nähe ständig die Fahrbahn betreten. Dadurch geben sie den betreuten Schulkindern ein schlechtes Beispiel und regen sie zum Nachahmen an. Die Lotsen sind nicht mehr in der Lage, die Schüler unter Kontrolle zu halten. Außerdem müssen die Fahrzeugführer ständig anhalten, wenn ein Fußgänger die Straße überquert. Dies liegt nicht im Interesse des fließenden Verkehrs und der Zielrichtung der Schulwegsicherung. Denn nach § 25 Abs. 2 StVO haben die Fußgänger die Fahrbahn nur an Fußgängerüberwegen (oder Lotsenübergängen) zu überschreiten, wenn es die Verkehrslage erfordert.

Absatz zwei der Ergänzungsvorschrift bringt eine ausdrückliche Konkretisierung des § 1 StVO. Absatz drei erläutert den Verkehrsteilnehmern, wie sie auf die Zeichen der Schülerlotsen reagieren müssen, um die Verkehrssicherheit nicht zu gefährden.

2. Gesetz über den freiwilligen Schülerlotsendienst

§ 1. (Begriff und Aufgabe)

I. Die örtlichen Polizeibehörden stellen in Zusammenarbeit mit den Schulen einen freiwilligen Schülerlotsendienst auf.

II. Dem Schülerlotsendienst gehören Personen an, die sich freiwillig für die Wahrnehmung der Schulwegsicherung zur Verfügung stellen.

III. Der Schülerlotsendienst ist kein Polizeiersatz. Er soll in erster Linie zum Schutz der Schulkinder an Übergängen in Schulnähe eingesetzt werden. Die Übergänge sind von der Polizeibehörde und der Schule gemeinsam festzulegen. Die Befugnisse der Schülerlotsen richten sich nach § 36 a StVO.

§ 2. (Voraussetzungen zur Bestellung als Schülerlotse)

I. In den freiwillige Schülerlotsendienst kann aufgenommen werden wer

1. Deutscher im Sinne des Art. 116 Grundgesetz ist
2. das 13. Lebensjahr vollendet hat
3. den körperlichen und geistigen Anforderungen des freiwilligen Schülerlotsendienstes gewachsen ist
4. einen guten Ruf besitzt
5. die schriftliche Zustimmung der Erziehungsberechtigten vorweisen kann
6. amtsfähig ist.

II. Vor der Bestellung zum Schülerlotsendienst ist die Schule zu hören, die für die Schülerlotsen zuständig ist.

§ 3. (Ausbildung und Verpflichtung des Schülerlotsen)

I. Der Schülerlotse ist verpflichtet, an einem Ausbildungslehrgang der Verkehrspolizeibehörde teilzunehmen, damit ihm die theoretischen und praktischen Kenntnisse vermittelt werden können, die er zur Wahrnehmung seines Dienstes benötigt. Die Ausbildung ist mit einer kleinen Prüfung abzuschließen, in der der Schülerlotse seine Eignung für den Schülerlotsendienst nachzuweisen hat.

II. Nach der Ausbildung wird der Schülerlotse zur Wahrnehmung der Schulwegsicherung an der Schule verpflichtet, der er als Schüler angehört. Über die Verpflichtung hat die zuständige Verkehrspolizeibehörde eine Urkunde auszustellen.

§ 4. (Widerruf der Bestellung)

I. Die Bestellung zur Ausübung des Schülerlotsendienstes kann jederzeit widerrufen werden

1. wenn der Schülerlotse den Anforderungen nicht mehr entspricht, die der Dienst an ihn stellt
2. auf seinen Antrag hin
3. wenn er die Fähigkeit verliert, öffentliche Ämter zu bekleiden
4. wenn er sich durch schuldhaftes Verhalten als ungeeignet für den Schülerlotsendienst erwiesen hat
5. wenn er gegen die in diesem Gesetz festgelegten Pflichten verstößt.

§ 5. (Rechte und Pflichten)

I. Die Schülerlotsen haben bei der Erledigung ihres Dienstes Dritten gegenüber nicht die Stellung von Polizeibeamten im Sinne des Polizeigesetzes. Im Verhältnis zu den Verkehrsteilnehmern, die von den Maßnahmen der Schülerlotsen betroffen sind, gilt § 36 a StVO.

II. Die Schülerlotsen erhalten freie Dienstkleidung und die zur Erfüllung ihres Dienstes notwendige Ausrüstung.

III. Die Schülerlotsen sind verpflichtet

— an der Fortbildung teilzunehmen, wenn dies im Interesse der Schulwegsicherung erforderlich ist

— die ihnen anvertraute Dienstkleidung pfleglich zu behandeln und nur zu dienstlichen Zwecken zu benutzen

— den Dienstanweisungen der Polizeibeamten Folge zu leisten.

IV. Für die Verpflichtung des Schülerlotsen zum Schadensersatz gegenüber Dritten und den Rückgriff gelten die beamtenrechtlichen Vorschriften entsprechend, soweit nicht die Vorschriften der Reichsversicherungsordnung (§§ 539, 636, 637 RVO) eingreifen.

§ 6. (Ersatzleistungen)

I. Angehörige des freiwilligen Schülerlotsendienstes erhalten aus Anlaß ihrer Aus- und Fortbildung oder ihres Einsatzes Ersatz für notwendige bare Auslagen. Dasselbe gilt für Sachschäden, die sie ohne Verschulden erlitten haben.

II. Die Schülerlotsen sind nach §§ 537, 539 Abs. 1 Nummer 13 RVO gegen Unfall versichert.

§ 7. (Erwachsenen-Lotsen)

Diese Vorschriften gelten für den Einsatz von Erwachsenen-Lotsen zur Schulwegsicherung oder Kindergarten-Lotsen entsprechend.

Begründung:

Während die Ergänzung der StVO nur als Grundsatzregelung unter verkehrsrechtlichen Gesichtspunkten im Hinblick auf die betroffenen Verkehrsteilnehmer gedacht ist, soll das Gesetz für den Schülerlotsendienst besonders über die rechtliche Ausgestaltung des Innenverhältnisses zur Verkehrspolizei Auskunft geben und die Zusammenarbeit mit der Schule aufzeigen.

§ 1 regelt die Zusammenarbeit mit der Schule, weil der Schülerlotsendienst nach wie vor für die Schulkinder eingesetzt werden soll. Im übrigen grenzt diese Vorschrift die Befugnisse im Verhältnis zu den Polizeibeamten ab und leistet damit einen Beitrag zur Rechtssicherheit. Da der Schülerlotsendienst von den Polizeibehörden aufgestellt wird, entfällt eine Trennung des Schülerlotsendienstes in öffentliche- und Privatschulen.

§§ 3, 4. Da der Schülerlotse im Straßenverkehr tätig wird, müssen an seine Zuverlässigkeit erhöhte Anforderungen gestellt werden. Aus diesem Grund soll es der zuständigen Behörde möglich sein, die Bestellung als Schülerlotsen zu widerrufen.

§ 5 ist wichtig, weil er sämtliche Schülerlotsen einheitlich in allen Schadensfällen der Amtshaftung unterstellt. Der Rückgriff der ersatzpflichtigen Körperschaft ist auf grobe Fahrlässigkeit beschränkt. Diese Lösung entlastet die Verkehrswacht, die für die Schülerlotsen bisher Haftpflichtversicherungen abgeschlossen hat.

§ 6 ist für die Schülerlotsen ebenfalls von erheblicher Bedeutung, weil er alle Schülerlotsen — auch Nichtschüler — in die gesetzliche Unfallversicherung einbezieht. Auch hier kann die Funktion der Verkehrswacht als Unfall-Versicherer entfallen.

§ 7. Da wegen der Aufteilung der Volksschule in die Grund- und Hauptschule und der teilweisen räumlichen Trennung dieser neuen Schultypen die Abschlußjahrgänge zur Wahrnehmung des Schülerlotsendienstes fehlen, ist an den zunehmenden Einsatz von Erwachsenen-Lotsen an der Grundschule gedacht. Die gesetzlichen Vorschriften können für sie sinngemäß angewendet werden. Dasselbe gilt für Kindergärtnerinnen.

Literaturverzeichnis

Bartlsperger, R.: Verkehrssicherungspflicht und öffentliche Sache, Hamburg 1970

Bender, B.: Staatshaftungsrecht, Karlsruhe 1971

Bettermann, K.: Anmerkung zum Urteil des OVG Münster vom 13. 1. 1970, Aktenzeichen: IV A 312/69 (Abschleppfall), in: DVBl. 1971, 116 f.

Beutler, K.: Demokratisierung und Politisierung der Schule, in: Blätter für deutsche und internationale Politik 1968 S. 1045 ff.
zit.: Demokratisierung

Bochalli, A.: Kommentar zum Personalvertretungsgesetz, München 1955
zit.: Personalvertretungsgesetz

Böckenförde, E. W.: Sonderverordnungen zur Regelung besonderer Gewaltverhältnisse, in: AöR Bd. 95 S. 1 ff.

Boge, H.: Der Verwaltungshelfer im Polizeirecht, Diss. jur., Göttingen 1964
zit.: Boge

Brinkmann, K.: Kommentar zum Grundgesetz, Bonn 1967

Brockhaus: Lexikonwerk Band 1, Wiesbaden 1966

Brohm, W.: Verwaltungsvorschriften und besonderes Gewaltverhältnis, in: DÖV 1964, 238 ff.

Bullinger, M.: Öffentliches Recht und Privatrecht, Stuttgart/Berlin 1968

Buri, E.: Anmerkung zur Entscheidung des OLG Frankfurt NJW 71, 47 (Fernsehfall), in: NJW 71, 468

Campenhausen, A. v.: Erziehungsauftrag und staatliche Schulträgerschaft, Göttingen 1967
zit.: Erziehungsauftrag

Czymek, H.: Schülermitverwaltung oder Schülermitverantwortung, in: RdJ 68, 42 ff.

Dagtoglou, P.: Die Beteiligung Privater an Verwaltungsaufgaben, in: DÖV 1970, 532 ff.

Dahm, G.: Deutsches Recht, Stuttgart 1963
zit.: Dahm

Denecke: Die Frage der Beschränkung der Haftung des Arbeitnehmers, in: RdA 52, 209 ff.

Dietz, R.: Kommentar zum Betriebsverfassungsgesetz, 4. Auflage, München 1967

Dietze, L.: Schulrecht im Wandel, in: RdJ 1970, 18 ff.

Döring, P. und S. *Schneider*: Der Schüler als Staatsbürger. Eine Bibliographie zur Schülermitverantwortung und Schülerpresse, Frankfurt 1967

Drews, B. und G. *Wacke*: Allgemeines Polizeirecht, 7. Auflage, Berlin/Köln/München 1961
zit.: Drews-Wacke

Ebelt: Verkehrserziehung in der Schule, in: Heft 30 der Schriftenreihe des Bundesministers für Verkehr, S. 68 ff., Bad Godesberg 1966

Engelhard, H. und G. *Ballerstedt*: Bayerisches Personalvertretungsgesetz mit Wahlordnung, 2. Auflage, Neuwied 1963

Ender, K.: Der Staatsbürger als Helfer der Polizei, Hamburg 1959
zit.: Ender

Engelmann, O.: Selbstverantwortung der Jugend im Straßenverkehr, in: Polizei-Praxis 1959, 109 ff.

Erman, W. und B. *Drees*: Kommentar zum BGB, Band 1, 4. Auflage, Münster 1967
zit.: Erman

Evers, H. U.: Verwaltung und Schule, in: VVDStRL Heft 23, S. 147 ff.

— Verwaltungsrechtsweg und Aufnahme in eine anerkannte Privatschule, in: JuS 1967, 257 ff.

Fabricius, F.: Relativität der Rechtsfähigkeit, München/Berlin 1963
zit.: Relativität

Fehnemann, U.: Über die Ausübung von Grundrechten durch Minderjährige, in: RdJ 1967, 281 ff.

Feigel, K. und E. *Keitel*: Bayerische Landesvolksschulordnung mit Erläuterungen, 3. Auflage, München 1964
zit.: Feigel — Keitel

Fitting, K., *Kraegeloh* und F. *Auffarth*: Kommentar zum Betriebsverfassungsgesetz, 9. Auflage, Berlin/Frankfurt 1970
zit.: Fitting

Fleiner, F.: Institutionen des Deutschen Verwaltungsrechts, 8. Auflage, Tübingen 1928
zit.: Institutionen

Floegel, J., F. *Hartung* und H. *Jagusch*: Straßenverkehrsrecht, 15. und 19. Auflage, München 1965, 1971

Foerster, G.: Können Hoheitsträger ihre Aufgaben auf Privatpersonen übertragen?, in: Staats- und Kommunalverwaltung 1967 S. 198 ff.
zit.: Foerster

Forsthoff, E.: Lehrbuch des Verwaltungsrechts, Allgemeiner Teil, Band 1, 9. Auflage, München 1966
zit.: Verwaltungsrecht oder VR

Friebe, G.: Die Haftpflicht des Lehrers und Schulträgers, 2. Auflage, Köln 1957
zit.: Haftpflicht

— Inwieweit ist der Lehrer an einer öffentlichen Schule durch zivilrechtliche Haftpflichtansprüche gefährdet?, in: ZBR 1956, 390 ff.

Friedrichs, K.: Führung fremder Rechtsgeschäfte kraft öffentlich-rechtlicher Pflicht, in: RVBl. 1935, 368 ff.

Fuß, E. W.: Verwaltung und Schule (Mitbericht auf der Tagung deutscher Staatsrechtslehrer zu Kiel 1964), in: VVDStRL Heft 23, S. 199 ff.

Gallwas, H. U.: Die Erfüllung von Verwaltungsaufgaben durch Private (Mitbericht auf der Tagung deutscher Staatsrechtslehrer zu Speyer 1970), in: VVDStRL Heft 29, S. 211 ff.

Gause, H.: Die öffentliche Indienststellung Privater als Rechtsinstitut der Staatsorganisation, Diss. jur., Kiel/Clausthal 1967
zit.: Indienststellung

Geigel, R.: Der Haftpflichtprozeß, 14. Auflage, München 1969
zit.: Geigel

Greß, J.: Hoheitliche Verwaltung durch juristische Personen des Privatrechts, in: Staats- und Kommunalverwaltung 1967, S. 122 ff.

Gross, R.: Die Rechtsqualität der Sonderverordnungen für besondere Gewaltverhältnisse und der Organisationsbestimmungen, in: NJW 69, 2186 ff.

Haegert, W.: Einschaltung der Jugend in Jugendgerichtsbarkeit und Jugendbehörden, in: NJW 68, 927 ff.

Händel, K.: Zur Rechtsstellung des Schülerlotsen, in: RdJ 69, 271 ff.

Hartmann: Ersatzansprüche bei der Verfolgung von Verbrechen, in: RVBl. 1935, 254 ff.

Heckel, H.: Schulrecht und Schulpolitik, Neuwied 1967

— Deutsches Privatschulrecht, Köln 1955

— Die Rechtsstellung des Schülers in der Schule und die Schulgewalt und Schulerlaßpraxis, in: Heft 81 der Schriftenreihe der Bundeszentrale für politische Bildung, S. 54 ff., Bonn 1969
zit.: Rechtsstellung

Heckel, H. und P. *Seipp*: Schulrechtskunde, 3. und 4. Auflage, Neuwied 1966 und 1969 (Zitate der 3. Auflage sind als solche gekennzeichnet)

Herrmann, G.: Verkehrserziehung, in: Heft 33 der Schriftenreihe des Bundesministers für Verkehr S. 23 ff., Bonn-Bad Godesberg 1969

Hesse, H.: Kommentar zum Niedersächsischen Schulverwaltungsgesetz, Oldenburg 1960
zit.: Nds. Schulverwaltungsgesetz

Hesse, K.: Grundzüge des Verfassungsrechts der Bundesrepublik Deutschland, Karlsruhe 1970, 4. Auflage
zit.: Hesse

Hettwer, H.: Pädagogen und Paragraphen, Bochum 1967
zit.: Hettwer

Hinrichs, D.: Schülermitverwaltung im Umbruch, Hannover 1969 (Abdruck sämtlicher Erlasse für die Schülermitverantwortung)
zit.: Hinrichs

Hochstetter, H.: Gesetz zur Vereinheitlichung und Ordnung des Schulwesens in Baden-Württemberg, 6. Auflage, Stuttgart 1969
zit.: Schulverwaltungsgesetz

Hohenester, H.: Verkehrsregelung durch private Hand, in: Betriebs-Berater 1962, 237 f.

— Anmerkung zum Urteil des BGH vom 28. 6. 1965 III ZR 234/63, in: NJW 65, 2104 ff.

Höstel, R.: Fragen der Kunstsubvention — dargestellt am Beispiel der Documenta GmbH, Heidelberg/Berlin 1961
zit.: Kunstsubvention

Huber, E. R.: Wirtschaftsverwaltungsrecht Band 1, Tübingen 1953/1954

Hust, G.: Haftungsfragen beim polizeilich veranlaßten KFZ-Abschleppen durch private Unternehmer, in: Die Polizei 1968, 45 ff.
zit.: Hust

Jellinek, W.: Verwaltungsrecht, 3. Auflage, Berlin 1931

Ipsen, H. P.: Gesetzliche Indienstnahme für Verwaltungsangelegenheiten, in: Um Recht und Gerechtigkeit, Festgabe für E. Kaufmann zu seinem 70. Geburtstag, S. 141 ff.
zit.: Indienstnahme

Isele, H. G.: Empfiehlt es sich, die Haftung des Arbeitnehmers gegenüber dem Arbeitgeber abweichend vom Schuldrecht zu regeln?, in: NJW 64, 1441 ff.

Klein, H. H.: Zum Begriff der öffentlichen Aufgabe, in: DÖV 65, 756 ff.

— Demokratisierung der Universität, Göttingen 1968
zit.: Demokratisierung

— Auftrag und GoA im öffentlichen Recht, in: DVBl. 68, 129 ff.

Köttgen, A.: Das anvertraute Amt, in: Festgabe für R. Smend, S. 119 ff., Tübingen 1962
zit.: Amt

Kötz, H.: Zur Haftung bei Schulunfällen, in: JZ 68, 285 ff.

Krautzberger, M.: Die Erfüllung öffentlicher Aufgaben durch Private, Berlin 1971

Kriebel, H.: Die Rechtsnatur des ehrenamtlichen Dienstes in Nothilfeorganisationen, in: DÖV 1962, 766 ff.

Krüger, H.: Allgemeine Staatslehre, Stuttgart 1964

Krüger, Hildegard: Grundrechtsausübung durch Jugendliche und elterliche Gewalt, in: FamRZ 1956, 329 ff.

Kuhn, G.: Grundrechte und Minderjährige, Neuwied 1965

Kullmann, H.: Sind Privatschulen Behörden und ihre schulischen Entscheidungen Verwaltungsakte?, in: DÖV 1959, 569 ff.

Lackner, K. und H. *Maassen*: Strafgesetzbuch mit Erläuterungen, 5. Auflage, München 1969

Lang, S.: Das Schulverhältnis als Anstaltsverhältnis, Diss. jur., München 1969
zit.: Schulverhältnis

Larenz, K.: Lehrbuch des Schuldrechts Band 1 und 2, 7. Auflage, München 1965
zit.: Larenz mit Bandangabe

— Rechtsperson und subjektives Recht, Berlin 1935
zit.: Rechtsperson

— Allgemeiner Teil des deutschen bürgerlichen Rechts, München 1967

Leisner, W.: Öffentliches Amt und Berufsfreiheit, in: AöR 93, 162 ff.

Leuschner, A.: Das Recht der Schülerzeitungen, Berliner Abhandlungen zum Presserecht, Berlin 1966
zit.: Leuschner

Luther, G.: Änderung des Volljährigkeitsalters, in: FamRZ 69, 143 ff.

Mangoldt, H. und F. *Klein*: Das Bonner Grundgesetz, 2. Auflage, Berlin und Frankfurt 1966

Martens, W.: Öffentlich als Rechtsbegriff, Bad Homburg 1969
zit.: Öffentlich

— Übertragung von Hoheitsgewalt auf Schüler, in: NJW 70, 1029 f.

Maunz, T.: Deutsches Staatsrecht, 15. Auflage, München 1966
zit.: Staatsrecht

Maunz, T., G. *Dürig* und R. *Herzog*: Kommentar zum Grundgesetz, München 1966
zit.: Maunz - Dürig

Mayer, F.: Allgemeines Verwaltungsrecht, Stuttgart/München/Hannover 1970

Mayer, O.: Deutsches Verwaltungsrecht, 2. Auflage, 2. Band, München und Leipzig 1924
zit.: Verwaltungsrecht

Meister, H.: Unser Staatshaftungsrecht — Kleine Einführung in die praktische Rechtslogik, in: JZ 69, 749 ff.

Medicus, D.: Anmerkung zur Entscheidung des OLG Nürnberg über das Abschleppen von KFZ, in: JZ 67, 63 ff.

Menger, C. F.: Höchstrichterliche Rechtsprechung zum Verwaltungsrecht, in: Verwaltungsarchiv, Band 56, 90 ff.

Mennacher, H.: Begriffsmerkmale und Rechtsstellung der mit öffentlicher Gewalt beliehenen Hoheitsträger des Privatrechts, Diss. jur., München 1963
zit.: Mennacher

Merk, W.: Deutsches Verwaltungsrecht Band 1, Berlin 1962

Meyerhoff - Pünder - Schäfer: Kommentar zum Schulverwaltungsgesetz Nordrhein-Westfalen, Stuttgart 1968
zit.: Meyerhoff - Pünder

Michaelis, R.: Der Beliehene, Diss. jur., Münster 1969
zit.: Michaelis

Müller, F.: Straßenverkehrsrecht, 21. Auflage, Berlin 1959—1962

Müller, K.: Die neuere Rechtsprechung zur Staatshaftung, in: RiA 1970, 21 ff.

Münzel, K.: Die Rechtsprechung zu § 839 BGB i. V. m. dem Staatshaftungsrecht, in: NJW 1966, 1341 ff.

Münch, I. v.: Öffentlicher Dienst, in: Besonderes Verwaltungsrecht, herausgegeben von I. v. Münch, S. 23 ff., 2. Auflage, Bad Homburg 1970
zit.: Öffentlicher Dienst

Neumann und H. *Duesberg*: Das Haftungsbeschränkungsprinzip bei schadensgeneigter Tätigkeit außerhalb des Arbeitsverhältnisses, in: JZ 64, 433 ff.

Nikisch, A.: Arbeitsrecht, 2. Auflage, 3. Band, Tübingen 1955

Obermayer, K.: Die Übertragung von Hoheitsbefugnissen im Bereich der Verwaltungsbehörde, in: JZ 56, 617 ff.

— Verwaltungsakt und innerdienstlicher Rechtsakt, Stuttgart/München 1956
zit.: Verwaltungsakt oder VA

Oppermann, T.: Kulturverwaltungsrecht, Tübingen 1969

Oppermann, T.: Bildung, in: Besonderes Verwaltungsrecht, herausgegeben von I. v. Münch S. 517 ff., 2. Auflage, Bad Homburg 1970
zit.: Bildung

Ossenbühl, F.: Die Struktur des Aufopferungsanspruchs, in: JuS 70, 276 ff.

— Die Erfüllung von Verwaltungsaufgaben durch Private (Bericht auf der Tagung deutscher Staatsrechtslehrer 1970 zu Speyer, in: VVDStRL Heft 29, S. 137 ff.
zit.: Verwaltungsaufgaben

Palandt: Kommentar zum BGB, 25. und 30. Auflage, München 1966 und 1971
zit.: Palandt

Perschel, W.: Die Meinungsfreiheit des Schülers, Neuwied 1962
zit.: Meinungsfreiheit

— Die Rolle des Rechts bei der Demokratisierung der Schule, in: Heft 81 der Schriftenreihe der Bundeszentrale für politische Bildung, S. 35 ff., 2. Auflage, Bonn 1969 *und* RdJ 69 S. 23 ff.
zit.: Demokratisierung

— Die Rechtslage der Schülermitverwaltung, in: Schriftenreihe Schule in Staat und Gesellschaft, Neuwied 1966
zit.: Schülermitverwaltung

Peters, H.: Elternrecht, Erziehung, Bildung und Schule, in: Die Grundrechte, Band 4, 1. Halbband S. 369 ff., Berlin 1960
zit.: Die Grundrechte

— Öffentliche und staatliche Aufgaben, in: Festschrift für H. C. Nipperdey zum 70. Geburtstag, Band 2, S. 877 ff., München 1965
zit.: Staatliche Aufgaben

Plümer, E.: Verfassungsrechtliche Grundlagen und Rechtsnatur der Privatschulverhältnisse, Bad Schwartau 1970

Preuß, U. K.: Zum staatsrechtlichen Begriff des Öffentlichen, Stuttgart 1969

Reinhardt, R.: Die Studentenschaften als Gliedkörperschaft der wissenschaftlichen Hochschule, in: JZ 65, 385 ff.

Remplein, H.: Die seelische Entwicklung des Menschen im Kindes- und Jugendalter, 14. Auflage, München-Basel 1966
zit.: Remplein

Reuss, W.: Verfassungsrechtliche Grundsätze zum Organisationsrecht der Wirtschaft, in: DVBl. 1953, 684 ff.

Reuter, A.: Sind Privatschulen Behörden und ihre schulischen Entscheidungen Verwaltungsakte?, in: BVBl. 1959, 409 f.

— SMV aus der Sicht des Juristen, in: Anregung 1961 S. 306 ff.

Rietschel, G.: Gehört ein zum „Aufpasser" bestellter Schüler zum Personenkreis des § 537 Abs. 1. Ziffer 10 RVO?, in: Die Sozialversicherung 1955, 284 ff.

Roellecke, G.: Der Begriff des positiven Gesetzes und das Grundgesetz, Mainz 1969

Rolff, H. und G. *Winkler*: Mitbestimmung und Bildungsnotstand, in: Gewerkschaftliche Monatshefte 1966 S. 385 ff.
zit.: Mitbestimmung

Rupp, H.: Ministerial-Erlasse — Ausdruck originärer Rechtssetzung der Exekutive, in: NJW 70, 412 ff.

Sauer, E.: Mit 16 Jahren zur Polizei, in: Polizei-Polizeipraxis 1967, 28 ff.

Schack, F.: Geschäftsführung und Geschäftsführung ohne Auftrag im öffentlichen Recht, in: JZ 66, 640 f.

Scheibe, W.: Schülermitverantwortung — Ihr pädagogischer Sinn und ihre Verwirklichung, Neuwied-Berlin 1962
zit.: Schülermitverantwortung

— Schülermitverantwortung, in: Enzyklopädisches Handbuch der Sonderpädagogik und ihre Randgebiete, Band 3 S. 2966 ff., Berlin-Charlottenburg 1968
zit.: Scheibe

Schmidt, T. G.: Sendungen im Rahmen polizeilicher Ermittlungen, in: NJW 70, 2026 f.

Schmidt-Salzer, J.: Grundfragen des Vertragsrechts im Zivil- und Verwaltungsrecht, in: NJW 71, 5 ff.

Schmitz, E.: Schülermitverwaltung als rechtliches Problem, in: RWS 61, 43 f.

Schreckenberger, W.: Schule und Rechtsprechung, in: RWS 62, 162 ff.

Schwab, D.: Gedanken zur Reform des Minderjährigenrechts und des Mündigkeitsalters, in: JZ 70, 745 ff.

Selb, D.: Schulstrafe, Androhung der Ausweisung und Zulässigkeit der verwaltungsgerichtlichen Anfechtungsklage, in: DÖV 65, 804 ff.

Sellschopp, H.: Die Stellung der Schule im demokratischen Rechtsstaat, in: RdJ 70, 48 ff.

Simons, L.: Leistungsstörungen verwaltungsrechtlicher Schuldverhältnisse, Berlin 1967

Soergel - Glaser: Kommentar zum BGB, 10. Auflage, Stuttgart/Berlin 1969
zit.: Soergel — Glaser

Staudinger: Kommentar zum BGB, 11. Auflage, Berlin 1957 und 1970
zit.: Staudinger

Stein, E.: Das Recht des Kindes auf Selbstentfaltung in der Schule, Neuwied 1967
zit.: Selbstentfaltung

— Lehrbuch des Staatsrechts, Tübingen 1968
zit.: Staatsrecht

Steiner, U.: Der beliehene Unternehmer, in: JuS 69, 69 ff.

— Öffentliche Verwaltung durch Private, in: DÖV 70, 526 ff.

Stober, R.: Verwaltungsgerichtlicher Schutz bei befristetem Schulausschluß, in: RdJ 72, 46 ff.

Süsterhenn - Schäfer: Kommentar der Verfassung für Rheinland-Pfalz, Koblenz 1950

Thieme, W.: Deutsches Hochschulrecht, Köln/Berlin 1956
zit.: Hochschulrecht

Thomas - Putzo: Zivilprozeßordnung mit Nebengesetzen, München 1970
zit.: Thomas - Putzo

Thordsen, G.: Rechtsfragen im Zusammenhang mit der Einstellung Minderjähriger in den Polizeidienst, in: Die Polizei 67, 108 ff.

Triepel, H.: Delegation und Mandat im öffentlichen Recht, Stuttgart 1942
zit.: Delegation

Triepel, H.: Staatsdienst und staatlich gebundener Beruf, in: Festschrift für Binding Band 2, Leipzig 1911
zit.: Staatsdienst

Turegg - Kraus: Lehrbuch des Verwaltungsrechts, Berlin 1962
zit.: Verwaltungsrecht

Ule, C. H.: Das besondere Gewaltverhältnis, in: VVDStRL Heft 15, 133 ff.

— Verwaltungsprozeßrecht, 4. Auflage, München 1966

Vogel, K.: Der Verwaltungsrechtsfall, 5. Auflage, Berlin 1966

— Öffentliche Wirtschaftseinheiten in privater Hand — Eine verwaltungsrechtliche Untersuchung, Hamburg 1959
zit.: Wirtschaftseinheiten

Wagner, Herbert: Die Schülermitverwaltung — Rechtscharakter, Rechtsstellung und Aufgabenbereich, in: RWS 61, 357 ff.

Wagner, Heinz: Amts- und Fiskalhaftung, in: JZ 68, 245 ff.

Waibel, W.: Die Rechtsprechung auf dem Gebiet des Hochschulrechts bis 1965, Freiburg 1966
zit.: Rechtsprechung

Weber, W.: Schulunfälle in der Rechtsprechung des BGH, in: DRiZ 65, 121 ff.

Weigelt, F.: Schülermitverwaltung, in: RWS 61, 140 f.

Weimar, W.: Zum Ausschluß der Haftung des Dienstherrn, in: RiA 70, 169 ff.

— Die Haftung bei Unfällen auf Schulausflügen, in: RiA 62, 248 ff.

— Die Amtshaftung im Blickfeld der beabsichtigten Neuregelung, in: RiA 67, 103 f.

— Die Lehrerhaftpflicht bei unbeaufsichtigten Aufträgen an Schüler, in: RiA 66, 168 f.

Wilhelm, T.: Pädagogik der Gegenwart, Stuttgart 1960
zit.: Pädagogik

Wolff, H. J.: Verwaltungsrecht Band 1, 6. Auflage, Band 2, 2. und 3. Auflage, München/Berlin 1965 und 1967/1970
zit.: Wolff I und II

Wulfhorst, T.: Studentische Kompetenzen in der Hochschul-Selbstverwaltung, in: DVBl 68, 686 ff.

Wussow, W.: Informationen zum Versicherungs- und Haftpflichtrecht XVIII 17. 3. 69, Köln 1969

Zinkel, J.: Schülerselbstverwaltung in deutschen Schulen, Donauwörth 1948
zit.: Schülerselbstverwaltung

Zuleeg, M.: Beleihung mit Hoheitsgewalt, Verwaltungshilfe und privatrechtliches Handeln bei Schülern, in: DÖV 70, 627 ff.

Weitere Hilfsmittel

Deutsches Schulrecht, Sammlung des Schul- und Hochschulrechts in der Bundesrepublik: Herausgegeben von A. v. Campenhausen und P. Lerche, München 1969/1970
zit.: Schulgesetze

Empfehlungen und Gutachten des Ausschusses für das Erziehungs- und Bildungswesen: Folge 1, Stuttgart 1955
zit.: Empfehlungen

Evangelisches Staatslexikon: Stuttgart 1966

Handbuch für die Verkehrswachtarbeit Heft 3: Herausgegeben von der Deutschen Verkehrswacht, Bonn 1970
zit.: Handbuch der Verkehrswacht

Lexikon der Pädagogik: Bern 1951
zit.: Franke-Lexikon

Lexikon der Pädagogik: Freiburg 1955
zit.: Herder-Lexikon

Pädagogisches Lexikon: Herausgegeben von H. H. Groothof, Stuttgart 1961
zit.: Kreuz-Lexikon

Referentenentwurf eines Gesetzes zur Änderung und Ergänzung schadensersatzrechtlicher Vorschriften: Karlsruhe 1967
zit.: Referentenentwurf

Schülerlotsenbuch: Herausgegeben von der Deutschen Verkehrswacht, Bonn 1968
zit.: Lotsenbuch

Schulrecht, Sammlung schul- und prüfungsrechtlicher Entscheidungen (Loseblattsammlung): Herausgegeben von P. Seipp und H. Knudsen, Neuwied
zit.: Schulrecht

Schulrecht, Ergänzbare Sammlung der Vorschriften für Schule und Schulverwaltung in Baden-Württemberg (Loseblattsammlung): Herausgegeben von P. Seipp und H. Hochstetter, Neuwied
zit.: Schulrechtsammlung Baden-Württemberg

Staatslexikon: Recht, Wirtschaft, Gesellschaft, 1. Band: Freiburg 1957

Gesetzesregister

Die fetten Zahlen bezeichnen die Paragraphen oder Artikel der einzelnen Gesetze, die mageren Zahlen die Paragraphen des Buches und ihre Untergliederungen.

Sachwortverzeichnis

Die Zahlen bezeichnen die Paragraphen und ihre Untergliederungen. A steht für Anhang.

Kolibri 360 GmbH
Ferdinand-Jühlke-Straße 7
99095 Erfurt, Deutschland
produktsicherheit@kolibri360.de

Druck:
CPI Druckdienstleistungen GmbH
im Auftrag der
Kolibri 360 GmbH
Ferdinand-Jühlke-Str. 7
99095 Erfurt